Alexander Neubacher
ÖKOFIMMEL

Alexander Neubacher

ÖKOFIMMEL

**Wie wir versuchen,
die Welt zu retten – und was
wir damit anrichten**

Deutsche Verlags-Anstalt

Das für dieses Buch verwendete FSC®-zertifizierte Papier
Munken Premium Cream liefert Arctic Paper Munkedals AB, Schweden.

4. Auflage 2012
Copyright © 2012 Deutsche Verlags-Anstalt, München,
in der Verlagsgruppe Random House GmbH
und SPIEGEL-Verlag, Hamburg
Alle Rechte vorbehalten
Grafiken: Peter Palm, Berlin
Typografie und Satz: DVA/Brigitte Müller
Gesetzt aus der Garamond
Druck und Bindung: GGP Media GmbH, Pößneck
Printed in Germany
ISBN 978-3-421-04549-2

www.dva.de

Für meine Frau,
meine Kinder und
meine Patenkinder:
Janine, Nikolas,
Anna, Ella und
Marlene, Sven,
Franziska, Lotte
und Lotta.

INHALT

153 Das Klima-Paradoxon

233 Was tun?

EINLEITUNG

Ich bin für Umweltschutz, die Natur liegt mir am Herzen. Ich mag die Tiere und die Pflanzen, den blauen Himmel und das Meer. Ich möchte, dass meine Kinder in einer intakten Umgebung aufwachsen, und ich gehe mit gutem Beispiel voran. Ich kann von mir behaupten, niemals auch nur ein Papiertaschentuch ins Gebüsch geworfen zu haben.

Zum Brötchenholen fahre ich mit dem Rad; auf Dienstreisen nehme ich den Zug. Sämtliche Toilettenspülungen bei uns zu Hause sind mit einer Wasserstopptaste ausgerüstet. Ich bevorzuge Milchprodukte, die ein Biosiegel tragen, auch wenn sie ein paar Cent teurer sind. Eier aus Käfighaltung kommen mir nicht ins Haus, und wenn ich Wurst oder Fleisch esse, plagt mich neuerdings ein schlechtes Gewissen.

Ich trenne meinen Müll. Auf unserer Einfahrt stehen, symmetrisch geordnet, vier Tonnen: rechts blau für Papier und gelb für Plastik, links braun für Gartenabfälle und grau für den Rest. Das sieht nicht schön aus. Es riecht auch etwas streng, zumal an Sommertagen, wenn ich gern draußen säße. Doch mir ist klar, dass ich Opfer bringen muss.

Seit kurzem haben wir eine fünfte Tonne, die »Wertstofftonne«, wie ich dem Brief der Berliner Stadtreinigungsgesellschaft entnahm. Als ich eines Abends von der Arbeit kam, stand sie da, grell orange, 240 Liter Fassungsvermögen. Dem Begleitschreiben zufolge ist sie für Elektrokleingeräte, Metalle, Datenträger und »Alttextilien in Tüten« gedacht, aber auch für Spielzeug, was immer die Leute von der Stadtreinigung damit anfangen mögen.

In unserer Einfahrt ist es nun noch enger geworden, aber daran werde ich mich bestimmt gewöhnen. Immerhin kann man die Tonne nicht übersehen, nicht einmal nachts, sie leuchtet im Dunkeln. Ich denke darüber nach, eine sechste Tonne für das Altglas anzuschaffen, das wir bislang provisorisch in einem Karton an der Kellertreppe untergebracht haben. Mit sechs Tonnen wäre auch die Symmetrie wieder hergestellt.

Ich sorge mich wegen des Treibhauseffekts. Dass sich die Erde aufheizt, deckt sich zwar noch nicht mit meiner Alltagserfahrung – ich habe eher das Gefühl, dass es kälter wird –, aber das kommt bestimmt noch; ich vertraue der Forschung. Wenn die Wissenschaftler sagen, die Menschheit müsse ihr Verhalten ändern, dann widerspreche ich nicht. Die Welt soll gerettet werden? Ich bin dabei, ich tue mein Bestes. An mir soll es nicht scheitern.

Früher hat Deutschland seinen Nachbarn den Krieg erklärt, heute, wie sie aus der Atomkraft herauskommen. Den Titel des Exportweltmeisters haben wir verloren, im Fußball nur noch dritter Platz, aber beim gelben Sack sind wir einsame Spitze, da macht uns so schnell niemand etwas vor. Und es gibt noch viel zu tun. Andere Länder haben Ebola, Lepra und Malaria, aber hier kriecht der gefährliche Feinstaub aus dem Laserdrucker, wie das staatliche Bundesinstitut für Risikobewertung festgestellt hat.

Als im Herbst 2010 Tausende Menschen in Stuttgart gegen den Bau des neuen Bahnhofs demonstrierten, bekamen sie die volle Härte des Staates zu spüren. Die Polizei rückte mit Wasserwerfern, Tränengas und Schlagstöcken an, um die Protestler zu vertreiben. Ein älterer Herr verlor dabei sein Augenlicht. Die Polizei sagt, er sei selbst schuld, warum habe er sich auch dem Wasserstrahl ausgesetzt. Doch dann kam heraus, dass auch einige Juchtenkäfer auf dem umkämpften Parkgelände leben. Das hatte einen sofortigen vorläufigen Baustopp zur Folge. Gegen seltene Kleinlebewesen kann die Staatsmacht nichts ausrichten.

Meine Generation ist mit der Band »Gänsehaut« und ihrem Hit »Karl der Käfer« aufgewachsen; wir fühlten uns als Schmerzenskinder der Industrie, Protestsongs waren der Soundtrack unserer Jugend. Der saure Regen und das Waldsterben haben unseren Blick für die Zerstörungskraft der Zivilisation von klein auf geschärft, auch wenn der deutsche Wald wider Erwarten überlebt hat. Noch heute brechen wir uns im Winter auf spiegelglatten Gehwegen lieber die Knochen, als auch nur ein Körnchen Salz zu verstreuen; die Wurzeln der Bäume könnten ja Schaden nehmen.

Nun geht es darum, unseren ökologischen Fußabdruck zu minimieren. Donnerstags ist Veggieday, Omas Kurbelwaschmaschine kommt wieder in Mode. Ratgeberseiten im Internet halten Ökotipps für alle Lebenslagen bereit, von der Mondphasen-Kosmetik bis zum Vibrator ohne chemischen Weichmacher. Sogar die Bestattungsindustrie hat sich dem grünen Zeitgeist angepasst. Es gibt Urnen aus Maisstärke und Särge aus Pappe. Das Modell »Flamea« einer Firma aus Regensburg spart beim Verbrennen bis zu 75 Prozent Kohlendioxid ein; so treten wir ökologisch korrekt die letzte Reise an, eine finale gute Tat, bevor dann eh alles zu Kompost wird.

Meine SPIEGEL-Kollegen in Hamburg sind letztes Jahr in einen modernen Bürokomplex eingezogen, der die strengsten Umweltrichtlinien einhält, ein echtes Vorzeigeobjekt. Das Gebäude hat eine Lüftungsanlage, die nicht lüftet, eine Heizung, die kaum heizt, und Urinale, die sich nicht spülen lassen. Sämtliche Lampen sind mit Bewegungssensoren ausgerüstet. Damit nur ja kein Strom verschwendet wird, geht alle paar Minuten vollautomatisch das Licht aus. Man muss ab und zu mit den Armen rudern, sonst sitzt man im Dunkeln.

Politiker sind gut beraten, sich in das Umweltthema einzuarbeiten. Es befördert die Karriere. Die früheren Umweltminister Angela Merkel, Jürgen Trittin und Sigmar Gabriel sind alle was geworden; das lässt sich von früheren Wirtschaftsministern nicht behaupten, oder erinnert sich etwa noch jemand an Martin Bangemann, Werner Müller und Michael Glos?

Im Koalitionsvertrag der bürgerlich-konservativen Bundesregierung kommt das Kapitel »Nachhaltiges Wirtschaften und Klimaschutz« lange vor dem Thema Bildung an die Reihe, Stichwort Schöpfungsbewahrung. Auch im linken Milieu hat der Ökologismus den Sozialismus als Heilslehre praktisch abgelöst. Die Grünen, einst als Spinner belächelt, entwickeln sich zur Volkspartei. Ihr Erfolg ist umso bemerkenswerter, wenn man bedenkt, welche inneren Widersprüche sie aushalten. Sie kämpfen für Wind-, Wasser- und Sonnenkraft, stellen sich vor Ort aber jeder neuen Stromtrasse und jedem Pumpspeicherkraftwerk in den Weg. Sie wollen Erdöl durch Pflanzenbenzin ersetzen, beklagen sich aber über die Mais-Monokulturen auf unseren Äckern. Sie sind für die Bahn, aber gegen den Stuttgarter Bahnhof. Andere Politiker werden ständig daran gemessen, wie sich ihre Forderungen mit der Wirklichkeit vertragen. Bei den Grünen ist es egal, ob Wort und Tat zueinander passen; das muss man ihnen erst mal nachmachen.

Wenn etwas der Umwelt dient, entfällt jede Begründungsnotwendigkeit; wo ein Ökolabel draufklebt, erübrigt sich jeder Streit. Die politischen Parteien sind sich in Umweltdingen einig. Kein Politiker will sich dem Verdacht aussetzen, er entziehe nachfolgenden Generationen die Lebensgrundlage, sonst wäre er politisch am Ende. Wir trennen unseren Abfall, sparen beim Wasser und schmirgeln uns mit recyceltem Klopapier den Hintern wund. Unsere Häuser sind mit Solardächern gedeckt und mit Dämmplatten beklebt. Wir kaufen im Bioladen ein und wir tanken E10. Das alles verschafft uns ein gutes Gefühl.

Die Frage ist nur: Was hat eigentlich die Umwelt davon?

Bei den Recherchen für dieses Buch habe ich merkwürdige Dinge erlebt. Ich wurde Zeuge, wie der Inhalt unserer penibel sortierten Wertstofftonne dazu diente, ein prasselndes Feuer im Verbrennungsofen eines Zementwerks zu entfachen. Ein Bauer hat mir inmitten seiner gigantischen Maisfelder erklärt, weshalb es für ihn lukrativer ist, wenn die Früchte seiner Arbeit nicht gegessen, sondern vergoren und zu Gas verarbeitet werden. Ein Händler an der Leipziger Energiebörse hat mir gezeigt, warum durch meinen Wechsel zu einem Ökostromanbieter in Wahrheit nicht ein einziges Gramm CO_2 eingespart wird. Ich habe Familien getroffen, deren vorbildlich gedämmtes Energiesparhaus nach kurzer Zeit dem Schimmelpilz zum Opfer fiel, und ich war dabei, als die Leute von den Wasserwerken mal wieder Zigtausende Liter Trinkwasser in die stinkenden Gullys pumpen mussten, weil wir Bürger mit unserem Ökofimmel zu wenig Wasser verbrauchen.

Das erste Kapitel dieses Buchs, »Grünes Leben«, liefert einige besonders eklatante Beispiele dafür, wie wir in bester Absicht versuchen, die Umwelt zu schützen, und dabei großen Schaden anrichten. Unsere angeblichen Energiesparlampen sind ein Fall für die Giftmülldeponie. Viele Biolebensmittel haben eine verheerende Ökobilanz. Der sogenannte Biosprit in unserem Tank stellt sich bei näherer Betrachtung als Natur- und Klimakiller heraus. Das Gegenteil von gut ist bekanntlich gut gemeint; wie sich zeigt, gilt dieser Satz für den Umweltschutz in ganz besonderem Maße.

Warum das so ist, steht im Kapitel »Die Ökofalle«, dem zweiten Teil des Buchs. Seit mehr als zehn Jahren berichte ich für den SPIEGEL über die Bundesregierung und den Bundestag. Dabei habe ich immer wieder erlebt, dass für die Umweltpolitik besondere Regeln gelten. Es herrscht eine moralisierende Betroffenheit, die schnell in Alarmismus umschlägt. Die Sorge vor dem Kollaps ist allgegenwärtig. In keinem anderen Politikbereich sieht man in skeptischere Gesichter, was den Zustand der natürlichen Lebensgrundlagen, die Demokratie, die Marktwirtschaft und die Zukunft der Menschheit betrifft. Untergangspropheten, Umweltesoteriker und professionelle Apokalyptiker sind hier als Rat- und Stichwortgeber gefragt.

Im Gesetzgebungsverfahren rückt die Umweltpolitik den Problemen dann am liebsten mit planwirtschaftlichen Instrumenten und Verboten auf den Leib. Angst paart sich mit bürokratischer Gründlichkeit. Das Dosenpfand und die Feinstaubplakette sind dafür gute Beispiele. Ob eine Umweltschutzmaßnahme den gewünschten Erfolg hat, ist dann am Ende gar nicht so wichtig.

Das dritte Kapitel handelt vom Klimaschutz, dem wichtigsten Umweltthema unserer Zeit. Ich halte den Klimawandel für eine ernstzunehmende Bedrohung. Wenn die Prognosen der Wissenschaftler halbwegs richtig sind, werden die negativen Folgen bereits im Jahr 2100 deutlich zu spüren sein, also zu einer Zeit, die meine Kinder durchaus noch erleben könnten. Umso mehr kommt es darauf an, den Klimawandel effektiv zu bekämpfen. Doch so, wie wir die Sache angehen, handelt es sich vor allem um Symbolpolitik, die unterm Strich mehr Schaden anrichtet als Nutzen bringt. Wir verschwenden Geld, Zeit und Kraft für Solarstromanlagen, die kaum Strom erzeugen, und für Energiesparmaßnahmen, die nichts einsparen. Kurzum: Wir tun nicht zu wenig, um die Welt zu retten, sondern in übertriebenem Eifer vom Falschen zu viel.

GRÜNES LEBEN

Der Mülltonnenparcours vor unserer Haustür. Im trüben Licht der Quecksilberlampe. Die Legende vom Biosprit und das Märchen vom Elektroauto. Umweltkiller Dosenpfand. Das Feinstaubgespenst. Wohnen in der Thermoskanne. Die Sommerzeit und andere historische Ökoirrtümer. Wenn die Stadt nach Gully riecht. Das Bioapfelmysterium. Plastik statt Jute. Böse Ökos.

Alle zwei Jahre schickt das Umweltbundesamt seine Leute hinaus ins Land, um herauszufinden, wie die Deutschen über den Umweltschutz denken. Mehr als 2000 repräsentativ ausgewählte Bürgerinnen und Bürger werden danach befragt, ob sie ihren Müll trennen, beim Strom sparen oder sich vor dem Klimawandel fürchten. 46 Themen sind Punkt für Punkt durchzusprechen, von der Atomkraft bis zum Car-Sharing. Es handelt sich um ein aufwendiges und zeitraubendes Verfahren, eine Herausforderung für alle Beteiligten.

Die jüngsten Umfrageergebnisse stammen aus dem Frühjahr 2010, und wer die Daten studiert, blickt in die Seele eines verängstigten Volkes. Etwa 75 Prozent der Deutschen befürchten, dass sich die Umweltsituation ohne zusätzliche politische Maßnahmen dramatisch verschlechtern wird. Ebenfalls 75 Prozent sagen, sie seien »beunruhigt, wenn ich daran denke, unter welchen Umweltverhältnissen unsere Kinder und Enkelkinder wahrscheinlich leben müssen«. Mehr als 50 Prozent sind davon überzeugt, dass auf der Welt demnächst Kriege um Öl, Metall und seltene Rohstoffe geführt werden, von den bevorstehenden Konflikten um Süßwasser ganz zu schweigen.

Die Umfrage zeigt aber auch, dass sich die Deutschen große Mühe geben, die Katastrophe doch noch abzuwenden, soweit es in ihrer Macht steht. 83 Prozent schalten nicht benötigte Elektrogeräte und Lampen aus. 75 Prozent versuchen, beim Autofahren möglichst wenig Sprit zu verbrauchen. Eine Mehrheit bevorzugt Reiniger, Farben und Insektenvernichtungsmittel, die der Umwelt einen möglichst geringen Schaden zufügen. Viele gehen auch in den Bioladen, kaufen regionale Lebensmittel und fragen gezielt nach Produkten aus fairem Handel.

Und, natürlich: Mülltrennung. Die Königsdisziplin. »In der Mülltrennung sind wir Deutschen weltweit Spitzenreiter«, meldet das Umweltbundesamt. 90 Prozent der Bürger geben an, dass sie ihre Abfälle penibel auf die vorgesehenen Systeme verteilen. Weitere neun Prozent sagen, sie dächten darüber nach, demnächst damit anzufangen. Das macht zusammen 99 Prozent Zustimmung, eine beeindruckende Zahl. Und das letzte Prozent werden wir auch noch schaffen, da bin ich mir ganz sicher.

Müll

Die Berliner Durchschnittsfamilie besitzt fünf verschiedene Abfalltonnen; das gilt auch für mich und meine Lieben. Wir haben eine blaue Tonne für Pappe und Papier, eine gelbe für Verpackungen, eine braune für Pflanzenreste, eine orangefarbene für sogenannte Wertstoffe und eine graue für all die Dinge, die dann noch übrig sind. Ach ja: Im Keller haben wir noch einen Sammelkarton für Altglas, das wiederum nach Weiß-, Braun- und Grünglas zu unterscheiden ist. Und einen Karton für Altbatterien. Einen Beutel für Altkleider. Einen Sack für Einwegpfandflaschen. Und, nicht zu vergessen, einen mit Holzwolle ausgepolsterten Karton für defekte Energiesparbirnen. Weil diese Quecksilber enthalten, müssen sie besonders vorsichtig gelagert werden.

Wir geben uns Mühe, alles richtig zu machen, auch in komplizierten Fällen, Beispiel: Holz. Laut Tabelle der Stadtreinigung ist zwischen »Altholz, unbehandelt« (orangene Tonne), »behandelten Hölzern« (graue Tonne) und »Stammholz, Äste« (braune Tonne) zu unterscheiden. Für einfache Leute wie uns, also ohne forstwissenschaftlichen Hintergrund, ist das keine leichte Aufgabe. Auch der Biomüll wirft Fragen auf. Damit er im Winter nicht festfriert, wird von der Stadtreinigung empfohlen, ihn in Zeitungspapier einzuwickeln und dann in die braune Tonne zu werfen. Aber gehört das Papier nicht eigentlich in die blaue Tonne? Und was ist mit in Folie eingeschweißten Reklameheftchen? Mit Nudelpackungen mit Sichtfenstern? Mit Camembert-Schachteln aus Holz?

Am kompliziertesten ist die gelbe Tonne. Meine Frau wirft prinzipiell alles hinein, was nach Plastik aussieht. Ich hingegen bin der Meinung, dass die gelbe Tonne nur für Verpackungen da ist, die einen grünen Punkt haben. Mein Sohn sagt, ich hätte einerseits recht, andererseits aber auch wieder nicht, weil nämlich nicht alles, was einen grünen Punkt hat, in die gelbe Tonne gehöre. Verpackungen aus Pappe zum Beispiel müssten in die blaue Tonne, und nicht in die gelbe, obwohl sie einen grünen Punkt haben. Das wiederum finde ich ungerecht. Schließlich habe ich die Müllgebühr für Produkte mit grünem Punkt schon beim Einkauf mitbezahlt, weshalb unsere gelbe Tonne umsonst abgeholt wird, die blaue Tonne hingegen extra kostet, auch wenn sie Verpackungen mit grünem Punkt enthält. Oder, äh, so ähnlich.

Wissenschaftler haben herausgefunden, dass in Deutschland etwa ein Fünftel des Abfalls in der falschen Tonne landet, was bei einer so komplexen Materie eine respektable Leistung ist. Man weiß, dass Rentner noch genauer sortieren als Studenten und dass Einheimische etwas penibler sind als Migranten. Die besten Mülltrenner Deutschlands leben angeblich in Delmenhorst. Die Berliner dagegen stehen beim Städtevergleich am unteren Ende der Rangliste. Ein Professor für Abfallwirtschaft behauptete in einem Interview mit der »Süddeutschen Zeitung«, er könne die Lebensumstände eines Menschen präzise an dessen Mülltonneninhalt ablesen: »Wohlhabendere kaufen viel mehr frische Sachen ein und produzieren daher weniger Verpackungsabfall«, sagt er. »Gibt es mehr davon, kann man auf ärmere Leute schließen, auf Studenten, Alleinlebende oder solche, in deren Küche Chaos herrscht.«

Die deutsche Verpackungsverordnung wird respektiert, das Kreislaufwirtschaftsgesetz hoch geachtet. Es gibt Menschen, die sagen, es verschaffe ihnen innere Befriedigung, wenn sie ihren Müll mit der gebotenen Sorgfalt auf die verschiedenen Tonnen verteilen und dadurch wenigstens eine Sache in ihrem Leben in Ordnung bringen. Nichts wird verschwendet, Yin und Yang, die Welt im Gleichgewicht. Aus theologischer Sicht verbindet Mülltrennung das christliche Motiv der Schöpfungsbewahrung mit dem hinduistischen Reinkarnationsgedanken. Der Glaube an die Wiedergeburt des Joghurtbechers ist groß. Der Kreis darf nicht durchbrochen werden. Joghurtbecher sind »restentleert«, »tropffrei« und »löffelrein« zurückzugeben, so steht es in den Statuten des Dualen Systems. Nicht wenige stellen den Becher sogar in die Geschirrspülmaschine, bevor sie ihn in den gelben Sack stopfen, in der Hoffnung, es erleichtere ihm die Wiedergeburt.

Wird der Joghurtbecher von der Müllabfuhr abgeholt, geht die Sortiererei gleich weiter. Jede Entsorgungsfirma verfügt mittlerweile über spektroskopische Spezialmaschinen, die den Abfall mittels Nah-Infrarot durchleuchten und dabei bis zu sechs verschiedene Plastiksorten erkennen können. Ein computergesteuerter Luftstrom pustet Polyethylen, Polypropylen und Polystyrol feinsäuberlich auseinander.

Doch dann passiert etwas Merkwürdiges. Unser Joghurtbecher, den wir so liebevoll gespült und sortiert haben, wird gar nicht recycelt. Er wird wieder mit dem ganzen anderen Müll zusammengekippt. In einem Ofen.

Und dort wird er dann verbrannt.

Ja, das ist erlaubt. Genau 36 Prozent des Plastikmülls muss das Duale System »wertstofflich verwerten«, also etwa recyceln, so steht es im Gesetz. Mit den restlichen 64 Prozent kann die Müllfirma machen, was sie will und womit sie das meiste Geld verdient. Die Manager des Dualen Systems sind da nicht zimperlich; es handelt sich um geschäftstüchtige Leute. So findet der Kreislauf der Wiederverwertung ein jähes Ende. Der Plasteabfall landet in der Verbrennungsanlage; man spricht von »thermischer Verwertung«.

Dazu muss man wissen, dass Müll seit einigen Jahren nicht mehr auf eine Deponie gekippt werden darf. Die meisten Kommunen haben sich deswegen eine Verbrennungsanlage zugelegt. Was nicht recycelt werden kann, soll hier »thermisch verwertet« werden. Die Reste unseres Berliner Mülls etwa enden in der Müllverbrennungsanlage Ruhleben; man sieht sie, wenn man mit dem Zug Richtung Hamburg fährt und etwa in der Höhe des Olympiastadions aus dem Fenster schaut.

Leider haben sich die staatlichen Abfallplaner verschätzt. Während die Zahl der Verbrennungsanlagen wächst, geht die Restmüllmenge zurück. Die Ofenbetreiber wissen schon länger nicht mehr, womit sie ihre Öfen eigentlich befeuern sollen. Mehr schlecht als recht halten sie ihre Anlagen noch mit Müllimporten aus Serbien, Albanien und Italien in Betrieb. Allein aus Neapel kamen einmal mehr als 100 000 Tonnen Unrat per Sonderzug über die Alpen. Doch das reicht nicht aus. Branchenkenner schätzen, dass in den Feuerkesseln noch Platz für weitere Millionen Tonnen wäre. Umso begehrter sind deshalb die gelben Säcke. Weil der Plastikabfall zu großen Teilen aus Erdöl besteht, ist er gut geeignet, um ein prasselndes Feuer zu entfachen, und so sind die Betreiber der Verbrennungsanlagen ganz scharf darauf, unsere Joghurtbecher aufzukaufen.

Warum wir trotzdem weiter unseren Müll trennen müssen? Tja. Der von der Bundesregierung eingesetzte Sachverständigenrat für Umweltfragen plädiert seit Jahren dafür, das ganze System gründlich zu überdenken. Der Abfallwissenschaftler Klaus Wiemer, Präsident des Hessischen Forschungsverbundes Abfall, Umwelt und Ressourcenschutz, sagt, dass es besser wäre, wir würden uns die Sortiererei sparen. Aufwand und Ertrag stünden beim Mülltrennen in keinem vernünftigen Verhältnis zueinander, zumal auch die Umwelt darunter leide. Wiemers Rechnung sieht so aus: Von insgesamt 13 Millionen Tonnen Plastikmüll im Jahr landen nur 2,6 Millionen Tonnen im gelben Sack. Und davon wiederum werden weniger als eine Million Tonnen zu neuen Kunststoffen verarbeitet, eine lächerlich geringe Quote.

Wiemer schlägt vor, dass es künftig nur noch zwei Mülltonnen geben solle: die erste für feuchten Abfall wie Essensreste und Windeln, die zweite für den Rest. Die Stadtreinigung in Kassel hat das Konzept bereits ausprobiert. Der Müll aus der feuchten Tonne wird zunächst genutzt, um Biogas zu erzeugen, und anschließend verbrannt. Der Trockenmüll wird automatisch sortiert und so weit wie möglich recycelt. Es handelt sich um ein Konzept, das viele Vorteile hätte. Der Bürger hätte weniger Arbeit. Der Umwelt wäre geholfen. Alles würde einfacher.

Doch daraus wird wohl nichts. Zwischen den privaten Entsorgungsunternehmen und den Abfallfirmen der Kommunen ist stattdessen ein erbitterter Streit darüber entbrannt, wer für welchen Abfall zuständig ist. Jeder kämpft gegen jeden. Die Juristen haben viel zu tun. In Berlin klagte die Müllfirma Alba ihr Recht ein, die »Gelbe Tonne Plus« aufzustellen. Die Berliner Stadtreinigung hält mit der »Orange Box« gegen.

Erst kürzlich war bei meinen Töchtern in der Kita wieder eine Dame von der Müllabfuhr zu Besuch. Mit der Umwelterziehung kann man nicht früh genug anfangen. Es wurde eine Art Memory gespielt. Wer wollte, durfte Rico, das Müllmaskottchen, anfassen. Und dann haben meine Kinder noch ein Gedicht auswendig gelernt: »In die graue Tonne fein, wirf kaputte Sachen rein.«

Wasser

Wir waren im Sanitärfachgeschäft; es ging um unser neues Bad. Wir brauchten ein Waschbecken, eine Badewanne, eine Duschtasse, ein WC. Weiße Keramik, Standardgrößen, kein Schnickschnack, nichts Luxuriöses. Wir dachten, wir würden schnell fertig werden. Von wegen. Wir hatten bei unserer Planung etwas Wichtiges vergessen: den Duschkopf.

Die Duschkopftechnik hat in den letzten Jahren eine rasante Entwicklung vollzogen: weg vom Wasser, hin zur Luft. Die Zeiten, in denen es reichte, einfach nur Wasser zu verteilen, sind vorbei. Heute wird im Inneren des Brausekopfs durch ein kompliziertes Verfahren ein Aerosol erzeugt. Einige Modelle umhüllen jeden Wassertropfen einzeln mit einer winzigen Luftblase, Experten sprechen vom Wirbelkammerverfahren. Andere Geräte arbeiten mit Düsenstrahl. Sie erzeugen ein Vakuum, das den Wassertropfen im Millisekundentakt abhackt, was sich beim Duschen durch ein leichtes Pulsieren auf der Haut bemerkbar macht.

Die Frage, was besser ist, Wirbelkammer oder Düsenstrahl, ist offenbar nicht abschließend geklärt. Letztlich kommen beide Varianten inzwischen mit einem Minimum an Flüssigkeit aus. Der Feuchtigkeitsanteil in dem erzeugten Luft-Wasser-Gemisch ist so gering und der Luftanteil so hoch, dass man das Gefühl hat, das Föhnen werde unter der Dusche gleich miterledigt. Und die technischen Möglichkeiten sind noch nicht ausgereizt. Die Europäische Kommission in Brüssel rechnet damit, dass in der Brausekopftechnologie weiteres Einsparpotential schlummert. Perspektivisch sollen nur die jeweils sparsamsten Modelle auf dem EU-Binnenmarkt Bestand haben, so regelt es die EU-Ökodesignrichtlinie.

Das Ziel der Politik ist, die Bürger zu noch mehr Sparsamkeit zu erziehen. Schon unseren Kleinsten bringt die Regierung bei, wie wichtig es sei, verantwortungsvoll mit dem kostbaren Leitungswasser umzugehen. »Überlege, wie Du Wasser sparen kannst!«, heißt es auf der Kinderseite des Bundesumweltministeriums im Internet. »Duschen ist ökologisch besser als baden. Dreh den Hahn zu, wenn Du Dich einseifst. Lass nie Wasser laufen, wenn Du es nicht brauchst. Vielleicht kannst Du ja auch etwas kürzer duschen.«

Und die Deutschen machen mit. Die Toiletten sind mit Stopptasten ausgestattet, die Wasserhähne mit Durchlaufbegrenzern. Urinale kommen inzwischen ganz ohne Wasser aus, ein Wunder der Nanotechnologie. Das Kompostklo ist wieder auf dem Vormarsch. Ein Fallrohr ersetzt die Spülung; man hört noch ein entferntes Plumpsen, fertig.

Manche Menschen sammeln wieder Regenwasser in unterirdischen Zisternen, so wie im Mittelalter. Länder und Kommunen fördern den Bau dieser Anlagen durch Zuschüsse oder Gebührennachlässe. 1,5 Millionen Speicheranlagen gibt es bereits. Sogar die Waschmaschine darf mit Brauchwasser betrieben werden, einem Urteil des Bundesverwaltungsgerichts von Anfang 2011 sei Dank. Die »Restverkeimung getrockneter, mit Regenwasser gewaschener Wäsche« stelle kein wesentliches Gesundheitsrisiko dar, so die Richter.

Auf diese Weise ist es den Deutschen gelungen, ihren Wasserverbrauch in den letzten Jahren spürbar zu verringern. 122 Liter pro Tag verbrauchte der Durchschnittsbürger im Jahr 2007, das sind gut zwei volle Eimer weniger als im Jahr 1990. In Berlin ist der Verbrauch seit der Wiedervereinigung sogar um die Hälfte zurückgegangen. Die Menschen in anderen Ländern können sich an uns ein Beispiel nehmen. In der EU liegt der Durchschnittsverbrauch bei etwa 200 Litern am Tag, also deutlich über dem deutschen Niveau. Spanier und Italiener verbrauchen etwa 250 Liter am Tag, Amerikaner sogar fast 400 Liter.

Wenn ich mir unsere letzte Wasserrechnung ansehe, dann darf ich sagen: Ja, da liegen wir nicht schlecht. Im letzten Jahr haben wir 169 Kubikmeter verbraucht, also 463 Liter am Tag, kein übler Wert für einen Haushalt mit sechs Leuten, zumal mit Garten. Unsere Sparbemühungen haben sich bemerkbar gemacht, die Mühe hat sich gelohnt. Sogar den Zahnputzbecher hatte ich auf Anraten des Umweltministeriums wieder eingeführt.

So könnte alles in bester Ordnung sein, wenn es nur ein Problem nicht gäbe: Es stinkt. Fäulnisgeruch durchweht unsere Straße. Besonders schlimm ist es im Sommer. Halb Berlin liegt dann unter einer Gaswolke. Ein von den Wasserbetrieben gegründetes »Kompetenzzentrum« veröffentlichte jüngst eine Liste der besonders betroffenen Ecken. Auf Platz 1 steht ausgerechnet der vornehme Gendarmenmarkt. Auch der Pariser Platz am Brandenburger Tor riecht wie ein Windeleimer. Und es handelt sich nicht nur um ein Berliner Problem. In Hamburg, Rostock und im Ruhrgebiet sind ebenfalls ganze Stadtteile betroffen.

Weil wegen unseres geringen Verbrauchs zu wenig Wasser durch die Rohre rauscht, verstopft neuerdings die Kanalisation. Fäkalien, Urin und Speisereste fließen nicht mehr ab. Träge schwappt der braune Schlick durch die viel zu breiten Rohre und entfaltet sein volles Aroma. Die Wasserwerke versuchen, dem Gestank durch Geruchsfilter und Duftgel (Lavendel, Zitrus, Fichtennadel) beizukommen. Doch in der Kanalisation lagern sich auch giftige Schwermetalle wie Kupfer, Nickel und Blei ab. Schwefelsäure greift die Leitungen an, lässt Stahl rosten und Beton bröseln. Dagegen hilft dann auch kein Deo.

Die Wasserwerke müssen ihre Rohre und Kanäle jetzt immer kräftig durchspülen. Was wir oben mit der WC-Stopptaste eingespart haben, pumpen sie unten mit dem Schlauch direkt in die Kanalisation. In das Berliner Leitungsnetz werden an manchen Tagen eine halbe Million Kubikmeter Leitungswasser zusätzlich abgelassen, um, wie es heißt, die »notwendige Fließgeschwindigkeit« zu gewährleisten. Im Ruhrgebiet dreht das Versorgungsunternehmen Gelsenwasser morgens schon mal die Hydranten auf und lässt Zigtausende Liter über die Straße in den Gully laufen. Anwohner sind oft wenig amüsiert. In der Einsatzzentrale der Wasserbetriebe gehen Beschwerden ein. Aber darauf kann das Unternehmen keine Rücksicht nehmen. Spülen muss sein, beteuert ein Sprecher.

Nun ist Deutschland ein wasserreiches Land. Es verfügt über zahlreiche Flüsse und Seen. Man muss nicht tief bohren, um auf Grundwasser zu stoßen. Die Regenmenge, die vom Himmel auf Deutschland herabfällt, ist fünfmal größer als der gesamte Wasserbedarf von Mensch und Industrie. Weniger als drei Prozent der Reserven reichten aus, um alle Haushalte zu versorgen.

In Berlin ist der Grundwasserpegel wegen der schwachen Wassernachfrage in den letzten 20 Jahren bereits um ein bis drei Meter angestiegen. Ähnlich sieht es in Nordrhein-Westfalen aus, wo viele Städte ihre Trinkwasserförderung stark verringern mussten. Die Bezirksregierung Düsseldorf hat eine Studie in Auftrag gegeben. Man will herauszufinden, ob sich aus der neuen Lage womöglich Hochwassergefahren ergeben.

Hausbesitzer zwischen Duisburg und Düsseldorf haben die Sorge, ihre Keller könnten demnächst voll Wasser laufen.

Wir müssen kein schlechtes Gewissen haben, wenn wir unser Wasser alleine verbrauchen, anstatt den Menschen in trockeneren Ländern etwas davon abzugeben. Die Chancen, einen Hirsebauern in der Sahelzone an unser Wassernetz anschließen zu können, sind gleich Null. Wir kämen nicht einmal bis nach Spanien. Auf halber Strecke wäre das Wasser giftig und müsste gereinigt und wiederaufbereitet werden. Die naheliegende Lösung unserer Rohrleitungsprobleme wäre deshalb, wieder mehr Wasser zu verbrauchen. Schluss mit Sparspültaste und Komposttoilette. Wir könnten uns guten Gewissens einen Rasensprenger leisten. Unsere Kleidung würde beim Waschen wieder richtig sauber. Aus dem Brausekopf käme Wasser statt Luft.

Doch so ticken die Deutschen nicht. Wer so lange darauf gedrillt wurde, beim Duschen mit einem Minimum an Flüssigkeit auszukommen, wirft nicht seine Gewohnheiten über Bord, nur weil es klug und vernünftig wäre. Die Maßhalteappelle haben tiefe Spuren in unserer Psyche hinterlassen. Wassersparen ist für uns zu einer Überlebensfrage geworden.

Auch die Umweltpolitik hängt an ihren Ritualen. Es stimme zwar, dass wir in Deutschland noch keinen Wassermangel haben, bestätigt der Bund für Umwelt und Naturschutz Deutschland (BUND). Trotzdem. Womöglich werde der Klimawandel schon bald dazu führen, dass auch hierzulande das Wasser knapp wird. Es sei gut, sich beizeiten darauf einzustellen.

Die Umweltschutzverbände glauben, dass nicht der zu geringe Wasserverbrauch das Problem ist, sondern die Größe der Rohre. Wären die Leitungen schmaler, würde sich die Fließgeschwindigkeit automatisch erhöhen. Die Fäkalien würden locker weggespült. Die Lösung des Problems wäre demnach ein Totalumbau im Untergrund der Städte.

Für den Laien klingt das zunächst nach einem plausiblen Vorschlag. Er käme die Städte allerdings recht teuer. Das deutsche Abwasserleitungsnetz ist etwa 500 000 Kilometer lang, das ist weiter als die Entfernung von der Erde bis zum Mond. Die Berliner Wasserwerke haben ausgerechnet, dass es etwa 400 Millionen Euro jährlich kosten würde, wenn man pro Jahr nur zwei Prozent des Kanalsystems erneuern würde. Nach etwa 50 Jahren wären demnach die Arbeiten abgeschlossen. Ich fürchte, so lange wollen die Berliner nicht warten, bis der Gestank verduftet.

Zudem haben Fachleute Bedenken, die Rohre im Durchmesser kleiner zu machen. Das hängt mit der Belastung in Spitzenzeiten zusammen. In der Halbzeitpause beim Fußball-Länderspiel muss das Leitungssystem in der Lage sein, in kurzer Zeit große Abwassermengen aufzunehmen, andernfalls laufen die Toiletten über, und das war es dann mit der zweiten Spielhälfte. Die Feuerwehr beharrt darauf, dass bei einem Großeinsatz das Löschwasser zügig abfließen können müsse. Auch bei Wolkenbrüchen braucht es ein leistungsfähiges Kanalsystem; so gesehen ist der Klimawandel eher ein Argument für größere Rohre als für kleine.

Verdrießlich ist, dass die Bürger für immer weniger Wasser immer mehr Geld bezahlen müssen. Unsere Sparsamkeit zahlt sich auch finanziell nicht aus. Die Wasserrechnung wird jedes Jahr höher. Ein Grund sind die hohen Fixkosten der Wasserwerke. Mehr als 80 Prozent ihrer Ausgaben entfallen auf den Betrieb und die Instandhaltung. Ob die Bürger viel oder wenig Wasser verbrauchen, fällt kaum ins Gewicht. Bei sinkender Nachfrage steigt der Instandhaltungsaufwand mitunter sogar. In den letzten Jahren haben sich die Wasserpreise etwa verdoppelt. Die Kunden reagieren, indem sie noch mehr Wasser sparen. Und so dreht sich die Preisspirale immer weiter.

Vielleicht sollten sich die Deutschen angewöhnen, mehr Wasser zu verbrauchen, indem sie das Trinkwasser aus der Leitung einfach mal trinken. Gesundheitsbedenken sind unbegründet. Die Qualität ist gut, der Geschmack passabel. Kein Lebensmittel wird in Deutschland schärfer kontrolliert. Auf diese Weise käme nicht nur mehr Kranwasser in Umlauf. Wir müssten auch nicht mehr so viel Mineralwasser in umweltschädlichen Einwegflaschen kaufen, die per Lastwagen oft über Hunderte Kilometer vom Abfüller zum Supermarkt transportiert werden.

Es wäre besser, die Deutschen würden wieder mehr statt weniger Wasser verbrauchen, heißt es beim Bundesverband der Energie- und Wasserwirtschaft. »Eine politisch geforderte weitere Reduzierung des Wasserverbrauchs ist nicht sinnvoll.« Und der zuständige Fachmann beim Umweltbundesamt ermuntert uns: »Duschen Sie. Planschen Sie. Sie brauchen dabei kein schlechtes Gewissen zu haben.«

Licht

Quecksilber ist ein gefährlicher Stoff. Es verdampft bei Zimmertemperatur. Schon kleine Mengen schädigen Leber, Lunge und Gehirn. Der berühmte Doktor Paracelsus hat sich mit Quecksilber versehentlich umgebracht; seither raten Ärzte davon ab, es einzuatmen. Kinder und schwangere Frauen sollten grundsätzlich nicht mit dem Stoff in Berührung kommen.

In vielen Staaten ist Quecksilber geächtet. Seine Verwendung, etwa im Amalgam für Zahnfüllungen, unterliegt strengen Auflagen. Quecksilberhaltige Fieberthermometer sind in der Europäischen Union mit wenigen Ausnahmen verboten. Der Direktor des Umweltschutzprogramms der Vereinten

Nationen bezeichnet Quecksilber als »globales Gesundheits-
problem«. Schon 2009 debattierten Umweltminister aus aller
Welt bei einer Konferenz darüber, es womöglich ganz aus dem
Verkehr zu ziehen.

Umso erstaunlicher ist die Renaissance, die das giftige
Schwermetall bei uns zu Hause erlebt. Wie alle guten Euro-
päer sind wir dabei, unsere alten Glühbirnen durch moderne
Energiesparleuchten zu ersetzen. So hat es die Kommission der
Europäischen Union verfügt.

Dass jede Sparleuchte bis zu fünf Milligramm Quecksilber
enthält, gilt als notwendiges Übel. Die neuen Lampen mögen
giftig sein, aber dafür verbrauchen sie weniger Strom als herkömmliche Birnen und weisen eine bessere CO_2-Bilanz auf.
Fachleute haben herausgefunden, dass bei der Glühbirne nur
zehn Prozent der eingesetzten Energie ins Licht gehen. 90 Prozent verlören sich in unnützer Wärme, eine Verschwendung,
die in fortschrittlichen Gesellschaften nicht toleriert werden
könne. »Nur durch das Auswechseln einer Birne werdet ihr
46,45 Dollar sparen«, verkündete Kubas Revolutionsführer
Fidel Castro seinen Landsleuten bereits 2005, »damit können
wir mehr Bohnen kaufen.« Seither sind Glühlampen, die mehr
als 15 Watt verbrauchen, auf Kuba verboten. Die EU ist dem
kubanischen Beispiel gefolgt. Am 1. September 2009 gingen
alle 100-Watt-Birnen aus dem Handel. Am 1. September 2010
traf es die 75-Watt-Lampe. Im Jahr 2011 war die 60-Watt-Birne
dran. Spätestens ab 2013 sollen dann auch die letzten noch
verbliebenen Glühbirnen verschwinden und durch Energiesparbirnen ersetzt werden.

Leicht fällt uns der Abschied nicht. Ich mochte die alte
Glühbirne. Wenn man sie anknipste, brannte sofort das Licht;
das kann man von unseren neuen Lampen nicht behaupten.
Wenn ich den Kindern abends eine Gute-Nacht-Geschichte
vorlesen will, muss ich vor dem Zähneputzen daran denken,

das Licht im Kinderzimmer anzuschalten, damit die Lampe genug Zeit zum Vorglühen hat.

Das An- und Ausschalten bekommt ihr leider generell nicht gut. Als die Zeitschrift »Ökotest« Sparlampen testen ließ, war bald jede zweite schon nach 3000 Betriebsstunden hinüber. Das ist viel weniger, als alle angenommen hatten. Die EU gab die Haltbarkeit noch mit 10 000 Stunden an. Doch diese Lebensdauer ist offenbar nur zu erreichen, wenn man die Lampe immer brennen lässt. Das aber entspricht nicht dem Alltagsverhalten des europäischen Durchschnittsverbrauchers und würde außerdem die ganze schöne Energiebilanz ruinieren.

Das neue Licht kommt uns auch ungemütlicher vor als das alte. Wir haben fast alle Lampensorten ausprobiert, von »tageslichtweiß« über »neutralweiß« bis »warmweiß«. Aber irgendetwas stimmt da nicht. Das Licht geht ins Blaue, egal was auf der Verpackung steht. Meine Frau sagt, das Licht in unserem Esszimmer sei etwa so anheimelnd wie die flackernde Neonbeleuchtung eines türkischen Männercafés. Sie hat jetzt Kerzen gekauft.

Mediziner haben herausgefunden, dass Energiesparleuchten bei einigen Menschen die Zirbeldrüse daran hindern, ein Hormon namens Melatonin auszuschütten. Die Folge sind Unruhe und Stress. Und so sitzen wir nun im blauen Licht der Energiesparlampe, versuchen mit Tischkerzen wenigstens einen Hauch von Gemütlichkeit zu erzeugen und trauern, geplagt vom Melatoninmangel, unserem alten Kronleuchter hinterher. Nicht mal unser Dimmer funktioniert noch. Wie schön war doch die alte Zeit.

Man sollte die neuen Energiesparbirnen allerdings nicht auf den Boden fallen lassen. Dann nämlich wird die Ökolampe zum Ökokiller. »Eingeatmetes Quecksilber geht übers Blut ins Gehirn«, sagt Gary Zörner vom Labor für chemische Analytik in Delmenhorst. »Und jedes bisschen Quecksilber macht ein bisschen dümmer. Das kann bis zur völligen Geistesgestörtheit führen.«

Wissenschaftler des Umweltbundesamts (UBA) haben genau untersucht, wie gefährlich die Energiesparleuchten sind. Sie zerbrachen Lampen aus dem Sortiment eines europäischen Markenherstellers. Anschließend maßen sie die Giftkonzentration in der Raumluft, einmal nach fünf Minuten, ein weiteres Mal nach fünf Stunden.

Das Ergebnis der Testreihe fiel nicht ermutigend aus. Alle gemessenen Werte lagen weit jenseits des Erlaubten. Teils lag die Quecksilber-Belastung um das Zwanzigfache über dem Richtwert. Auch nach fünf Stunden war noch so viel Queck-silber in der Luft, dass die Gesundheit von Schwangeren, kleinen Kindern und empfindlichen Menschen gefährdet gewesen wäre. »Das Quecksilber ist die Achillesferse der Energiesparlampe«, sagt UBA-Chef Jochen Flasbarth.

Die Behörde rät daher zur Vorsicht. Im Kinderzimmer sollten besser quecksilberfreie Lampen verwendet werden, ebenso an allen Orten mit »erhöhtem Bruchrisiko«, womit in unserem Fall leider das gesamte Haus gemeint sein dürfte.

Wegen des Quecksilbers ist es natürlich streng verboten, kaputte Energiesparlampen in den Hausmüll zu werfen. Der richtige Ort, um eine Ökobirne loszuwerden, ist die Problem-stoffannahmestelle der Müllabfuhr. Anschließend müssen sich Spezialfirmen darum kümmern. Eine Nürnberger Ent-sorgungsfirma hat eine Maschine erfunden, die jede Birne vor-sichtig zersägt und den Leuchtstoff samt Quecksilber absaugt. Die Mixtur wird luftdicht in Tüten verpackt und zu jeweils 300 Kilo in blaue Tonnen verfüllt. Und diese Tonnen werden dann in einem ehemaligen Salzbergwerk im Harz endgelagert, als giftiger Sondermüll für alle Ewigkeit.

Ich denke insgeheim darüber nach, mir doch noch einen Vorrat herkömmlicher Glühbirnen zuzulegen. Nur wie? Eine

Zeitlang konnte man bei einem Aktionskünstler aus Nord-rhein-Westfalen sogenannte »Heatballs« bestellen. Die Pro-duktbeschreibung lautete so: »Kleinheizgerät, keine Lampe, passt aber in die gleiche Fassung, optisch einer Glühbirne ähn-lich.« Der Wirkungsgrad sei fabelhaft. Der »Heatball« erzeuge zu 95 Prozent Wärme. Nur fünf Prozent gingen ins Licht, aber darüber könne man getrost hinwegsehen: »Die Leuchtwirkung während des Heizvorgangs ist produktionstechnisch bedingt und völlig unbedenklich.«

Viele Leute fanden die Idee lustig, nur leider nicht die deut-schen Behörden. Eine knapp zwanzig Seiten lange Ordnungs-verfügung untersagte das »Inverkehrbringen der Heatballs 100 W/75 W matt und klar«. Der Zoll am Flughafen Köln-Bonn beschlagnahmte eine Lieferung frischer 100-Watt-Birnen. Dort liegen sie bis heute. Eine Quecksilbergefahr geht von ihnen ja nicht aus.

Dämmen

Im Kieler Norden liegt Hof Pries, das »perfekte Dorf«, wie die »taz« einmal schrieb, zu einer Zeit, als dort noch alles in Ord-nung war. Auf der nach ökologischen Kriterien umgebauten Hofanlage hatten sich etwa 60 Menschen ihren Traum vom gemeinschaftlichen Wohnen erfüllt, Junge und Alte, Allein-stehende und Familien, darunter auch meine guten Freunde Friederike und Andreas mit ihren Kindern Matti und Tilda. Wie jede Partei hatten auch sie ihre eigene Wohnung. Über das große Versammlungshaus, die Sauna, die Waschküche, die Werkstatt und die Gästewohnung verfügten alle Hofbewohner gemeinsam. Gerade für Familien mit kleinen Kindern waren die Bedingungen ideal. Es gab einen Spielplatz, einen Bolzplatz und eine Schafweide, und wer Unterstützung brauchte, musste nur beim Nachbarn klopfen. »Hier kennt jeder jeden«, sagte Friederike damals, »einer passt auf den anderen auf«. Einmal war ich für ein paar Tage mit meiner Familie auf Hof Pries zu Besuch. Es war so schön; die Kinder wollten am Ende gar nicht mehr nach Berlin zurück.

Doch im Herbst 2010 war es mit der Wohnidylle vorbei. In der ehemaligen Scheune wucherte der Schimmel. Die Balken waren verrottet, es bestand Einsturzgefahr. Alle Scheunen-Bewohner, insgesamt fünf Parteien, mussten raus, auch Friederike und Andreas mit ihren Kindern. Doch wohin? Die Gemeinschaft in ihrer einstigen Form brach auseinander. Im früheren Vorzeigedorf ging es jetzt um die Frage, wer die Schuld am Schimmel trägt. Hofbewohner, Handwerker, Statiker, der Architekt: Jeder kämpfte gegen jeden. Ein vom Gericht bestellter Bausachverständiger bezifferte den Gesamtschaden auf mehr als eine Million Euro, aber zunächst fühlte sich keine Versicherung zuständig. Der Streit ging an die Substanz der Bewohner. Die Stimmung schwankte zwischen Zorn, Resignation, Existenzangst und Selbstanklage. Mein Freund Andreas hatte ja schon länger das Gefühl gehabt, dass mit den Ökohäusern etwas nicht stimmt. Die Luft: irgendwie stickig. Frische Schnittblumen ließen mysteriöserweise schon nach zwei Tagen die Köpfe hängen. Vom »idealen Raumklima«, das der Architekt versprochen hatte, konnte keine Rede sein.

Nun hat es schon immer Pfusch am Bau gegeben. Auch in früheren Zeiten kam es vor, dass Architekten und Handwerker Fehler machten. Doch seit wir unsere Häuser zu Thermoskannen umbauen lassen, um ein paar Liter Heizöl zu sparen, spitzt sich die Lage zu. Deutschlands Gebäudebestand ist auf dem Weg in die ewige Verdämmnis. Je besser die Isolierung, desto üppiger wuchert darunter der Pilz. Etwa die Hälfte aller Haushalte hat bereits ein Fäulnisproblem, schätzen Sachverständige. Seit dem jüngsten Schadensbericht des Bauministeriums von

1995 ist Schimmel auf Platz 1 der Bauschäden vorgerückt und breitet sich immer weiter aus.

Die Bundesregierung hat die dazu passende Werbekampagne bereits gestartet. »Ziehen Sie Ihr Haus warm an«, steht auf den Plakaten, darunter das Bild einer Villa, die eine mollig warme Pudelmütze auf dem Dach trägt. Und auch Bundeskanzlerin Angela Merkel (CDU) stellt nicht ohne Stolz fest: »Kein anderes Land kann so dichte Fenster bauen.« Es gibt ein Förderprogramm für die energetische Gebäudesanierung. 1,5 Milliarden Euro will der Staat jedes Jahr für zinsgünstige Kredite bereitstellen. Bis spätestens 2050 sollen möglichst alle Gebäude mit einem Minimum an Heizwärme auskommen. Mancher fühlt sich an die Zeiten nach dem Ölpreisschock der siebziger Jahre erinnert, als einige Hausbesitzer ihre Türen und Fenster so gut abdichteten, dass sie im Schlaf erstickten. Mein Vater, technisch nicht unbegabt, erfand damals eine Konstruktion, die sogar unseren Wohnzimmerkamin in den Heizkreislauf integrierte. Ich erinnere mich gut, wie stolz er war, wenn er seine Erfindung unseren Besuchern vorführte – bis die Isolierung eines Tages leider einem Schwelbrand zum Opfer fiel.

Heute lässt sich jedes Gebäude im Handumdrehen in ein Niedrigenergiehaus umwandeln. Die Dämmstoffindustrie, eine echte Boombranche, hält alle dazu nötigen Materialien bereit. Ganze Häuserzeilen werden mit dicken Lagen Styropor eingepackt, und das alles der Umwelt zuliebe. »Ja, wir dämmen wie die Weltmeister«, sagt Boris Palmer, grüner Oberbürgermeister von Tübingen, »und, ja, wir verschandeln unseren Gebäudebestand ganz bewusst mit Wärmeverbundsystemen.«

Erst werden die Putten und Simse von der Fassade abgeschlagen. Dann kommen der Stuck und die Giebeldreiecke weg. Das alte Mauerwerk verschwindet unter matratzendicken Dämmplatten, Farbe drauf – fertig. Die fehlenden Simse und Giebeldreiecke werden einfach aufgemalt. Optisch macht das keinen großen Unterschied, jedenfalls von weitem. Nur die nach hinten versprungenen Fenster verleihen dem Haus einen anderen Ausdruck. Wegen der breiten Laibung erinnern sie nun an Schießscharten. Wer bislang gerne von drinnen aus dem Fenster sah, bekommt durch den verengten Blickwinkel nur noch die Hälfte mit. Es wird dunkler im Zimmer.

Wer mit Albert Schett vom Hamburger Denkmalschutzamt an den historischen Backsteingebäuden am Dulsberg vorbeispaziert, dem wird der Unterschied zwischen gedämmten und ungedämmten Häusern sogar akustisch vorgeführt. »Hören Sie mal«, sagt Schett und klopft gegen die Fassaden, die neuerdings aus einer mit Backstein-Imitat beklebten Dämmschicht bestehen: »Klingt ganz hohl.« Aber was tut man nicht alles für die von der Bundesregierung geforderte energetische Ertüchtigung des Altbaubestandes.

Das Problem sind mancherorts jetzt nur noch die Menschen, die in den Häusern wohnen und ein »mangelhaftes Lüftungsverhalten« an den Tag legen, wie es in einer Broschüre des Bundesbauministeriums heißt. Dass jede Isolierung das Raumklima verändert, wird leider allzu oft vergessen. Und so breitet sich Schimmel aus an Stellen, an denen man es nie erwartet hätte: im Rollokasten, hinter der Heizung, unter der Fensterbank. Oder, wie auf Hof Pries, im Gebälk zwischen luftdichter Deckendämmung und undichter Außenhaut. Die Luft zirkuliert nicht mehr, Pilze wuchern, Balken faulen. Sobald tragendes Gebälk vom Gammel durchdrungen ist, muss das Haus aufgegeben werden, zumal die Dämmplatten mit der Zeit immer feuchter werden. »Das ist dann so, als würden wir bei Kälte einen klatschnassen Pullover tragen«, beschreibt ein Bausachverständiger die Lage.

Das »Deutsche Ärzteblatt« wies bereits vor einiger Zeit auf die Gesundheitsrisiken in besonders gut isolierten Räumen hin. »Die hermetische Abdichtung des Wohnbereichs hat zu einer deutlichen Zunahme des Schimmelpilzbefalls geführt«, schrieb das Fachmagazin. Asthma, Lungenentzündungen und die lebensbedrohliche Aspergillose, eine durch Schimmelpilze hervorgerufene Infektionskrankheit, seien mögliche Folgen. In einigen US-Bundesstaaten ist es wegen der Gesundheitsgefahr inzwischen sogar verboten, sein Haus mit Dämmplatten zu bekleben.

Baufachleute raten, gerade in nachträglich isolierten Häusern ganz besonders viel zu lüften. Je mehr Menschen sich in einem Zimmer aufhalten, desto häufiger sollten die Fenster geöffnet werden, ebenso nach dem Kochen. Im Winter sei es ratsam, alle paar Stunden für kräftigen Durchzug zu sorgen, eine Methode, die in der Branche »Stoßlüften« genannt wird. Und wer morgens nach dem Duschen gleich ins Büro hastet, sollte sein Bad mit einer sensorgesteuerten Abluftanlage ausstatten, um zu verhindern, dass es sich über den Tag in ein Feuchtbiotop verwandelt.

Ich will nicht missverstanden werden: Selbstverständlich ist es vernünftig, darauf zu achten, dass die kostbare Heizungswärme möglichst drinnen bleibt. Bis zu zwei Drittel unseres Energieverbrauchs im Haus entfallen auf die Heizung, dementsprechend groß ist hier das Einsparpotential. Die Frage ist aber, wo die Grenze zwischen Sinn und Unsinn verläuft. Was nutzt die schönste Energiebilanz, wenn im Haus die Luft knapp wird? Geht es nicht auch darum, dass wir uns wohlfühlen? »Wir müssen aufpassen, dass die Gebäude noch nutzbar bleiben«, mahnt der Bund Deutscher Architekten.

In Brandenburg wurde 2011 der Seecampus Niederlausitz eröffnet, ein sogenanntes Passivhaus. Fast 900 Kinder und Jugendliche gehen hier zur Schule. Im alten Gebäude saßen die Schüler im Winter manchmal mit Schal und Handschuhen im Unterricht. Im neuen Haus reicht ihre Körperwärme aus, damit es in der Klasse mollig warm wird. Doch so angenehm die Temperaturen im Winter sind, so schlimm war es letzten Sommer. Schüler und Lehrer klagten über Kopfschmerzen und Müdigkeit. Eltern dachten daran, den Unterricht auf dem Rechtsweg zu stoppen; die Zustände im Klassenraum könnten ihren Kindern nicht länger zugemutet werden. Die »Lausitzer Rundschau« schrieb: »Versagt bei einer Person im Raum das Deodorant, liegt die halbe Klasse im Koma.«

Noch absurder wird es, wenn die Wärmedämmung selbst zum Umweltproblem wird. Das ist der Fall beim Putz und bei den meisten Farben, die auf die frisch gedämmte Fassade aufgetragen werden. Sie enthalten künstliche Pilz- und Algenvernichtungsmittel, die verhindern sollen, dass die Dämmplatten wegen Feuchtigkeit von einer grünlich-braunen Schmierschicht überzogen werden. Doch im Laufe der Zeit spült der Regen das Mittel von der gedämmten Außenwand ab. Die Eidgenössische Anstalt für Gewässerschutz in der Schweiz macht das Fassadengift bereits dafür verantwortlich, dass Flüsse und Bäche mit Anti-Schimmel-Chemikalien verseucht sind. Und spätestens an diesem Punkt wird es wohl Zeit, darüber nachzudenken, ob bei der Wärmedämmung des Guten nicht zu viel getan wird.

Luft

Als unser vorletztes Auto, ein Mercedes 230 E in schicker Grünmetallic-Lackierung mit Automatikgetriebe und Schiebedach, am 4. Mai 1983 für den Straßenverkehr zugelassen wurde, galt er als technologisches Spitzenprodukt, nicht nur wegen seiner vortrefflichen Fahreigenschaften. Im Lenkrad steckte ein Luftkissen, von dem es hieß, es werde sich bei einem Unfall wie von Zauberhand selbst aufblasen. Oder der Tempomat: So etwas hatte es vorher nur in Amerika gegeben.

Und dann war da noch dieser nachträglich eingebaute Filter am Auspuff, von Fachleuten »Katalysator« genannt. Untersuchungen hatten gezeigt, dass es mit seiner Hilfe möglich sei, einen Teil der besonders umweltschädlichen Stoffe aus den Abgasen herauszuholen. Zwar schrieben einige Fachzeitungen, der Filter wirke sich nachteilig auf Beschleunigungskraft und Maximalgeschwindigkeit aus. Doch für die Umwelt stellte er eine erfreuliche Verbesserung dar. Die Zeit, in der Autos mit ihren Abgasen die Luft verpesteten, schien allmählich zu Ende zu gehen.

Der Besitz eines Katalysator-Autos, gut zu erkennen an der orangefarbenen, sechseckigen Plakette an der Windschutzscheibe, war mit Privilegien verbunden. Bei der Kraftfahrzeugsteuer gab es Rabatt. Fahrverbot wegen Smogalarm? Egal. Autos mit Katalysator hatten immer freie Fahrt. Ein Blick auf die Plakette, schon wusste jeder Verkehrspolizist Bescheid und machte salutierend den Weg frei.

Als ich den Mercedes Ende der neunziger Jahre in bemerkenswert gutem Zustand aus zweiter Hand erwarb, war die Plakette schon etwas vergilbt. Airbag und Tempomat waren nichts Besonderes mehr. Auch der einstige Ökovorsprung hatte sich inzwischen aufgebraucht. Bessere Katalysatoren waren inzwischen auf den Markt gekommen und definierten den neuen Standard.

Trotzdem hatte ich der Umwelt gegenüber kein schlechtes Gewissen, im Gegenteil. Mir wäre es frevelhaft vorgekommen, einen so gepflegten Wagen zu verschrotten. Die meiste Zeit stand er eh nur herum. Aufs Jahr gerechnet war ich weniger als 4000 Kilometer unterwegs, ein Drittel der Strecke, die ein Durchschnittsautofahrer zurücklegt. Nie wäre ich auf die Idee gekommen, dass mein Verhalten ein Verbrechen an der Natur und einen Angriff auf die Gesundheit meiner Mitmenschen darstellen könnte.

Ende 2007, mein Auto war ein weiteres Mal ohne Beanstandung durch den TÜV gekommen, tauchte im Berliner Straßenbild plötzlich ein neues Verkehrszeichen auf: roter Kreis auf weißem Grund, darin das Wort »Umwelt«, darunter, in Großbuchstaben, »ZONE«. Berlins damalige Umweltsenatorin Katrin Lompscher kündigte an, die Schilder würden in der bevorstehenden Silvesternacht in Kraft treten. Ab dann werde es besonders schädlichen Autos bei Strafe verboten sein, stadteinwärts an den Schildern vorbeizufahren.

Nun sehen es die Berliner, historisch bedingt, nicht gern, wenn man ihre Stadt in Zonen teilt. Doch Senatorin Lompscher sagte, darauf könne sie keine Rücksicht nehmen. »Niemand muss sich in Berlin mit einem alten, viel Feinstaub produzierenden Auto in der Stadt bewegen«, erklärte sie im »Neuen Deutschland«. Das könne den Menschen, die in der Innenstadt wohnen und arbeiten müssen, nicht länger zugemutet werden.

Das war's dann für mein Auto. Ich konnte mich zwar nicht erinnern, je über Feinstaub geklagt zu haben. Ich wusste bis dahin ja nicht einmal, was Feinstaub überhaupt ist. Dabei gehörte ich doch auch zu den Menschen, die in der Stadt leben und arbeiten müssen. Mein Mercedes ging zu einem beschämend niedrigen Preis an den Bekannten eines Kollegen, der in Brandenburg lebt, wo es weit und breit keine Umweltzonen gibt.

Das Tückische am Feinstaub ist, dass man ihn so leicht übersehen kann. Was gibt es Schlimmeres als eine Gefahr, die keiner sieht? Feinstaub wird in Mikrometern gemessen, also in Tausendstel Millimeter. Ein einzelnes Partikel ist nicht größer als zehn Mikrometer. Das ist zehnmal kleiner als der Durchmesser eines menschlichen Haars. Umso größer ist die Gefahr, es aus Versehen einzuatmen. »Es lauert rings ein großes schwarzes Sterben«, heißt es in einer Feinstaubbroschüre des Umweltministeriums. »Eine Konzentration, unterhalb derer diese Schadstoffe gesundheitlich unbedenklich werden, ist bislang nicht bekannt.«

Die Politik hat auf den Feinstaub entschlossen reagiert. Das halbe Land ist inzwischen mit Messeinrichtungen überzogen. Von außen sehen die Stationen wie Baustellencontainer aus, drinnen ähneln sie einem Staubsauger. Was immer durch die Luft fliegt wird eingesaugt, gesammelt und gemessen: Kohlenmonoxid, Kohlenwasserstoff, Stickstoffmonoxid, Stickstoffdioxid, Schwefeldioxid, Ozon. Selbst auf Radioaktivität wird hier geachtet. Und natürlich: auf Feinstaub. Die Messwerte gehen per Funk an die Behörden. Alle paar Tage kommt jemand vorbei und wechselt die Filter aus.

Der Wert, bei dem die Messstation Alarm auslöst, liegt bei 50 Mikrogramm Feinstaub pro Kubikmeter Luft. Wird diese Grenze an mehr als 35 Tagen im Jahr überschritten, liegt ein Verstoß gegen die Feinstaubrichtlinie der Europäischen Union vor. Dann muss die Kommune handeln und den Feinstaub bekämpfen, etwa durch eine Fahrverbotszone für ältere Autos ohne Umweltplakette. 47 solcher Zonen gab es Ende 2011 bereits in Deutschland. Ständig kommen neue hinzu, zuletzt in Hagen oder in Heidenheim. Das ganze Ruhrgebiet ist neuerdings eine einzige Umweltzone, nur der Duisburger Hafen und die Autobahnen sind ausgenommen. Auch meine Geburtsstadt Krefeld hat wegen zu hoher Feinstaubwerte ein Fahrverbot verhängt, dabei hatten doch gerade meine Verwandten am schönen Niederrhein immer angenommen, es tue ihnen gut, viel draußen an der frischen Luft zu sein.

Die Bürger ertragen das alles mit großer Langmut. Was sollen sie auch klagen; es nutzt ja eh nichts. Gut zwölf Milliarden Euro hat die Einführung der Umweltzonen in Deutschland bislang gekostet, so der Verkehrsexperte Ferdinand Dudenhöffer von der Universität Duisburg-Essen. Es mussten Schilder aufgestellt, Aufkleber beschafft und Kontrollen eingeführt werden. Vor allem waren ältere Autos, die keine grüne Plakette bekamen, plötzlich nur noch die Hälfte wert, eine kalte Enteignung.

Die Bilanz der Feinstaubzonen fiele freilich besser aus, wenn die Messdaten mitspielen würden. Bislang ist es wie verhext: Kaum wird eine Umweltzone eingerichtet, verschlechtern sich die Werte. Die Fachleute stehen vor einem Rätsel. Wie ist es nur möglich, dass genau das Gegenteil dessen eintritt, was man erwartet hatte?

2007, also vor Einführung der Umweltzone, lag die Feinstaubbelastung in Berlin an insgesamt 30 Tagen über dem kritischen Wert. 2008 waren es dann noch 24 Tage; alles schien auf einem guten Wege zu sein. Doch dann das: 2009 stieg die Zahl der kritischen Tage auf 39 an. Im Jahr 2010 wurde es noch schlimmer: 53 Alarmtage. Und auch 2011 setzte sich der Trend ungebrochen fort. Stuttgart, München: überall das gleiche Bild.

Eine Ursache könnte sein, dass die Verbotsschilder zwar bestimmte Fahrzeuge aus den Umweltzonen heraushalten können, aber nicht den Wind. Der kommt mal von vorne und mal von hinten, mal kommt er von links und mal von rechts. Er bringt Abgase aus Brandenburg ebenso mit nach Berlin wie Dieselruß aus Polen. Auch Meersalz von der Nord- und Ostsee und sogar Sand aus der Sahara werden regelmäßig in die Umweltzonen hineingetragen. In Bremen hat man ermittelt, dass pro Jahr etwa ein Feinstaubalarm auf die traditionellen Osterfeuer zurückzuführen ist. In der Silvesternacht sind die Werte in fast allen Städten Deutschlands so schlimm, dass man wünschte, die Menschen gäben sich in Zukunft mit Tischfeuerwerk zufrieden und gingen lieber früh zu Bett. Ein wachsendes Problem stellen auch die Holzpelletheizungen dar, von denen es immer hieß, sie seien für die Umwelt von Vorteil.

All diese Stoffe tragen dazu bei, dass die Feinstaubkontroll-stationen in unserer Nachbarschaft ständig Alarm schlagen. Nur mit dem Autoverkehr hat das Ganze nichts zu tun. Umwelt-zonen haben keine oder nur eine sehr geringe Wirkung auf die Feinstaubbelastung, heißt es in einer Studie der Brandenburgi-schen Technischen Universität in Cottbus. Der ADAC hält die ganze Sache für Quatsch. Und sogar Tübingens grüner Ober-bürgermeister Boris Palmer sieht das Experiment als gescheitert an: »Die Umweltzone«, so sein Fazit, »hat vor allem Staub und Beschwerden aufgewirbelt«.

Biosprit

Für Deutschlands Tankwarte gab es im Frühjahr 2011 viel zu tun. Es mussten Zapfpistolen gewechselt, Leitungen getauscht und neue Schilder montiert werden. E10 kam auf den Markt, die erste neue Benzinsorte seit der Einführung von Bleifrei mehr als 25 Jahre zuvor. Bundesregierung, Mineralölkonzerne, der ADAC und die Autohersteller stimmten die Bürger auf das Ereignis ein. »Wir packen mehr Bio ins Benzin«, verkündete der damalige Umweltminister Norbert Röttgen (CDU) stolz.

Doch dann geschah das Unvorstellbare: Der Bürger machte nicht mit. Er verweigerte sich der neuen Zeit. Alles war vor-bereitet, frischer Sprit an den Tankstellen, die Depots der Raf-finerien randvoll. Aber der Autofahrer wollte kein Biobenzin, das zu zehn Prozent aus Pflanzenschnaps besteht, auch wenn es billiger ist, und zwar aus gutem Grund. Technisch stellt E10 eine Verschlechterung dar. Das meist aus Zuckerrohr oder Getreide gewonnene Ethanol hat weniger Power als herkömm-liches Benzin, weil es mehr Wasser enthält. Die Motorleistung sinkt, der Verbrauch steigt. Wer früher mit einer Tankfüllung 600 Kilometer weit kam, schafft mit E10 nur noch 590 Kilometer. Das klingt zunächst nicht nach einem großen Unterschied, bedeutet aber, dass alle deutschen Autofahrer bei gleicher Fahrweise mit E10 pro Jahr etwa 450 Millionen Liter mehr verbrauchen würden als mit herkömmlichem Benzin.

Noch immer ist unklar, wie viele Autobesitzer E10 meiden sollten, weil ihr Fahrzeug den Sprit nicht verträgt. Das Bundesumweltministerium ging im vergangenen Jahr von etwa drei Millionen Fahrzeugen aus. Es handelt sich keineswegs nur um alte Kisten, die eh bald verschrottet werden. Neun Jahre alte Modelle von Volkswagen und Toyota sind ebenso betroffen wie einige Opel Zafira und Audi A3 der Baujahre 2003 und 2004. Die Autohersteller haben auf ihren Internetseiten Listen veröffentlicht, welche Fahrzeuge E10 vertragen und welche nicht. Es heißt, Autobesitzer sollten ihre Fahrzeugpapiere mal mit den Tabellen abgleichen, ein bemerkenswert lässiges Verfahren, wenn man bedenkt, dass in Deutschland sonst auf jedem Schokoriegel haargenau stehen muss, welche Zutaten er enthält.

Mal sind es spezielle Kunststoffdichtungen, die auf keinen Fall mit zu viel Ethanol in Berührung kommen dürfen. Mal liegt es an Druckleitungen aus Aluminium, die sich unter dem Einfluss von E10 in eine Art Rost verwandeln; der ADAC spricht von »Ethanolatkorrosion«. Ein E10-Testwagen blieb nach 27 000 Kilometern liegen. Die Benzinpumpe leckte, es bestand »extreme Feuergefahr«, so ADAC-Sprecher Jürgen Grieving. Womöglich reicht schon eine einzige Tankfüllung, um den Motor zu ruinieren. Die Reparaturkosten zahlt der betroffene Autobesitzer dann ganz allein. Eine Haftung übernehmen die Hersteller nicht. Saab schränkte die Zahl der E10-geeigneten Modelle nachträglich ein. BMW sah sich zu »Konkretisierungen« genötigt. Auch VW, Audi und Seat korrigierten ihre Angaben.

Die Politik scheint der Sache ebenfalls nicht zu trauen. Offiziell ist alles in bester Ordnung. Für die allermeisten Autos stelle

E10 kein Problem dar, sagt Verkehrsminister Peter Ramsauer (CSU). Der Bürger brauche sich keine Sorgen zu machen. Bloß keine Panik. Doch gleichzeitig wies das Bundesinnenministerium seine Beamten an, Dienstfahrzeuge vorerst nicht mit dem Biosprit zu betanken. Auch für alle nachgeordneten Behörden und Einrichtungen, also etwa die Bundespolizei und das Technische Hilfswerk, ist E10 verboten. Allzu groß ist die Sorge, ein Einsatzfahrzeug könne mit Motorschaden liegen bleiben.

Nun ließe sich über die technischen Probleme hinwegsehen, wäre mit dem Biosprit ein ökologischer Nutzen verbunden. Autofahrer sind ja daran gewöhnt, dass sie für die Umwelt Opfer bringen. Zur Not schafft man sich ein neues Auto an, um der neuesten Abgasnorm Genüge zu tun.

Doch die schärfste Kritik an E10 kommt nicht etwa von der Autolobby, sondern von den Umweltverbänden. Jahrelang hat die Ökoszene für mehr Biosprit gekämpft. Inzwischen jedoch lehnt sie ihn radikal ab. »Steigende Ethanolmengen im Benzin sind keine sinnvolle Klima- oder Umweltschutzmaßnahme«, heißt es bei Greenpeace. »Das bringt nichts«, erklärt der Bund für Umwelt- und Naturschutz Deutschland (BUND). Der Naturschutzbund (Nabu) rät: »Autofahrer sollten besser herkömmlich tanken.«

Auch die Grünen-Fraktion im Bundestag spricht in ihren Papieren nicht mehr vom »Biobenzin«, sondern vom »Agrosprit«; da schwingt die Skepsis schon in der Wortwahl mit. Dass Grünen-Fraktionschef Jürgen Trittin in seiner Zeit als Bundesumweltminister die Pflanzenspritwelle einst losgetreten hat, wird pietätvoll verschwiegen. Keine Rede mehr davon, dass die grüne Umweltexpertin Bärbel Höhn im Wahlkampf 2005 demonstrativ mit 100 Prozent Flower-Power durch die Gegend gefahren ist.

Neun große europäische Umweltverbände haben in einer gemeinsam finanzierten Studie am Londoner Institut für Europäische Umweltpolitik herausgefunden, dass die Umweltbilanz von Kraftstoff aus nachwachsenden Rohstoffen nicht positiv, sondern negativ ist. Biosprit sei »schädlicher für das Klima als die fossilen Energien, die er ersetzen soll«, so das Gesamturteil. Bis zu 69 000 Quadratkilometer Wald, Weiden und Feuchtgebiete müssten als Ackerland kultiviert werden, um nur den künftigen Biospritbedarf der Europäer zu decken, eine Fläche zweimal so groß wie Belgien. Bis zu 56 Millionen Tonnen CO_2 würden zusätzlich freigesetzt. Genauso gut könnte man bis zu 26 Millionen zusätzliche Autos auf Europas Straßen herumfahren lassen, der Ausstoß an klimaschädlichem Kohlendioxid wäre der gleiche.

Um nur den deutschen Mehrbedarf an Biosprit decken zu können, braucht es ein Anbaugebiet von einer Fläche etwa viermal so groß wie das Saarland, die gedüngt, mit Pestiziden behandelt und intensiv bewirtschaftet werden müsste. »Wer E10 tankt, hilft nicht der Umwelt und nicht dem Klima«, sagt deshalb Hubert Weiger, Vorsitzender des BUND.

David Pimentel, inzwischen emeritierter Professor für Landwirtschaft an der New Yorker Cornell-Universität, hat ausgerechnet, dass ein Liter Maisbenzin weniger Energie liefert, als bei seiner Herstellung verbraucht wurde – eine groteske Verschwendung. Ein Grund ist, dass beim Anbau von Energiepflanzen große Mengen Stickstoff- und Phosphatdünger ausgebracht werden. »Die Produktion von Ethanol aus Mais ist aus ökologischer Sicht völlig ineffizient«, so der US-Forscher.

Die EU-Kommission kommt laut einem internen Papier vom September 2011 zu dem Schluss, dass Pflanzen-Diesel ökologisch schlechter ist als ganz normaler Diesel, wenn die Verdrängungseffekte in der Landwirtschaft und andere indirekte Effekte berücksichtigt werden. Im Detail sieht die Tabelle so aus: Rapsdiesel ist 4,5 Prozent schlechter als normaler Diesel,

Sojadiesel ist fast 12 Prozent schlechter und Palmöldiesel sogar etwa 15 Prozent.

Am besten wäre es, das ganze Projekt würde so schnell wie möglich beendet. Das Büro für Technikfolgen-Abschätzung beim Deutschen Bundestag fordert in einer Expertise »die stufenweise Zurücknahme der Biokraftstoffquote bis zu ihrer völligen Abschaffung«, im Klartext: Schluss mit E10, zurück zum alten Superbenzin. Doch so einfach ist das nicht. Aus der Atomkraft mag die Politik vielleicht aussteigen können. Aber die Biospritindustrie ist nicht so leicht zu bremsen.

Auf riesigen Flächen wächst nichts mehr außer Mais (für Benzin) und Raps (für Diesel). Die EU heizt das Geschäft durch üppige Subventionen immer weiter an. Normalerweise liegt die durchschnittliche Hektarprämie für Bauern in Deutschland bei etwa 340 Euro. Baut ein Landwirt jedoch Biospritpflanzen auf seinem Acker an und verarbeitet diese zu Strom oder Biogas, bringt er es auf bis zu 3000 Euro Umsatz je Hektar, so eine Studie des World Wildlife Fund for Nature (WWF). Die märchenhaften Renditen im Agrospritbusiness ziehen Landwirte, Betreiber von Ethanol- und Biogasanlagen, Düngemittelhersteller und Investoren an, die im Leben noch nie auf einem Trecker gesessen haben.

Wo jetzt Mais und Raps angebaut werden, können naturgemäß keine anderen Feldfrüchte mehr wachsen. Energiepflanzen und Nahrungsmittelpflanzen stehen in Konkurrenz zueinander; die Frage lautet: Tank oder Teller? Für eine Tankfüllung mit E10 geht etwa so viel Weizen drauf, wie ein Erwachsener in einem ganzen Monat essen kann.

Die Unternehmensgruppe Wernsing aus dem Oldenburger Münsterland, ein großer Feinkost- und Salatehersteller mit 2900 Beschäftigten, beklagte sich beim Bundesumweltminister darüber, dass es in Niedersachen nicht mehr genug Kartoffeln gebe. Der Maisanbau habe alles andere verdrängt. Erstmals seit 25 Jahren musste Deutschland 2011 Getreide importieren, um genug Brot zu backen. Die viel zu hohe Biogas-Förderung gefährde die normale Landwirtschaft, so das Urteil des Wissenschaftlichen Beirats Agrarpolitik beim Bundeslandwirtschaftsministerium. Der Maisanbau sei so lukrativ, dass andere Erzeuger nicht mehr mithalten können. Und auch die Ökolandwirte klagen, dass es infolge des Agrospritbooms kaum noch Ackerfläche gebe.

Am schlimmsten sieht es im Osten und Nordosten Deutschlands aus. Weite Teile von Mecklenburg-Vorpommern und Brandenburg gleichen einer Pflanzenwüste, dazwischen Gärbottiche und Faulgastürme, die ihren bestialischen Gestank

Sprit vom Acker
Anbau von Energiepflanzen in Deutschland

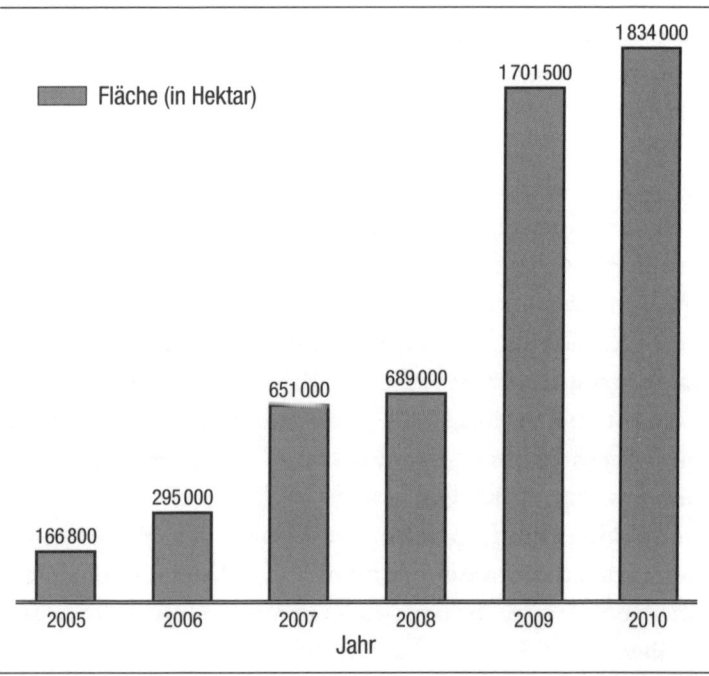

Quelle: BMELV

46

in der Nachbarschaft verbreiten. Allein in Brandenburg gibt es über 400 solcher Anlagen. Die Dorfbewohner, so sie nicht selbst mitverdienen, verlieren die Geduld. Es ist ja nicht nur der Gestank, der die Anwohner nervt, sondern auch der Schwerlastverkehr, der durch die Dörfer rollt. Bis zu 10 000 Tonnen Biomasse müssen pro Anlage jedes Jahr herangeschafft werden.

Im April 2011 kam es auf der Autobahn A19 zwischen Güstrow und Rostock zu einem schweren Verkehrsunfall. Etwa 80 Fahrzeuge rasten mit hoher Geschwindigkeit ineinander. 131 Menschen wurden teils schwer verletzt, acht Menschen starben. Ursache der Massenkarambolage war ein Sandsturm, der den Fahrern die Sicht nahm, ein in Deutschland bislang seltenes Phänomen. Dass der Wind so viel Sand aufwirbeln konnte, führen Experten wie Monika Frielinghaus vom Leibniz-Zentrum für Agrarlandschaftsforschung im brandenburgischen Müncheberg auch auf die Beschaffenheit der umliegenden Felder zurück. Die A19 führt an der Unfallstelle schnurgerade durch landwirtschaftliches Nutzgebiet. Es gibt links und rechts der Fahrbahn keine nennenswerten Bäume oder Schutzzäune, sondern nur plattes Feld, soweit das Auge reicht.

Die Fachleute befürchten, dass Staub- und Sandstürme zunehmen werden, wenn es mit dem Anbau von Energiepflanzen so weitergeht. Schlimmstenfalls drohe eine Entwicklung wie in den USA in den dreißiger Jahren, als riesige Staubwolken über das ausgelaugte Farmland zogen. »Hoffnungen, die nachwachsenden Rohstoffe könnten zu einer Erweiterung von Fruchtfolgen und einer Zunahme der Agro-Biodiversität beitragen, haben sich bisher leider nicht erfüllt«, schreibt das Umweltbundesamt. Insbesondere Mais sei wegen »Gefährdungen durch Erosion, Eutrophierung (Überdüngung) von Nachbarbiotopen, Belastung mit Pflanzenschutzmitteln und des Verlusts an Artenvielfalt beziehungsweise Lebensräumen« als problematisch einzustufen.

Man kann sich auch beim Imker Ekkehard Hülsmann aus dem badischen Appenweier im Ortenaukreis erkundigen. Seine sonnenverwöhnte Heimat galt früher als Garten Eden, in dem die Obstbäume ebenso gediehen wie der Wein, das Gemüse und der Tabak. Und so war auch der Honig, den Hülsmanns Bienen in der Region aufsammelten, weithin für seinen guten Geschmack bekannt.

Inzwischen jedoch ist mehr als die Hälfte der gesamten Ackerfläche am Oberrhein mit Mais bebaut, und für Hülsmanns Bienen sind harte Zeiten angebrochen. In einem Jahr raffte es die Hälfte der Tiere dahin, weil sie ein vom Chemiekonzern Bayer entwickeltes Mittel zum Schutz der Maispflanzen nicht vertrugen. Im nächsten Jahr verhungerten viele Bienen, weil sie außer den unergiebigen Maisblüten nicht genug zu fressen fanden. Er habe es ja anfangs selbst nicht für möglich gehalten, sagt Hülsmann, aber es sei leider wahr: »Der Biosprit macht unsere schöne Natur kaputt.«

Umweltminister Röttgen beteuert, dass in Europa nur Ethanol und Biogas verwendet werden, die eine positive Umweltbilanz aufweisen. Es komme auch nicht x-beliebiges E10 in den Tank, sondern nur zertifiziertes. Details stehen in der Biokraftstoffverordnung, die im Januar 2011 in Kraft trat. Agrosprit darf demnach nur dann »Bio« genannt werden, wenn er beim CO_2-Ausstoß um mindestens 35 Prozent besser ist als herkömmliches Benzin.

In Wahrheit handelt es sich aber nur um eine Art Absichtserklärung. Es gibt noch gar kein weltweit akzeptiertes Zertifizierungsverfahren für Biosprit. In den USA gelten andere Regeln als in Brasilien. Mal sind die Auflagen lasch, mal locker. Es gibt auch kaum Kontrollen.

Die Agrarspritindustrie in Deutschland setzt gerne auf ein Kontrollzertifikat namens »Redcert«. Die Bundesanstalt für Landwirtschaft und Ernährung hat es im Sommer 2010 offiziell anerkannt. Interessant ist, wer hinter »Redcert« steckt: der Deutsche Bauernverband, die »Union zur Förderung von Oel- und Proteinpflanzen«, der Biokraftstoffverband, der Mineralöl- wirtschaftsverband. Alle Beteiligten haben großes Interesse, dass der Biosprit ein kommerzieller Erfolg wird. Man kann sich lebhaft vorstellen, was eine solche Allianz unter »Kon- trolle« versteht.

Kritiker bezeichnen »Redcert« jedenfalls als Schmalspursie- gel. Bei der Zertifizierung werde zum Beispiel nicht beachtet, welche Verdrängungseffekte der Energiepflanzenanbau auslöst, etwa die sogenannte »indirekte Landnutzungsänderung«. Kon- kret sieht das so aus, dass Landwirte in Brasilien den Regen- wald niederbrennen, um dort ihre Lebensmittel anzubauen, für die anderswo kein Platz mehr ist. Fast ein Zehntel aller weltweiten CO_2-Emissionen geht auf solche Brandrodungen zurück, ein Vielfaches der Emissionen, die Deutschland ins- gesamt ausstößt.

Die Profite, die sich mit Energiepflanzen erzielen lassen, sind so gewaltig, dass Energie- und Rohstoffkonzerne auf der gan- zen Welt inzwischen Felder und Äcker aufkaufen. Fachleute sprechen von »land-grabbing«, die Welthungerhilfe nennt es »neo-koloniale Landaneignung«. Das Bundesministerium für wirtschaftliche Zusammenarbeit und Entwicklung schätzt, dass international tätige Unternehmen allein 2009 weltweit 56 Millionen Hektar in ihren Besitz gebracht haben. Das ent- spricht der dreifachen Ackerbaufläche von ganz Deutschland. Meist handelt es sich um chinesische Staatskonzerne, die in Afrika große Ländereien aufkaufen, zuletzt etwa in Äthiopien, Kenia, Mosambik, Tansania und Uganda. Aber auch der süd- koreanische Mischkonzern Daewoo hat schon versucht, etwa 10 000 Quadratkilometer Ackerland auf der Insel Madagaskar zu pachten, um dort Energiepflanzen anzubauen. Allerdings kamen dem Unternehmen eine Revolution und der Sturz des

Präsidenten dazwischen. Entwicklungshilfeminister Dirk Niebel (FDP), normalerweise kein Unternehmerfeind, sagt, er sehe die Entwicklung »der großflächigen Landkäufe und -pachten mit großer Sorge«. Es häuften sich leider Meldungen, dass dabei »bestehende Nutzungsrechte verletzt, ansässige Bevölkerungsgruppen vertrieben und Umweltanforderungen missachtet werden«.

Borneo ist in kurzer Zeit zu einem der wichtigsten Produzenten von Palmöl aufgestiegen. Das Öl fließt in die weltweite Kosmetikindustrie, wird aber auch zur Herstellung von Treibstoff verwendet. Die Stadtwerke im niedersächsischen Uelzen nahmen ein Blockheizkraftwerk in Betrieb, das mit Palmöl aus Borneo befeuert wird. Vor einiger Zeit statteten westliche Umweltpolitiker den Palmölplantagen auf Borneo einen Besuch ab. Schon beim Anflug im Hubschrauber machte sich Entsetzen breit: Ölpalmen bis zum Horizont. Große Teile des Regenwalds sind verschwunden. Die einst reiche Tierwelt Borneos wurde vernichtet oder vertrieben. Der Geruch verbrannter Erde lag in der Luft.

Wieder andere Länder leiden darunter, dass die Nahrungsmittel immer teurer werden, etwa Mexiko. Anfang 2007 verdoppelte sich dort der Tortilla-Preis. Ursache war die starke Mais-Nachfrage amerikanischer Ethanolfabriken. Es kam zu Protesten und sozialen Unruhen. Die mexikanische Regierung sah sich gezwungen, den Maispreis künstlich herabzusetzen, und subventioniert seither gegen den steigenden Weltmarktpreis an.

Auch Zucker und Getreide, ebenfalls zur Herstellung von Ethanol geeignet, steigen weltweit im Preis. Den Verbrauchern in den wohlhabenden Industrieländern macht das wenig aus. Von den 25 Cent pro Schrippe, die wir in Berlin bei unserem Bäcker zahlen, entfallen keine fünf Cent auf Mehl. Aber in den Entwicklungsländern, wo nach Schätzung der Weltbank etwa

1,4 Milliarden Menschen mit weniger als 1,25 Dollar am Tag auskommen müssen, sieht es anders aus. Die Weltbank warnt vor Hungersnöten. »Müssen Menschen anderswo hungern, damit wir in Europa Biosprit fahren können?«, fragt auch der Weihbischof von Speyer, Otto Georgens: »Es kann uns nicht gleichgültig sein, wenn durch die steigende Nachfrage nach Biosprit der Anbau von Lebensmitteln ins Hintertreffen gerät, wenn die Bodenpreise in die Höhe getrieben, wenn Lebensmittel immer teurer und wenn Kleinbauern von ihrem Land vertrieben werden, damit Großinvestoren im Agrartreibstoffgeschäft hohe Renditen erzielen können.« Und Volker Kauder, Fraktionsvorsitzender von CDU/CSU im Bundestag, sagt: »In vielen Ländern hungern Menschen, da gehört Weizen nicht in den Tank.«

Die Frage ist, wie es überhaupt dazu kommen konnte, dass die Politik eine Benzinsorte vorantreibt, die teurer für den Verbraucher, schlechter für das Auto und schädlicher für die Umwelt ist als herkömmliches Benzin. Populismus, sonst kein seltenes Motiv in der Politik, fällt als Erklärung aus. Niemand würde ernstlich behaupten, die Einführung von E10 sei ein erfolgversprechender Versuch gewesen, sich beim Wähler einzuschmeicheln.

Tatsächlich hätte sich die grüne Schnapsidee nicht durchgesetzt, wäre nicht auch die deutsche Automobilindustrie dafür gewesen. Mercedes, BMW und Porsche erkannten ihre Chance, die Umweltbilanz ihrer Autos aufzuhübschen und die von der Europäischen Union geforderten Abgaswerte zu erreichen. Denn eigentlich wollte die EU den Autokonzernen vorschreiben, dass ihre neuen Modelle im Durchschnitt nur noch 120 Gramm Kohlendioxid pro Kilometer ausstoßen dürfen. Der Plan hätte die deutschen Unternehmen härter getroffen als die auf Kleinwagen spezialisierten Autobauer aus Italien und Frankreich. Mit der Unterstützung von Bundeskanzlerin Merkel handelten die Deutschen deshalb eine Art Rabatt aus. Anstatt die Autos leichter und die Motoren sparsamer zu machen, sollten zehn Gramm CO_2-Ersparnis durch »sonstige Maßnahmen« erreicht werden, also etwa eine höhere Beimischung von Pflanzensprit.

An den Tankstellen hat sich E10 auch nach einem Jahr nicht wirklich durchgesetzt. Die Mineralölkonzerne versuchen zwar immer noch, ihren Kunden den angeblichen Biosprit schmackhaft zu machen. Doch die meisten Autofahrer lassen sich darauf nicht ein und tanken lieber weiter das herkömmliche Superbenzin. Und so greift jetzt Paragraf 37c des Bundes-Immissionsschutzgesetzes. Für jeden Liter normalen Treibstoff sind etwa zwei Cent Bußabgabe fällig. Der Betrag wird beim Tanken automatisch auf den Preis aufgeschlagen. Es gibt auch schon eine Behörde, die aufpasst, dass sich alle an die Regeln halten. Beim Hauptzollamt in Frankfurt (Oder), Außenstelle Cottbus, hat die Bundesregierung eine Biosprit-Quotenstelle eingerichtet, die das Strafgeld kassiert. Und so hat jetzt wenigstens einer seine Freude an E10: der Bundesfinanzminister.

Verkehr

Für Umweltschützer sind Autos das Hassobjekt Nummer 1. Autos machen Krach, brauchen Platz, überfahren Tiere und Menschen und verpesten die Luft. Ein zentrales Ziel der Umweltpolitik lautet deshalb, es dem Autofahrer so schwer wie irgend möglich zu machen. Eine Euro-Norm jagt die nächste. Erst kam der Katalysator, dann der Dieselrußfilter. Es gibt E10 und Tempo 30, die Umweltzone und die Feinstaubplakette, die Abgassonderuntersuchung und die Parkraumbewirtschaftung. In Berlin haben es sich einige Aktivisten angewöhnt, über Nacht abgestellte Fahrzeuge mit Hilfe von Grillanzündern abzufackeln. Der Umweltnutzen dieser Maßnahme ist freilich umstritten.

Umso seltsamer, dass die Autobranche im Frühjahr 2009, mitten in der schlimmsten Wirtschaftskrise seit dem Zweiten Weltkrieg, eine staatlich beförderte Sonderkonjunktur erlebte. In den Autohäusern standen die Kunden Schlange. Die Konzerne kamen mit der Produktion kaum nach. Gleichzeitig malmten die Schrottpressen. Schmucke Gebrauchtfahrzeuge mit teils nicht mal 50 000 Kilometern auf dem Tacho verwandelten sich im Akkordtempo in Altmetall.

Ursache des Booms war die von der Bundesregierung ausgelobte »Umweltprämie«. Wer sich ein neues Auto kaufte, bekam vom Staat 2500 Euro geschenkt, einfach so. Das ließen sich die Deutschen nicht zweimal sagen. Um die staatliche Förderung zu kassieren, entschieden sich zwei Millionen Autobesitzer, ihr Altfahrzeug zu verschrotten. Zum ersten Mal wurden in Deutschland mehr Autos angemeldet als Kinder auf die Welt gebracht. Wer sein altes Auto lieber behalten wollte, etwa weil es gepflegt und in technisch gutem Zustand war, galt als hoffnungsloser Fall. Wie könne man nur so dumm sein, auf 2500 Euro Staatsknete zu verzichten, zumal bei einem so guten Zweck? Da müsse man doch zugreifen. »Sobald die Leute hören, es gibt Geld geschenkt, drehen sie vollkommen durch«, sagte damals ein VW-Händler.

Insgesamt fünf Milliarden Euro kostete die Aktion den Staat, fast zwei Milliarden Euro mehr als der Zuschlag bei den Bildungsausgaben, der im selben Jahr beschlossen wurde. Die Autobranche profitierte, wenngleich viele Händler nach dem Auslaufen der Prämie in ein Umsatzloch fielen. Die Autokäufer freuten sich. Wer hätte gedacht, dass Umweltschutz so leicht sein kann? Nur für die Umwelt brachte die Umweltprämie fast nichts. Viele Bürger hatten sich für 2500 Euro ein Upgrade gegönnt. Wo früher ein sparsamer Kleinwagen vor der Tür stand, parkte jetzt eine Mittelklasselimousine mit mehr Platz, mehr Komfort und mehr Verbrauch. Auch der Ressourcen- und Energieverbrauch bei der Herstellung der Fahrzeuge wirkte sich nachteilig auf die Ökobilanz aus. Tatsächlich handelte es sich um einen besonders dreisten Fall von Öko-Etikettenschwindel. »Die Umweltprämie wurde nicht in erster Linie zur Umweltentlastung konzipiert«, hieß es hinterher in einer für das Umweltministerium erstellten Studie: »Deshalb kann ihr auch nicht eine zu geringe Umwelteffizienz vorgeworfen werden.«

Ein weiteres Beispiel dafür, wie ausgerechnet beim Auto mit einem Ökolabel gepfuscht wird, ist die Ökosteuer. 2002 trat sie in Kraft, sie war ein Prestigeprojekt der damaligen rot-grünen Bundesregierung. Seither sind neben der Mineralöl- und der Mehrwertsteuer beim Tanken auch noch Ökosteuern fällig. Im Prinzip ist auch nichts dagegen zu sagen. Die Verursacher von umweltbelastenden Emissionen werden zur Kasse gebeten; das ist ein ökonomisch vernünftiger Gedanke.

Doch so, wie die deutsche Ökosteuer ausgestaltet ist, macht sie wenig Sinn, denn sie hat einen Konstruktionsfehler. Sie setzt nicht am Auspuff an, sondern am Tank. Nicht die Emissionen werden besteuert, sondern der eingesetzte Sprit. Das macht einen gewaltigen Unterschied und hat mit dem Verursacherprinzip nicht mehr viel zu tun.

Ein Liter Diesel verursacht mehr CO_2 als ein Liter Benzin. Das liegt daran, dass Diesel mehr Energie enthält. Der Schaden für die Umwelt ist dementsprechend größer. Eigentlich müsste ein Liter Diesel deshalb höher besteuert werden als ein Liter Benzin. Doch es ist genau umgekehrt. Auf Diesel gibt es Rabatt. So haben es sich die Regierenden ausgedacht. Für einen Liter Diesel werden insgesamt 47,04 Cent Mineralöl- und Ökosteuer fällig, für einen Liter Benzin 65,45 Cent. Die Mehrwertsteuer von 19 Prozent kommt dann jeweils noch obendrauf. Welche Logik dahinterstecken könnte, ökonomisch oder ökologisch, ist nicht zu erkennen. Wer ein Auto mit Dieselmotor fährt, zahlt 178,62 Euro pro Tonne CO_2, mit Benzinmotor hingegen 273,17 Euro. Aber warum? Dem Klima ist es doch gleichgültig, aus welcher Quelle das Treibhausgas Kohlendioxid stammt. Die deutschen Autofahrer haben sich der Besteuerung natürlich angepasst. Bis zur Einführung der Ökosteuer wurden in Deutschland mehr Benzinautos als Dieselfahrzeuge verkauft, jetzt ist es umgekehrt.

Es drängt sich der Verdacht auf, dass die Umweltpolitik im Verkehrsbereich weniger mit Umweltschutz zu tun hat, son-

Ökosteuerchaos: Brennstoff-Steuern pro Tonne CO_2 in Euro (ohne Mehrwertsteuer)

Brennstoff	Steuern
Heizöl zum Heizen	22,87 Euro
Erdgas zum Heizen	27,10 Euro
Erdgas zum Tanken	68,50 Euro
Diesel zum Tanken	178,62 Euro
Benzin zum Tanken	273,17 Euro
Braunkohle zur Stromerzeugung (Wirkungsgrad: 43 Prozent)	22,00 Euro
Steinkohle zur Stromerzeugung (Wirkungsgrad 47 Prozent)	29,10 Euro
Schweres Heizöl zur Stromerzeugung (Wirkungsgrad: 40 Prozent)	29,29 Euro
Leichtes Heizöl zur Stromerzeugung (Wirkungsgrad: 40 Prozent)	30,74 Euro
Erdgas zur Stromerzeugung (Wirkungsgrad: 58 Prozent)	59,50 Euro

Quelle: Sinn/ifo Institut

dern ein Zufallsmix aus Lobbywirtschaft und Abkassiererei ist. Es wird nicht einmal der Versuch unternommen, die Kosten der Umweltverschmutzung halbwegs verursachergerecht aufzuteilen. Jüngstes Beispiel: die Luftverkehrsabgabe. Wer mit Zwischenstopp Frankfurt nach New York fliegt, zahlt mal 45 Euro extra und mal nicht – je nachdem, ob er von einem deutschen Flughafen gestartet ist oder von einem ausländischen. Ein First Class-Passagier bezahlt genauso viel wie ein Tourist in der Holzklasse, obwohl er viel mehr Platz und dementsprechend mehr Gewicht beansprucht und unterm Strich für die dreifache Menge Kerosin verantwortlich ist. Und von der Ökosteuer ist die ganze Fliegerei sowieso ausgenommen.

Elektroautos

An meinem Bürofenster rollte vor einiger Zeit ein lustiger Autokorso vorbei: vorneweg BMW-Chef Norbert Reithofer, dahinter Daimler-Boss Dieter Zetsche, dann mehrere Vorstände von Energie- und Elektrokonzernen. Zur Feier des Tages waren die Herren in ganz besonderen Autos unterwegs. Reithofer hatte sich persönlich hinter das Steuer eines Mini mit Batterieantrieb geklemmt, Zetsche in einen Elektro-Smart. Ihr Ziel war das Brandenburger Tor. Dort wartete die Kanzlerin.

Bei dem Treffen ging es um die Frage, was getan werden müsste, um dem Elektroauto endlich zum Durchbruch zu verhelfen. Seit Jahrzehnten basteln Daimler, BMW und Volkswagen an batteriebetriebenen Fahrzeugen herum. Gemessen daran, dass schon vor 130 Jahren ein strombetriebener Kutschenwagen namens »Elektromote« bei Siemens über den Hof fuhr, hat die Entwicklung seither keine allzu großen Fortschritte gemacht. »Während der Ladedauer mancher Elektroautos kann man Tolstois ›Krieg und Frieden‹ lesen«, plauderte Daimler-Chef

Zetsche bei der Automobilausstellung IAA im Herbst 2011 freimütig aus.

Nun aber soll Deutschland in der Elektromobilität aufholen. Die Regierung spricht von einer »Schlüsseltechnologie für den Standort«. Kanzlerin Merkel redet das Thema zu einer »nationalen Aufgabe« hoch. Und die Autobosse wissen auch schon, wie das geht: Der Steuerzahler muss es richten. Milliardenschwere Subventionen sollen in die Forschung und Entwicklung von Batterie- und Antriebstechniken fließen. Auf der Wunschliste der Konzerne stehen ferner Sonderabschreibungen für Elektro-Firmenfahrzeuge, zinsgünstige Kredite der KfW-Bank und eine staatliche Prämie von bis zu 3000 Euro für jeden Bürger, der bereit ist, ein Elektroauto zu kaufen. Insgesamt vier Milliarden Euro Staatshilfe verlangen die Konzerne. Im Gegenzug stellen sie etwa 30 000 Arbeitsplätze in Aussicht, was wohl bedeutet, dass sie sich jeden Arbeitsplatz mit über 100 000 Euro Stütze bezahlen lassen wollen.

Nun hat es jeder gerne, wenn es Geld geschenkt gibt. Es ist ja auch nicht neu, dass in der sogenannten Green Economy ohne Subventionen nichts läuft. Warum eigenes Geld riskieren, wo es doch den Steuerzahler gibt? Trotzdem ist die Frage gestattet, wieso die Automobilindustrie, die 2011 ein hervorragendes Geschäftsjahr erlebte, schon wieder nach Staatsknete schreit. Die Abwrackprämie ist ja noch nicht so lange her. Könnte es daran liegen, dass die Autobosse dem Elektromobil noch keine großen Erfolge zutrauen und das Risiko einer Fehlinvestition gerne auf die Allgemeinheit abwälzen wollen?

Wer die chlorfrei gebleichten Mattglanzbroschüren der Branche zum Thema E-Mobilität studiert, kommt aus dem Staunen nicht heraus. Da sausen schnittige Sportwagen und knuffige Kleinfahrzeuge emissionsfrei durch die Lande. Auf jeder zweiten Seite ist von »Nachhaltigkeit« und »Verantwortung« die Rede. Alle Verkehrsprobleme lösen sich gleichsam über Nacht in Wohlgefallen auf, denn das Elektroauto wird offenbar die Umwelt retten, die Mobilität sichern und alle Stromspeicherprobleme beheben. Staus und Parkplatzprobleme sind wie weggeblasen. Fehlt eigentlich nur noch, dass die neuen Wundermaschinen auch fliegen und Kaffee kochen können.

Wer sich die Autos in natura ansieht, ist dann aber doch etwas enttäuscht. Bei Reichweite, Reisegeschwindigkeit und Ladevolumen können die Elektrokisten mit keinem normalen Auto mithalten. Ein Elektro-Smart von Mercedes, Reichweite angeblich 135 Kilometer, machte im Test nach 106 Kilometern schlapp. Ein Elektro-Mitsubishi namens »i-MiEV« blieb sogar schon nach 77 Kilometern mit leerem Akku stehen, und das, obwohl auf den letzten Kilometern schon bei der Heizung gespart wurde. Der Computer hatte in einer Verzweiflungstat versucht, möglichst viel Strom für den Fahrbetrieb zurückzuhalten. In den USA rief General Motors kürzlich sein Elektromodell Volt in die Werkstätten zurück: Feuergefahr. Nach einem Crashtest war das E-Auto in Flammen aufgegangen. In Europa stoppte Opel deshalb erst einmal die Auslieferung des weitgehend baugleichen Schwestermodells Ampera.

Auch die Ökobilanz der Elektroautos ist bei näherer Betrachtung schlechter als erhofft. Zwar stoßen sie selbst keine Abgase aus, doch irgendwo muss der Strom zum Laden ihrer Batterien ja herkommen. Werden Reithofers Mini oder Zetsches Smart mit dem normalen Haushaltsstrom aufgeladen, der zum guten Teil aus Kohle- und Gaskraftwerken stammt, so ist ihre CO_2-Bilanz nicht besser als die eines Autos mit Verbrennungsmotor. Die 50 Elektro-Minis, die seit einiger Zeit aus Werbegründen durch Berlin fahren, stoßen nach Berechnung von Greenpeace jeweils 133,5 Gramm CO_2 pro Kilometer aus; etwa ein Drittel mehr als ein Mini mit Dieselantrieb. Das liegt daran, dass Berlins Stromversorger

Vattenfall in seinen Kraftwerken besonders viel schmutzige Braunkohle verfeuert. Der ADAC hat ermittelt, dass ein Elektro-Smart, dessen Batterie mit Strom aus Kohlekraftwerken geladen wird, etwa 107 Gramm CO_2 pro Kilometer in die Luft bläst, ein Diesel-Smart hingegen nur 86 Gramm.

Wird auch die Fertigung der angeblichen Ökomobile in die Rechnung einbezogen, fällt die Umweltbilanz sogar noch schlechter aus. Insbesondere die Produktion der Batterien verschlingt Unmengen Strom. Für ein einziges Elektroauto wird insgesamt so viel zusätzliche Energie verbraucht, wie in 10 000 Litern Benzin steckt. Das ist etwa die Menge Sprit, die ein normaler Mittelklassewagen in seinem ganzen Leben vertankt.

Eine Folge der Zeichentrickserie »South Park« handelt davon, dass die Bewohner der Stadt ihre benzinfressenden und umweltschädlichen Geländeautos abschaffen und auf Ökofahrzeuge der Marke »Toyunda Pious« (»Fromm«) umsteigen. Alle sind sehr stolz auf sich, besonders Kyles Vater Gerald, der die Sache ins Rollen gebracht hat. Er trägt ein violettes Käppchen auf dem Kopf, einer Bischofsmütze nicht unähnlich. Doch die Luft in South Park wird nicht besser, sondern immer schlechter. Es stellt sich heraus, dass die Autos »Snob« ausstoßen, ein gefährliches Gas. Eine dicke, zerstörerische Snob-Wolke hängt über der Stadt, die alles Leben bedroht. Erst als die South Park-Bewohner wieder auf ihre alten Geländewagen umsteigen, löst sich die Wolke auf.

Das reale Vorbild für den »Toyunda Pious« von South Park ist natürlich der Toyota Prius, ein Serienauto mit Hybridantrieb. Der Verbrauch liegt nach Herstellerangaben bei 3,9 Litern auf 100 Kilometer. Das liegt am trickreichen Elektromotor, der sich bei Bedarf zuschaltet. Die CO_2-Emissionen gibt Toyota mit 89 Gramm pro Kilometer an, ein sehr niedriger Wert. Wer einen Toyota Prius besitzt, kann stolz auf sich sein. Brad Pitt fährt einen und Cameron Diaz, Leonardo DiCaprio und

Scarlett Johansson, Prinz Charles, Angelina Jolie und Heike Makatsch. Das skurrile Design des Wagens hat dem Erfolg des Prius überhaupt nicht geschadet, im Gegenteil, er fällt überall auf. Die Marketingfachleute von Toyota haben erkannt, dass Menschen, die 40 000 Euro für den Umweltschutz ausgeben, auch als solche erkannt werden wollen.

Die Pointe ist, dass der Prius, jedenfalls am Anfang, gar kein Ökoauto war. Wegen des zusätzlichen Elektroantriebs wird bei der Herstellung viel mehr Energie verbraucht als bei einem normalen Auto. Und wohin mit den alten Batterien? In einer finnischen Studie ist von einem »ökologischen Rucksack« die Rede, den jeder Prius-Fahrer mit sich herumschleppe, prallvoll mit zusätzlichen Material-, Produktions- und Recyclingkosten.

Und dann kam auch noch heraus, dass der Prius in Wirklichkeit viel mehr Benzin schluckte, als Toyota zunächst behauptet hatte. Beim ADAC-Dauertest verbrauchte der Wagen im Schnitt nicht 3,9 Liter auf 100 Kilometer, sondern 6,2 Liter. Das Urteil fiel dementsprechend schlecht aus: Beim Prius handele sich, so die Autotester, um einen »heimlichen Säufer«.

Gute Nacht

Benjamin Franklin, Mitbegründer der Vereinigten Staaten von Amerika, Vorkämpfer für die Abschaffung der Sklaverei und Entdecker des Blitzableiters, war im Grunde seines Herzens wohl ein sparsamer Mann. Im April 1784, Franklin lebte zu dieser Zeit als Diplomat in Frankreich, verfasste er einen Leserbrief an die Zeitschrift »Journal de Paris«. Er sei um sechs Uhr in der Früh wach geworden, und dabei habe er bemerkt, wie hell es um diese Uhrzeit bereits war, schrieb Franklin dem Magazin: »Ihre Leser, die wie ich noch nie den Sonnenschein vor Mittag bemerkt haben, dürften davon überrascht sein.«

Welche Verschwendung! Am helllichten Tage liegen die Menschen in ihren Betten; in der Nacht aber sind sie wach und verplempern teure Kerzen. Allein die Pariser Bevölkerung verbrenne unnötigerweise 64 050 000 Pfund Talg und Wachs, der Schaden betrage 96 075 000 Livre, in einem einzigen Sommerhalbjahr, das sei zu viel. Das Tageslicht müsse besser genutzt werden als bislang.

Franklin schlug eine Reihe staatlicher Erziehungsmaßnahmen vor. Allzu dicke Vorhänge seien mit einer Langschläfersteuer zu belegen. Bei Sonnenaufgang sollten Kirchenglocken geläutet und Kanonen abgefeuert werden, um die Bürger aus ihren Träumen zu reißen. Und vor allem: Die Uhren sollten sich künftig den jahreszeitlichen Lichtverhältnissen anpassen. Die Sommerzeit war erfunden.

Wie ernst Franklin seine Vorschläge gemeint hat, ist unter Historikern umstritten. Möglich, dass er sich nur einen Scherz erlaubt hatte. Die Idee mit der Sommerzeit kam bei nachfolgenden Politikern aber trotzdem gut an. Im Ersten Weltkrieg stellte Deutschland erstmals seine Uhren eine Stunde um. Es galt, in den Waffenfabriken das Tageslicht auszunutzen. Andere Länder folgten. So richtig los ging es aber erst am Osterwochenende 1980. Der Ölpreisschock der siebziger Jahre hatte West und Ost in Angst versetzt. Die Energiereserven schienen sich dem Ende zuzuneigen. Jetzt musste beim Strom gespart werden, die Sommerzeit schien das geeignete Mittel zu sein. Nachts um drei stellten West- und Ostdeutschland, BRD und DDR, in seltener Eintracht die Uhren um.

Dabei ist es bis heute geblieben. Im Frühling drehen wir unsere Uhren vor, im Herbst stellen wir sie wieder zurück, so geht es hin und her, Sonne und Mond, Ebbe und Flut, der ewige Wechsel der Jahreszeiten. Nur wir Menschen wollen uns nicht so recht an die Umstellerei gewöhnen. Morgens sind wir müde, abends finden wir keinen Schlaf. An keinem anderen

Montag im Jahr passieren so viele Verkehrsunfälle wie nach der Umstellung auf Sommerzeit im Frühjahr. Es sitzen auch viel mehr Menschen als sonst beim Arzt. Lehrer berichten über unkonzentrierte Schüler. Eine Untersuchung der Krankenkasse KKH-Allianz ergab, dass infolge der Zeitumstellung etwa jeder zweite Mensch zunächst mit Schlafproblemen zu kämpfen hat.

Und erst die Kinder. Zahlreiche Elternforen im Internet drehen sich um die Frage, wie man seine Kinder am besten an den Mini-Jetlag gewöhnt. Einige empfehlen leichte Abendkost und viel frische Luft. Andere fangen schon eine Woche früher mit der Umstellung an, jeden Tag ein paar Minuten, um dem Nachwuchs ein sanftes Hinübergleiten in die neue Zeit zu ermöglichen. »Bis bei Kindern die gefühlte Zeit wieder mit der tatsächlichen Uhrzeit übereinstimmt, können allerdings mehrere Wochen vergehen«, heißt es bei der AOK, und dann dauert es ja auch nicht mehr lange, bis die Uhr schon wieder zurückgestellt wird.

Inzwischen wissen wir auch ganz genau, wie viel Energieersparnis die Zeitumstellung bringt. Das Ergebnis der Studien ist nicht zufriedenstellend: Es gibt keine Einsparungen. Energetisch-ökologisch betrachtet ist die ganze Angelegenheit ein Totalausfall. »Die Sommerzeit ist keine Energiesparzeit«, heißt es beim Bundesverband der Energie- und Wasserwirtschaft. Das Umweltbundesamt sieht sogar die Gefahr, dass der Energieverbrauch steigt. Zwar schalten die Leute am Abend seltener das Licht an. Doch dafür drehen sie morgens öfter die Heizung auf. »Im Hinblick auf den Energieverbrauch bietet die Sommerzeit keine Vorteile«, schrieb die Bundesregierung bereits 2005 in ihrer Antwort auf eine Parlamentsanfrage. »Die Einsparung an Strom für Beleuchtung, insbesondere bei vermehrtem Einsatz effizienter Beleuchtungssysteme, wird durch den Mehrverbrauch an Heizenergie durch Vorverlegung der Hauptheizzeit überkompensiert.«

Für die Umwelt wäre es demnach nützlich, die Sommerzeit würde wieder abgeschafft. Auch viele Menschen wären froh darüber, wie eine Allensbach-Umfrage zeigt. Nur noch 32 Prozent der Deutschen finden die Sommerzeit gut. Vor dreißig Jahren waren es noch 67 Prozent.

Das Problem ist, dass sich die Länder international über eine Reform einig werden müssten. Bei der Uhrzeit will sich einen Alleingang keiner leisten. Die Schweiz, die sich länger als ihre Nachbarstaaten gegen die Einführung der Sommerzeit gesträubt hatte, war eingeknickt, als der grenzüberschreitende Bahnverkehr verrücktspielte, ausgerechnet in der Schweiz, das ging natürlich nicht. »Auch die Bundesregierung wird deshalb an der Sommerzeit festhalten, sofern nicht die Mitgliedstaaten der Europäischen Union gemeinsam die Absicht haben, die Sommerzeit abzuschaffen«, schrieb die Regierung 2005. Die EU-Kommission kündigte damals an, sich der Sache anzunehmen. Doch passiert ist seither nichts; es gab ja auch so viel anderes zu tun.

Dose

Die »Netto«-Filiale am Eschengraben 47 im Berliner Bezirk Pankow ist ein historischer Ort. Am 7. Juli 2003, einem Montag, um 10.30 Uhr betrat der damalige Umweltminister Jürgen Trittin (Grüne) den Supermarkt. Er trug einen anthrazitfarbenen Anzug und in seiner Hand einen gelben Beutel, darin befanden sich einige leere Plastikflaschen.

Trittin begrüßte die zahlreich erschienenen Journalisten und steuerte einen blauen, etwa mannshohen Automaten im hinteren Teil der Filiale an. Er holte eine Flasche aus dem Beutel und steckte sie mit dem Boden voran in die dafür vorgesehene Öffnung. Dann gab es ein knirschendes Geräusch. Der

Minister lächelte in die Kameras, es war für ihn und auch für Deutschland ein großer Tag. Jürgen Trittin, Begründer des Dosenpfands, Bewahrer der Mehrwegflasche, Held der Umweltbewegung, hatte soeben den ersten Einwegpfandautomaten der Republik eröffnet.

Dem Beispiel des Ministers sind seither viele Menschen gefolgt. Man muss leider sagen: zu viele. Eigentlich war das Pfand ja dazu gedacht, die Kunden von den Plasteflaschen abzuschrecken. Ökologisch nachteilige Einwegverpackungen sollten möglichst aus dem Handel verschwinden, so lautete Trittins Ziel. Doch das Gegenteil trat ein: Einweg steigt, Mehrweg geht zurück. 2003 lag der Marktanteil von Mehrwegfla-

Flaschenkiller Dosenpfand
Einweg- und Mehrweganteile nach Einführung des Einwegpfands 2004

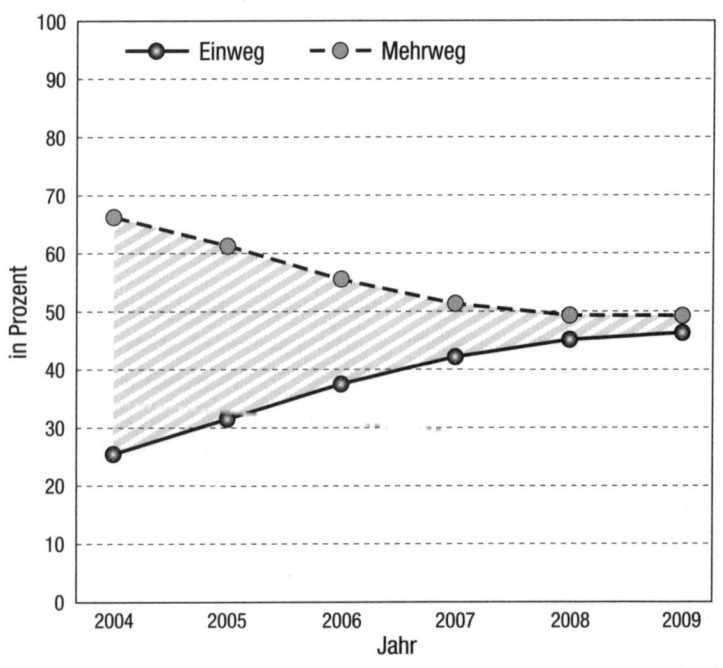

Quelle: Umweltbundesamt

schen noch bei 64 Prozent. Inzwischen ist er auf 50 Prozent gesunken. Bei Mineralwasserflaschen ist es am schlimmsten. Früher wurden Sprudelflaschen bis zu 50 Mal wiederbefüllt. Heute landen die meisten Wasserflaschen nach einmaligem Gebrauch im Schredder.

Die Behörden sind sehr enttäuscht, vom Handel, aber vor allem vom Verbraucher. Dessen Kaufverhalten »entspricht nicht unseren Erwartungen«, sagt Christiane Schnepel vom Umweltbundesamt, die das Phänomen im Auftrag des Umwelt-ministeriums untersucht hat, »das ist schade«.

In der Bundesregierung denkt man darüber nach, wie man aus dem Bürger doch noch einen besseren Mehrwegflaschenkäufer machen könnte. Ex-Umweltminister Norbert Röttgen glaubte, dass viele Verbraucher gar nicht wüssten, dass Pfandflaschen nicht automatisch auch Mehrwegflaschen sind. Tatsächlich zeigen Umfragen, dass etwa jeder zweite Bürger den Überblick verloren hat, welche Flaschen nun gut für die Umwelt sind und welche nicht.

Das System soll deshalb überholt werden. Die Bundesregierung warb in Brüssel dafür, dass bei allen Flaschen künftig das Wort »Einweg« oder »Mehrweg« vorne groß auf dem Etikett stehen muss. Sollte das nicht helfen, ziehen Röttgens Leute ein Verbot der Einwegflasche in Betracht. Soweit mochte nicht einmal Trittin gehen. Aber so ist es, wenn man einmal angefangen hat, die Umwelt noch besser schützen zu wollen: Eine Maßnahme zieht die nächste gleich nach sich.

Die Reaktion der EU-Kommission auf den deutschen Vorstoß fällt indes verhalten aus. Getränkehersteller aus anderen EU-Staaten könnten sich diskriminiert fühlen und wegen Wettbewerbsverzerrung klagen. Offen ist auch, in welchen Sprachen die geforderten Hinweise auf dem Etikett stehen sollen. Keine einfach zu beantwortende Frage – zumal es in den meisten EU-Staaten überhaupt kein Einwegpfand gibt.

Fachleute hatten Minister Trittin übrigens von Anfang an gewarnt, dass das Projekt scheitern werde. Der von der Bundesregierung berufene Sachverständigenrat für Umweltfragen legte 2002 ein Gutachten vor. Darin riet er dringend davon ab, »ein Zwangspfand auf Einwegverpackungen zu erheben, denn diese Vorgehensweise wäre nicht nur von zweifelhafter ökologischer Effektivität, sondern auch mit erheblichen, nicht zu rechtfertigenden Zusatzkosten verbunden«. Dass der Mehrweganteil durch das Pfand nicht gesteigert, sondern im Gegenteil noch weiter zurückgehen würde, sahen die Umweltweisen klarsichtig voraus. Sie beschrieben auch den nachteiligen psychologischen Effekt, den das Zwangspfand auf die Bürger ausüben werde. »Der Unterschied zwischen Ein- und Mehrweg wird in den Augen der Verbraucher zunehmend verwischt«, hieß es damals im Gutachten der Sachverständigen – und so ist es dann ja auch gekommen.

Lohas

Jeden Dienstagnachmittag fährt ein weißlackierter Kleintransporter mit geöffneter Schiebetür durch unsere Straße; dann bellen die Hunde und die Kinder freuen sich: Hurra, der Mann mit dem komischen Gemüse ist wieder da. Im Handumdrehen tauscht er unsere leere Kiste von letzter Woche gegen eine volle neue aus. Dazu noch sechs Flaschen naturtrüben Apfelsaft, schon muss er weiter. Die Zeit drängt. Seine Tour ist noch lang.

Der Gemüsemann gehört zu einem Wirtschaftszweig, der gefühlt inzwischen die halbe Stadt ernährt: die Biokisten-branche. Besonders Familien lassen sich ihre Wochenration an möglichst kerngesunden und biologisch vorteilhaften Lebensmitteln gerne nach Hause liefern. Das ist zwar teuer, aber es spart Zeit und Nerven. Man lernt die Pastinake, die

Topinambur-Knolle und manche Salatsorte kennen, von der man früher glaubte, es handele sich um Unkraut oder Ziegenfutter. Außerdem wird die gesamte Nachbarschaft darüber informiert, wie ernst man das Thema Nachhaltigkeit nimmt, ein wertvoller Prestige- und Distinktionsgewinn.

Der Erfolg der Biokisten hängt eng mit dem Aufstieg einer ökosensiblen Konsumentenschicht zusammen, den sogenannten »Lohas«. Das Wort ist ein englisches Akronym; es steht für »Lifestyle of Health and Sustainability«. Gemeint sind Menschen, die gesteigerten Wert auf Gesundheit und Nachhaltigkeit legen, und gern bereit sind, dafür etwas mehr auszugeben. »Lohas versöhnen, was bislang unvereinbar schien«, hieß es in einem SPIEGEL-Artikel: »Grünkern und Gucci in Schönheit und Bekömmlichkeit vereint«.

Für Lohas ist Kaufen von großer Bedeutung. Sie glauben, dass ihre Konsumentscheidungen Folgen haben, die weit über den Augenblick hinausreichen. Lohas kaufen nur solche Produkte, die hohe ethische Standards erfüllen. Wegwerf- und Einwegprodukte werden gemieden. Am besten, Aldi würde öko und Kik wäre weg vom Fenster.

»Mit jeder Kaufentscheidung gebe ich quasi einen Wahlschein an der Kasse ab«, sagt Daniel Dahm, Mitgründer des Webportals »utopia.de«: »Mit jeder Kaufentscheidung unterstütze ich eine bestimmte Wirtschaftsweise.« Der Buchautor Fred Grimm (»Shopping hilft die Welt verbessern«) fasst die Philosophie des kritischen Konsumismus so zusammen: »Ich kaufe, also bin ich der Bestimmer.«

Wer Berliner Lohas in ihrem natürlichen Lebensraum beobachten möchte, sollte an einem ganz normalen Samstagvormittag die Bergmannstraße in Kreuzberg, den Winterfeldtmarkt in Schöneberg oder den Kollwitzplatz im Prenzlauer Berg aufsuchen. Da kommen sie garantiert vorbei: geschmackssicher gekleidete Männer und Frauen in lässiger Haltung, nicht mehr ganz jung, aber mit dem Turnschuhmodell ihrer Jugend an den Füßen, ein sympathisches Völkchen, das der Sänger Rainald Grebe so beschreibt: »Die Menschen sehen alle gleich aus, irgendwie individuell.« Dazu je zwei Kinder, die Friedrich und Emma oder Lovis-Emanuel und Lotte-Pippa heißen. Der Einzelhandel hat sich voll auf die Wohlfühl-Kundschaft eingestellt. Im Prenzlauer Berg gibt es ein Babymodengeschäft namens »Wunschkind«, ein Schuhgeschäft namens »Goldmarie«, einen Hutladen namens »Glücksfilz« und das Eiscafé »Kauf dich glücklich«.

In Berlin fand auch der erste deutsche Carrotmob statt, organisiertes Einkaufen für Menschen, die damit die Welt verbessern wollen. Einige Dutzend Leute hatten sich über Facebook zum Großeinkauf in einem Berliner Supermarkt verabredet. Auf Kommando stürmten sie ins Geschäft und räumten die Regale mit den Bioprodukten leer. Die Idee des Carrotmobs stammt aus den USA. Es geht darum, den Einzelhandel zu animieren, möglichst viel Bio anzubieten und den ökologisch korrekten Weg einzuschlagen, wie ein Esel, dem eine Karotte vor die Nase gehalten wird.

Der Filialleiter des Berliner Supermarkts freute sich jedenfalls über die Kundschaft. Befürchtungen, die Carrotmobster würden das Tohuwabohu ausnutzen, um zu klauen, stellten sich als übertrieben heraus. Auch die Organisatoren waren zufrieden. Man habe dem Berliner Einzelhandel erfolgreich signalisiert, dass es sich lohne, auf ökologisch korrekte Produkte und Verkaufsbedingungen umzustellen, so ein Sprecher.

Manche Kritiker unterstellen den Lohas, es gehe ihnen weniger um die Umwelt als um sich selbst. Nicht Weltverbesserung stehe bei ihnen im Mittelpunkt, sondern Selbstverwöhnung. Das Ziel sei, sich moralisch abzuheben von der Unterklasse und ihrer fettreichen Nahrung und katastrophalen Energiebilanz, so der Kolumnist Robert Misik. »Die Verlierer müssen sich als bewusstlose Konsumenten maßregeln lassen, während die anderen sich das Moral-Image zusammenkonsumieren.«

Die Mitgliedschaft in der Lohas-Bewegung muss man sich in der Tat leisten können. Nicht jeder ist finanziell in der Lage, 92 Euro für einen Krauthobel aus unbehandeltem Buchen- und Fichtenholz von Manufactum auszugeben. Auch die handgenähten Maßschuhe sprengen bei einigen das Monatsbudget, so nachhaltig sie auch sein mögen. Wer die Welt durch Shopping verändern will, sollte über ein gewisses Mindesteinkommen verfügen oder wenigstens eine Erbschaft in Aussicht haben.

Ein Held der Lohas-Bewegung ist Prinz Charles. Schon vor 25 Jahren entdeckte der britische Thronfolger sein Herz für die Ökologie. Er unterhält eine Biofarm im Südwesten Englands und schreibt Bücher, die davon handeln, dass die Welt in Gefahr sei. »Sie verliert ihre Balance, und daran sind wir Menschen schuld«, heißt es in seinem jüngsten Werk. Charles plädiert dafür, die »himmelschreiende Art der Milch- und Fleischviehhaltung in den Industriestaaten« zu beenden. Es gelte, hinter die »Fassade unseres Zeitalters des Luxus« zu blicken, was allerdings nicht heißt, dass jetzt jeder im Buckingham-Palast ein- und ausgehen darf.

Wer wissen will, wie sich Charles eine bessere Welt vorstellt, muss Poundbury besichtigen, ein 2000-Seelen-Quartier am Rande von Dorchester in der englischen Grafschaft Dorset. Vor zwanzig Jahren wurde es nach den Vorgaben des Prinzen errichtet. Poundbury sieht mit seinen Türmchen, Säulen und Butzenscheiben aus wie ein Märchendorf in Disneyland und ist absolut frei von Schmutz und Dreck. Harmonie ist erste Bürgerpflicht. Jeder Bewohner hat sich an die Vorgaben eines 20-seitigen Regelwerks zu halten, das der Prinz persönlich mit ausgearbeitet hat. Satellitenschüsseln sind demnach verboten, ebenso Fensterrahmen aus Plastik und vor der Haustür geparkte Fahrzeuge. Der Neigungswinkel der Dächer ist exakt normiert, ebenso der Mörtel, der aus neun Teilen gewaschenem Sand, zwei Teilen weißem Kalk und einem Teil Portland-Zement anzurühren ist. Ein Verwalter achtet darauf, dass niemand aus der Reihe tanzt. Charles kommt immer mal vorbei, um selbst nach dem Rechten zu sehen. Unangemeldet steht er dann bei den Leuten vor der Tür, fragt nach einer Tasse Tee mit Biohonig und zieht anstandslos seine Straßenschuhe aus, bevor er das Haus betritt.

Der »Zeit«-Reporter Henning Sußebach hat für idyllische Orte wie Poundbury und Prenzlauer Berg die schöne Bezeichnung »Bionade-Biedermeier« erfunden. Sußebach schreibt: »Man hat hier schnell das Gefühl, alles richtig zu machen.« Dabei stimmt das gar nicht. Der Umweltökonom Michael Bilharz vom Umweltbundesamt hat die Ökobilanz von 24 typischen Lohas untersucht. Alle waren Mitglied in einer Naturschutzorganisation, kauften gerne beim Biomarkt ein, trennten penibel ihren Müll. Alle 24 schätzten sich als ökologisch verantwortungsbewusste Verbraucher ein, wenngleich nicht als Dogmatiker.

Bilharz fand heraus, dass die 24 Probanden alles andere als gute Vorbilder sind. Einige schnitten deutlich schlechter ab als Leute, die im Leben noch keinen Bioladen betreten hatten. Der aufwendige Lebensstil der Lohas machte all ihre Einsparungen zunichte. Ihre großen Wohnungen, ihre schönen Reisen und ihre Konsumgewohnheiten konnten durch Energiesparbirnen und Krauthobel aus Naturholz nicht ausgeglichen werden. Dagegen vorbildlich: die arme, alleinstehende Rentnerin. Sie ist die wahre Ökoheldin, wenngleich nicht freiwillig. Sie lebt bescheiden auf anderthalb Zimmern, hat sich seit Jahren keine neuen Möbel angeschafft, besitzt natürlich kein eigenes Auto und nimmt höchstens mal an einer Kaffeefahrt teil. Zu mehr reicht das Geld nicht. Das mag sie schade finden. Aber für die Umwelt ist sie ein Segen, auch wenn sie von »Lohas« noch nie gehört hat.

Veggieday

Am Buffet-Tisch einer Party habe ich mich gesellschaftlich einmal vollkommen unmöglich gemacht, als ich sagte, ich würde das dargebotene Thunfisch-Sushi schon deshalb so gerne essen, weil man ja nicht wissen könne, wie lange es Thunfisch überhaupt noch gebe. Das Tier sei ja bedauerlicherweise vom Aussterben bedroht.

Oha. Großes Entsetzen. Alle Umstehenden zeigten sich fassungslos über meinen Zynismus, sogar eine Dame, die sich ihren Teller nur wenige Minuten zuvor selbst hoch mit Thunfisch beladen hatte. Mir wurde vorgehalten, es sei pervers, die Ausrottung einer Tierart wissentlich zu befördern, anstatt alles zu deren Rettung zu unternehmen. Mein Einwand, dass der Thunfisch auf dem Buffet bereits tot sei, es auf den Fortbestand der Art also keinen messbaren Einfluss mehr habe, ob man ihn verzehre oder nicht, ließ man nicht gelten. Stattdessen klärte man mich darüber auf, dass gesellschaftliche Veränderung aus vielen Schritten Einzelner bestehe. Sich hinter der Masse zu verstecken, sei ein feiges Verhalten, welches nicht zum gesellschaftlichen Fortschritt beitrage.

Der Abend war für mich dann ziemlich schnell zu Ende. Seither weiß ich, dass man als verantwortungsbewusster Konsument gut aufpassen muss, beim Essen nichts falsch zu machen. Die ethischen Aspekte der Nahrungsaufnahme gehören zu den meistdiskutierten Problemen unserer Zeit. Unsere Eltern haben noch über Sozialismus und freie Liebe debattiert, wir reden über Slow Food und den Veggieday. So hat jede Generation ihre eigenen Themen. Basketball-Star Dirk Nowitzki wurde kürzlich Opfer einer Hasskampagne im Internet; er hatte es in einem Reklamespot gewagt, sich ein Scheibchen Schinkenwurst in den Mund zu stecken. Ich denke mit Schrecken an den Tag, an dem meine Kinder herausfinden werden, dass mein geliebter Rheinischer Sauerbraten aus Pferdefleisch besteht.

Alle paar Tage erscheinen neue Rezeptbücher prominenter Menschen, die uns von den Freuden des Fleischverzichts vorschwärmen. An der Berliner Humboldt-Universität gibt es eine Professorin für praktische Philosophie, die zu den Themen Vegetarismus und »Der moralische Status von Tieren« forscht. Der Philosophisch-Theologischen Hochschule Münster wurde 2009 sogar ein »Institut für Theologische Zoologie« angegliedert. Unter anderem geht es dort um die christliche Dimension der Frage, warum wir einige Tiere mit Haustierfutter verwöhnen und andere Tiere dazu verarbeiten.

Es gibt längst nicht mehr nur den einfachen Vegetarier, sondern auch den Ovo-Lakto-Vegetarier (kein Fleisch, kein Fisch, aber Eier und Milch) oder den Frutarier (nur Früchte, idealerweise Fallobst). Manche Menschen kaufen ausschließlich bei Demeter-Landwirten, zu deren Anbaumethoden es gehört, mistgefüllte Kuhhörner zu verbuddeln und sich bei der Aussaat nach dem Mond zu richten. Man kann sich aber auch ganz locker den Flexitariern anschließen. Dann gibt es Fleisch nur ab und an, wie bei unseren Großeltern den Sonntagsbraten. Wichtig ist, dass es sich um Biofleisch von glücklichen Tieren handelt.

Die Edelsten der Veggie-Szene sind die Veganer. Sie verzichten auf sämtliche Tierprodukte, weil sie finden, dass für den Umgang mit Tieren keine anderen Verhaltensregeln gelten sollten als für den Umgang mit Menschen. Die Unterteilung der Lebewesen in Arten, verächtlich »Speziesismus« genannt, halten sie für eine auf Unterdrückung angelegte Herrschaftsform, die genauso abzulehnen ist wie Rassismus, Faschismus und das Patriachat. Lederschuhe sind für Veganer tabu, ebenso mit Daunen gefüllte Bettwäsche, Pullover aus Schafswolle, Hemden aus Seide und alles aus Pelz. Selbst Honig ist verboten, denn die Bienen dürften nicht bestohlen werden.

Ironischerweise führt die moralische Strenge im Alltag dazu, dass Veganer gegen andere Gebote der Nachhaltigkeit pausenlos verstoßen müssen. Wenn sich die gemäßigten Vegetarier im Winter in ihre Schafswollpullis schmiegen, greift der Veganer zur Funktionsbekleidung aus Synthetikfasern. Sein Rasierpinsel hat Borsten aus Plastik statt vom Schwein oder Dachs. Seine Schuhe sind nicht aus Leder, sondern aus Kunststoff. Und so lebt er in einer Welt aus Plaste und Elaste, sollte sich dann aber nicht beklagen, wenn die Menschheit weiter vom Erdöl abhängt.

Bioäpfel

Die Gattung der Äpfel, lateinisch Malus, ist eine weitverzweigte Sippschaft, langjähriger Zucht sei Dank. Schon vor über 250 Jahren zählte der holländische Naturforscher Johann Hermann Knoop in seiner »Pomologia« mehr als hundert verschiedene Apfelsorten auf, »welche in Holland, Deutschland, Franckreich, Engeland und anderwärts in Achtung stehen und deswegen gebauet werden«. Einige dieser alten Sorten haben sich bis heute gehalten, ständig kommen Neuzüchtungen hinzu. Noch der mickrigste Supermarkt hat wenigstens je eine rote, gelbe und grüne Sorte im Angebot, denn der deutsche Verbraucher schätzt den Apfel sehr. Von den gut 80 Kilogramm Obst, die sich eine Durchschnittsfamilie pro Jahr in den Einkaufswagen legt, machen Äpfel allein ein Viertel aus, Tendenz steigend. Und wer hätte es für möglich gehalten, dass eine Sorte namens »Pink Lady« in so kurzer Zeit so beliebt sein würde?

Deutschland verfügt über beträchtliche Obstanbaugebiete, etwa im Alten Land, am Niederrhein oder am Bodensee. Eine Million Tonnen Äpfel werden hier im Jahr gepflückt. Das sind ungefähr sechs Milliarden Stück, also 75 Äpfel für jeden Einzelnen von uns. Dennoch reicht die Ernte längst nicht aus, um den Bedarf im eigenen Land zu decken. Nur 40 Prozent der in Deutschland verzehrten Äpfel stammen von hier. Der Großteil wird aus dem Ausland importiert, aus Südeuropa, aber auch aus ferneren Ländern. Weil wir im Frühjahr ungern auf Äpfel verzichten, die Bäume in Europa zu dieser Zeit aber gerade erst Blüten tragen, sind im Zuge der Globalisierung große Anbaugebiete in Neuseeland, Chile und Südafrika entstanden. Die Plantagen auf der Südhalbkugel produzieren fast ausschließlich für den Export. Zwischen Mai und September beliefern sie die nördliche Erdhälfte mit frischen Äpfeln. Nur ein Fachmann ist noch in der Lage, einen neuseeländischen Gala-Apfel von einem europäischen zu unterscheiden.

Die Frage, ob es sich ökologisch vertreten lässt, einen Apfel zu verspeisen, der um die halbe Welt transportiert wurde, ist schwieriger zu beantworten, als man gemeinhin glaubt. Mehr als 20 000 Kilometer legt ein neuseeländischer Apfel zurück. Mit dem Schiff fährt er ostwärts über den Pazifik, durch den Panamakanal und quer über den Atlantik. Die Überfahrt dauert etwa einen Monat. Sie endet in einem europäischen Containerhafen, etwa in Hamburg oder Rotterdam. Von dort geht es mit dem Lastwagen dann noch einmal einige Hundert Kilometer quer durch Deutschland – ein ökologischer Irrsinn, sollte man glauben.

Doch die Importäpfel sind besser als ihr Ruf. Es kann sogar sein, dass sie ökologisch vorteilhafter sind als das Konkurrenzprodukt vom Obsthof nebenan. »Das liegt daran, dass die monatelange Lagerung deutscher Äpfel viel Energie benötigt, CO_2-Emissionen verursacht und so die Klimabilanz verschlechtert«, sagt Michael Blanke vom Institut für Nutzpflanzenwissenschaften und Ressourcenschutz an der Universität Bonn. »Die monatelange Lagerung im Kühlhaus hat dann mehr Energie verbraucht als der Transport um die halbe Welt.«

Blanke hat die Ökobilanz von Importäpfeln gründlich untersucht. Er reiste nach Neuseeland, um persönlich zu überprüfen, wie viele Äpfel die Bäume dort tragen, wie viel Diesel die Obstbauern mit ihren Traktoren verbrauchen und wie viel Pflanzenschutz- und Düngemittel versprüht werden. Die Werte aus der neuseeländischen Plantage verglich er mit einem Obstbaubetrieb aus der Nähe von Bonn. Dabei kam heraus, dass es von der Jahreszeit abhängt, welcher Apfel vorteilhafter für die Umwelt ist. Im Herbst und im Winter gewinnt der Apfel aus Deutschland. Doch mit jedem Monat, den er im Lager künstlich frisch gehalten wird, verschlechtert sich seine Ökobilanz. Wenn im Mai die neue Ernte aus Neuseeland und Chile eintrifft, ändert sich die Lage. Die negativen Folgen von Winterkoma beim deutschen Apfel einerseits und Weltreise beim neuseeländischen Apfel andererseits halten sich jetzt fast die Waage. Und mit jedem Frühlingstag schmilzt der ökologische Vorsprung des deutschen Apfels weiter zusammen, bis er sich, abhängig von den letzten Transportwegen, in einen Nachteil verkehrt.

»Im Oktober würde ich einen Apfel aus Deutschland empfehlen«, sagt auch Elmar Schlich, Professor für Prozesstechnik in Lebensmittel- und Dienstleistungsbetrieben an der Universität Gießen: »Aber was macht man im Juli? Soll man da auf den Apfel verzichten? Muss ich ein schlechtes Gewissen haben, wenn ich den Apfel aus Südamerika nehme? Nein, das muss eben nicht sein.« Der Grund dafür sind die guten Produktionsbedingungen für Äpfel in Übersee sowie die ausgeklügelte Logistikkette, über die sie nach Deutschland gelangen. In Südafrika und Neuseeland kommt die Ernte direkt aufs Schiff. Bei den gigantischen Mengen, die inzwischen in einem einzigen Container transportiert werden, fällt die lange Reise ökologisch kaum noch ins Gewicht. Bei den deutschen Bioapfelproduzenten handelt es sich hingegen oft um Kleinbetriebe, die viel mehr Energie verschwenden als ein größerer Betrieb. Schlich glaubt an die »ecology of scale«, die Ökologie durch Mengenvorteile. Globale Prozessketten für Lebensmittel seien ein Segen für die Umwelt und den regionalen Krautern in vielen Fällen haushoch überlegen. »Nicht jeder Regionalbetrieb schützt automatisch das Klima, bloß weil er ein Regionalbetrieb ist. Das ist Öko-Romantik pur«, so Schlich.

Besonders schlecht ist die Umweltbilanz bei Äpfeln, die direkt beim Biobauern im Hofladen verkauft werden. Eigentlich gelten sie als besonders öko. Viele Stadtmenschen fahren extra raus aufs Land, um welche zu besorgen. Es heißt ja auch immer, man solle Produkte aus der Region kaufen. Leider liegt genau da das Problem. Man muss sich nur die vollen Kundenparkplätze der Biohöfe an den Wochenenden ansehen. Es ist erstaunlich, welche Entfernungen die Menschen für ein bisschen Obst in Kauf nehmen. »Da wird eine Tonne Blech für zehn bis 20 Kilo Nahrung bewegt.«, beklagte sich das Fachblatt Ökotest: »Das ist ökologisch gesehen kein günstiges Verhältnis.«

Bio kontra Öko

Wer sich bei Fachleuten danach erkundigt, was der Unterschied zwischen Bio und Öko ist, schaut in ratlose Gesichter. »Es gibt keinen Unterschied zwischen Bio- und Ökoprodukten«, heißt es beim Umweltinstitut in Essen. Die Begriffe »bio‹ und ›öko‹ werden synonym benutzt«, schreibt das Bundesministerium für Ernährung, Landwirtschaft und Verbraucherschutz.

Kein Unterschied zwischen Bio und Öko? Schön wär's. In Wahrheit hat das eine mit dem anderen nur wenig zu tun. Längst nicht alles, was »bio« genannt wird, ist auch ökologisch von Vorteil. Ob Bioprodukte gut für die Umwelt sind, spielt kaum eine Rolle. Es handelt sich eher um Lifestyle-Produkte, die der Selbstveredelung des Konsumenten dienen.

Ein Lammkotelett vom Biobauern in Brandenburg hat eine viel schlechtere CO_2-Bilanz als ein konventionelles Lammkotelett aus Neuseeland, das über Zigtausende Kilometer nach Deutschland transportiert wurde. Denn während in anderen Ländern die Tiere das ganze Jahr draußen auf der Weide sind, stehen sie beim Brandenburger Biobauern im Winter im Stall. Für einen Liter naturtrüben Apfelsaft aus der Region wird mindestens doppelt so viel Energie verbraten wie für einen Liter Orangensaft aus Brasilien, trotz des Transportunterschiedes von 10 000 Kilometern. Und kommen Sie einem Experten nicht mit Dritte-Welt-Kaffee. Er wird Sie darüber aufklären, dass es für die CO_2-Bilanz einer Tasse Kaffee vollkommen irrelevant ist, woher die Bohnen kommen. Entscheidend ist, wie der Kaffee gebrüht wird. Wer sich aus globaler Verantwortung für bitteren Solidaritätskaffee entscheidet, diesen aber mit einer jener chromglänzenden Supermaschinen zubereitet, die man früher nur in italienischen Bars zu sehen bekam, sollte sich die Gesamtbilanz seines Espressos besser nicht so genau ausrechnen.

Sehr unübersichtlich ist die Lage beim Rind. Die Tiere sind ohnehin in den Ruf geraten, maßgeblich zum Klimawandel beizutragen. Alle paar Sekunden entfährt ihnen ein Bäuerchen. Jede Kuh erzeugt so täglich bis zu 500 Liter Methan, ein besonders problematisches Treibhausgas, etwa 20 Mal schlimmer als CO_2. Wenn eine Kuh drei Jahre alt wird, hat sie bis dahin etwa so viel Schaden in der Atmosphäre angerichtet wie ein Mittelklassewagen mit insgesamt 100 000 Kilometern auf dem Tacho. Die Welternährungsorganisation der Vereinten Nationen schreibt: »Bei allen wichtigen Umweltproblemen rangiert die Tierzucht in der Liste der Verursacher auf einem der ersten drei Plätze«, ein bemerkenswertes Urteil für eine Organisation, die sich eigentlich um die Bekämpfung des Hungers kümmern sollte und nicht um die Bekämpfung von Nahrungsmitteln.

Biorinder sind besonders schlecht für das Klima. Der Flächenverbrauch ist bei freilaufenden Tieren größer als bei strikter Stallhaltung. Weil die Tiere Gras fressen, stoßen sie auch mehr schädliches Methan aus als Kühe, die mit speziellem Kraftfutter ernährt werden. Bei Biorindern aus Brasilien kommt möglicherweise noch hinzu, dass für ihre Weidegründe der Regenwald geopfert wurde.

Es ist allerdings immer noch besser, die Kuh zu verspeisen, als die Produkte, die aus ihrer Milch hergestellt werden. Ein Hartkäse wie Parmesan oder ein alter Gouda weisen eine noch schlechtere Klimabilanz auf als ein Stück Rindfleisch. Quark, Joghurt und Dickmilch sind nur unwesentlich besser. Wer es ganz genau wissen will, kann sich beim Öko-Institut in Freiburg erkundigen. Die Fachleute haben detaillierte Listen erstellt, welche Lebensmittel für welchen CO_2-Ausstoß verantwortlich sind. Ein Kilo Rindfleisch kommt auf 13,3 Kilo CO_2, ein Kilo Butter auf 23,7 Kilo. Pro Kilo Kartoffeln, nur mal zum Vergleich, fallen läppische 200 Gramm Kohlendioxid an. Tofu, das aus Soja hergestellte Fleischanalogon für Vegetarier, ist für das Klima übrigens auch nicht ohne. In Südamerika werden große Flächen Savanne und Regenwald gerodet, um Platz für den Sojaanbau zu schaffen. Fairerweise muss aber gesagt werden, dass ein Gutteil des Sojas nicht zu Tofu verarbeitet wird, sondern zu Tierfutter, also letztlich doch zu echten Steaks.

Wer sich ansieht, was in einem modernen Supermarkt alles als »Bio« verkauft wird, kommt aus dem Staunen nicht heraus. »Biofischstäbchen« zum Beispiel stammen meistens aus Vietnam. Sie werden aus dem Filet des Pangasius hergestellt, einer leicht muffig schmeckenden Welsart. Die angeblichen Biotiere schwimmen im selben Wasser wie ihre konventionell gezüchteten Artgenossen. Der Unterschied ist nur, dass sie etwas mehr Platz haben und ein Futter aus einem Biobetrieb in Israel bekommen. Spanische »Biotomaten« gedeihen wie die konventionellen Früchte unter den gigantischen Plastikfolienfeldern bei Almeria, die so groß sind, dass man sie vom Weltraum aus erkennen kann. Wenn gedüngt und gespritzt wird, wird die Bioware vorübergehend zugedeckt, damit sie nichts abbekommt – angeblich.

Ein echtes Biomysterium ereignet sich derzeit in China. Die zentralen Wirtschaftslenker wollen die Volksrepublik zum größten Produzenten von Biolebensmitteln machen. Schon heute beherrscht China den Markt mit Biosonnenblumenkernen, Biokürbiskernen, Biopilzen, Bioölen und Biosojabohnen. Und jeder, der je in China war und dort notgedrungen die Luft eingeatmet hat, fragt sich: Wie kriegen die Chinesen das bloß wieder hin?

Fragwürdig sind auch die Kupferpräparate, die Biobauern über ihren Feldern versprühen, um Insekten und Schädlinge wie den Kartoffelkäfer zu vertreiben. Das ist legal, denn beim Kupfer handelt es sich um ein Naturprodukt. Trotzdem spricht das Umweltbundesamt von einem »Umweltgift«. Kupfer sei toxisch für Vögel, Fische und allerlei Kleinlebewesen, also genau das Gegenteil von öko.

Wer vermag da noch zu beurteilen, wo die Grenze zwischen Öko, Bio und Hokuspokus verläuft? Seit sich herumgesprochen hat, wie viel Geld sich mit Produkten aus Alternativerzeugung verdienen lässt, drängen allerlei Geschäftemacher auf den Markt. Die Industrialisierung der Branche schreitet zügig voran. Aldi ist längst die Nummer eins bei den Biokartoffeln. Die Deutsche Frühstücksei GmbH, Besitzerin zahlreicher Käfigfarmen, ist in das Bioeigeschäft eingestiegen. Die Tönnies Fleischwerk GmbH, einer der größten Schlachthöfe Europas, macht jetzt auch auf Streichelgehege.

Sogar Öko-Zigaretten sind im Angebot, der Tabak stammt aus organischem Anbau. Wer als Raucher künftig also an Lungenkrebs erkrankt, weiß: An Pestiziden im Tabak kann es nicht gelegen haben.

Plastik statt Jute

Etwa 500 Plastiktüten verbraucht der Durchschnittseuropäer im Jahr, ein Riesenberg Müll, so kann es nicht weitergehen. EU-Umweltkommissar Janez Potocnik denkt darüber nach, die Beutel zu verbieten. In Frankreich und Italien sind sie aus den Supermärkten schon verschwunden; Großbritannien will demnächst nachziehen. Die Frage ist bloß: Wie kriegen die Leute dann ihre Einkäufe nach Hause? In der Papiertüte? In der Stofftasche? Jute statt Plastik?

Schon im Jahr 2008 hat die staatliche Schweizer Materialprüfstelle EMPA die Ökobilanzen der verschiedenen Tragetaschen untersucht und miteinander verglichen, mit erstaunlichem Ergebnis: »Plastiktaschen«, so das Urteil, »sind ökologischer als Stofftaschen.« Bei der Herstellung schneidet die Plastiktüte viel besser ab als Papier- und Stoffbeutel. Sie verbraucht weniger Rohstoffe und trägt weniger zur Umweltverschmutzung bei. Eine Plastiktüte ist für den Ausstoß von 120 Gramm CO_2 verantwortlich, ein Baumwollbeutel dagegen für 1700 Gramm. Am Ende hängt alles davon ab, ob und wie oft eine Tüte wiederverwendet wird. Ab dem zehnten Einsatz steht die Stofftasche ökologisch besser da als eine Plastiktüte, die nur einmal verwendet wurde. Kommt indes die Plastiktüte mehrfach zum Einsatz, schlägt sie die Konkurrenz mit großem Vorsprung. »Je häufiger eine Tasche verwendet wird, desto umweltfreundlicher ist sie«, so das Fazit der Schweizer Materialprüfer.

Dringend abzuraten ist demnach von der Papiertüte, die einem im Supermarkt neuerdings als ökologisch vorteilhafte Alternative angeboten wird. Es handelt sich um ein typisches Einmalprodukt. Wenn sie denn überhaupt dieses eine Mal hält. Ein paar Äpfel zu viel eingepackt, schon reißt der Griff und der Beutel hängt in Fetzen. Und wehe, es fängt auf dem Heimweg an zu regnen und das Papier wird feucht.

Gen

Ob Biolebensmittel für den Menschen gesünder sind, ist wissenschaftlich nicht geklärt. Die Stiftung Warentest hat Bioprodukte in den letzten Jahren regelmäßig auf mögliche Vorteile gegenüber konventionellen Produkten untersucht. Heraus kam, dass es keine Vorteile gibt. Bio ist nicht automatisch hochwertiger, nicht gesünder und nicht leckerer. »Nach unseren Test-Urteilen gibt es keine generellen qualitativen Unterschiede«, heißt es bei den Verbraucherschützern. Sowohl bei den konventionellen als auch bei den Biolebensmitteln gebe es Produkte mit »sehr guten« und mit »mangelhaften« Urteilen.

Bio kann tödlich sein. Etwa 200 000 Menschen erkranken jedes Jahr aufgrund von Salmonellen, Listerien, Parasiten und Pilzen. Der Genuss von Rohmilch hat schon so manches Kind vom Ferienbauernhof auf die intensivmedizinische Notfallambulanz gebracht. Mutterkorn, versehentlich ins Brot gemahlen, machte in früherer Zeit schon ganze Dorfgemeinschaften verrückt. Das Risiko, versehentlich einen EHEC-Erreger zu verschlucken, ist bei Biogemüse größer als bei Gemüse aus konventionellem Anbau, weil Ökobauern mehr Mist und Gülle auf ihre Felder ausbringen. Auf diese Weise schaffen es die im Verdauungstrakt von Wiederkäuern beheimateten EHEC-Erreger flugs in jeden Biosalat.

Der größte Nachteil des Biolandbaus für die Menschheit sind die vergleichsweise geringen Erträge. Das romantische Ideal des bäuerlichen Kleinbetriebs, wo die Kuh gestreichelt wird und der Hahn auf dem Mist kräht, geht an den Notwendigkeiten vorbei. Mit altertümlichen Methoden wird sich der Hunger in der Welt nicht erfolgreich bekämpfen lassen.

Ein Biobauer braucht mehr Platz, um die gleiche Menge an Lebensmitteln zu erzeugen wie ein konventioneller Landwirt. »Im Durchschnitt sind die Erträge im Biolandbau um 30 oder 40 Prozent geringer«, sagt der Göttinger Agrarwissenschaftler Matin Qaim, »entsprechend höher wäre der Flächenbedarf«. Um die derzeit produzierte Menge an Lebensmitteln mit Biomethoden zu erzeugen, bräuchte es rechnerisch zusätzliche Ackerflächen von der Größe des indischen Subkontinents, eine abwegige Vorstellung. »Ökologische Landwirtschaft wird nicht die Lebensmittel produzieren, die die Welt braucht«, sagt der britische Ökonom Paul Collier. »Sie ist vielleicht das Richtige für ausgebrannte Investmentbanker, aber sie ernährt keine hungrigen Familien.«

In vielen anderen Ländern setzt sich die Erkenntnis durch, dass die Zukunft der Landwirtschaft nicht im Bioanbau liegt, sondern in der grünen Gentechnik. Es gibt Maissorten, die dank Genmanipulation gegen den Stängelbohrer resistent sind, ein schädliches Insekt, das über die eingelagerte Maisernte herfällt und großen Schaden anrichtet. Schweizer Wissenschaftler verfolgen die Idee, Speiseäpfel gegen den gefürchteten Schorfpilz zu wappnen, indem sie ihnen das Erbgut einer resistenten Wildapfelsorte einpflanzen. Auf diese Weise ließen sich große Mengen an Pestiziden vermeiden. Ein Risiko für die Menschen bestehe nicht, so die Forscher, die wilde Apfelsorte werde seit Jahrhunderten mit Genuss verzehrt. Deutschland macht da aber nicht mit. Nachdem es immer wieder nächtliche Anschläge von Ökoaktivisten gab, sind die wenigen Versuchsanbauflächen für gentechnisch veränderte Pflanzen hierzulande inzwischen so gut gesichert wie früher die deutsch-deutsche Grenze.

Nun wird man auf der ganzen Welt kaum noch eine Nutzpflanze finden, die nicht genetisch optimiert wurde. Jeder Apfelbaum, jede Kartoffelknolle und jedes Küchenkraut ist das Ergebnis eines jahrhundertelangen Zucht- und Ausleseprozesses. Da stellt sich schon die Frage, was eigentlich so schlimm daran sein soll, diesen Prozess im Labor zu beschleunigen.

Doch Gentechnik-Gegner sind nicht zimperlich. Man sollte sich besser nicht mit ihnen anlegen. Im Juli 2011 verwüsteten vermummte Aktivisten den »Schaugarten Üplingen« in Sachsen-Anhalt, in dem auch gentechnisch veränderte Pflanzen wachsen. Durch »Vorhalt von Pfefferspray und Schlaggegenständen«, so der Polizeibericht, zwangen die Täter die Wachleute dazu, sich auf die Knie zu begeben, die Hände hinter den Kopf zu nehmen und das Gesicht zur Wand zu drehen. Die Political Correctness blieb immerhin gewahrt: Die Aktion sei »die.quittung.fuer.die.verbrecher_INNEN«, hieß es im später verschickten Bekenner-, pardon, Bekenner-Innen-Schreiben.

DDT

1962 veröffentlichte die amerikanische Biologin Rachel Carson ihr Buch »Silent Spring« (»Der stumme Frühling«). Noch heute läuft es einem kalt über den Rücken, wenn man die erste Seite aufschlägt und das dem Buch vorangestellte Zitat von Albert Schweitzer liest: »Der Mensch hat die Fähigkeit, vorauszublicken und vorzusorgen, verloren. Er wird am Ende die Welt zerstören.«

Carson schrieb über den chemischen Stoff Dichlordiphenyltrichlorethan, abgekürzt DDT, ein künstlich hergestelltes

Fraß- und Kontaktgift, das Landwirte damals gerne mit dem Flugzeug über ihren Feldern versprühten, um Insekten auszumerzen. Als Pflanzenschutzmittel war DDT so effektiv, dass dem Entdecker seiner Wirksamkeit, dem Schweizer Paul Hermann Müller, noch im Jahr 1948 der Nobelpreis für Medizin zugesprochen worden war. Es vernichtete Kartoffelkäfer und Schwammspinner, Maikäfer und Läuse, Borkenkäfer und Mücken. Für Säugetiere und Menschen hingegen schien es vollkommen ungefährlich zu sein. Und so kam DDT nicht nur in der Landwirtschaft zum Einsatz, sondern auch in Schulen, Kantinen und Kasernen.

Man fällt nicht um, wenn man DDT einatmet. Die meisten Menschen husten nicht einmal. Aber Carson war überzeugt, dass sich das DDT im Körper einlagert. Sie beschrieb, dass die Eier von DDT-geschädigten Greifvögeln zu dünne Schalen aufwiesen und deshalb der Weißkopfseeadler, der Wappenvogel der USA, vom Aussterben bedroht sei. Bei Echsen verändere das DDT das Geschlecht. Robben würden unfruchtbar. Für Carson lag der Verdacht nahe, dass das Insektengift auch am Menschen nicht spurlos vorbeigehe. Zumal Säuglinge das Gift oft schon mit der Muttermilch aufnähmen, wie sie zum Entsetzen ihrer Leserschaft enthüllte.

Das Buch hatte durchschlagende Wirkung. Der damalige US-Präsident John F. Kennedy zeigte sich besorgt, schon wegen der Seeadlereier, und richtete eine Expertenkommission ein. Die Weltgesundheitsorganisation WHO nahm sich des Themas an. Das Pflanzenschutzmittel DDT stand jetzt offiziell im Verdacht, beim Menschen Krebs zu erregen. Gesteigert wurde die Wirkung des Buchs durch die Faszination, die Rachel Carson auf ihre Zeitgenossen ausübte. Sie war klug, sensibel, sah gut aus und konnte exzellent schreiben. Sie hatte bereits eine Reihe vielbeachteter Artikel und Hörfunkreportagen veröffentlicht, bevor »Silent Spring« erschien. Ein

Dokumentarfilm über das Leben im Meer, der auf Grundlage eines ihrer Bücher entstanden war, hatte sogar den Oscar gewonnen. Carson war selbst an Krebs erkrankt, als sie ihr Buch veröffentlichte. Das verlieh ihr zusätzliche Glaubwürdigkeit. Sie starb gerade einmal zwei Jahre nach Erscheinen ihres Buchs und bekam so leider nicht mehr mit, welches Beben ihr Werk auslöste.

Ab Anfang der siebziger Jahre wurde DDT in den meisten westlichen Staaten verboten. Chemische Industrie und Agrarlobby hatten sich noch eine Weile gewehrt. Aber gegen die Krebsangst kamen sie nicht an. Die Umweltschützer hatten ihren ersten großen Sieg errungen. Es war die Geburtsstunde einer neuen globalen Ökobewegung – aber leider auch der Beginn eines tragischen Irrtums, der den Tod von mehreren Millionen Menschen zur Folge hatte.

Denn es dauerte nicht lange, bis sich die Nebenwirkungen des DDT-Verbots bemerkbar machten. In vielen wärmeren, südlichen Ländern tauchte mit dem Beginn der Regenzeit ein Feind wieder auf, von dem man geglaubt hatte, ihn besiegt zu haben: die Anophelesmücke. Über Nacht infiziert sie ihre Opfer mit dem Malariaerreger. Nachdem es vielen Ländern gelungen war, die oft tödlich verlaufende Krankheit auszurotten, brach das Fieber wieder aus.

Ceylon zum Beispiel, das heutige Sri Lanka, hatte es dank DDT geschafft, die Zahl der Malaria-Kranken von 2,8 Millionen auf einige wenige Fälle zu verringern. Die Krankheit spielte keine Rolle mehr. Doch nach dem DDT-Verbot im Jahr 1963 kehrte das Sumpffieber mit voller Wucht zurück. Innerhalb von nur fünf Jahren erkrankten zweieinhalb Millionen Menschen. Bis heute bekommt Sri Lanka das Problem nicht in den Griff. Wer dorthin reist, sollte sich nach Auskunft des Auswärtigen Amts dringend vor Malaria in Acht nehmen.

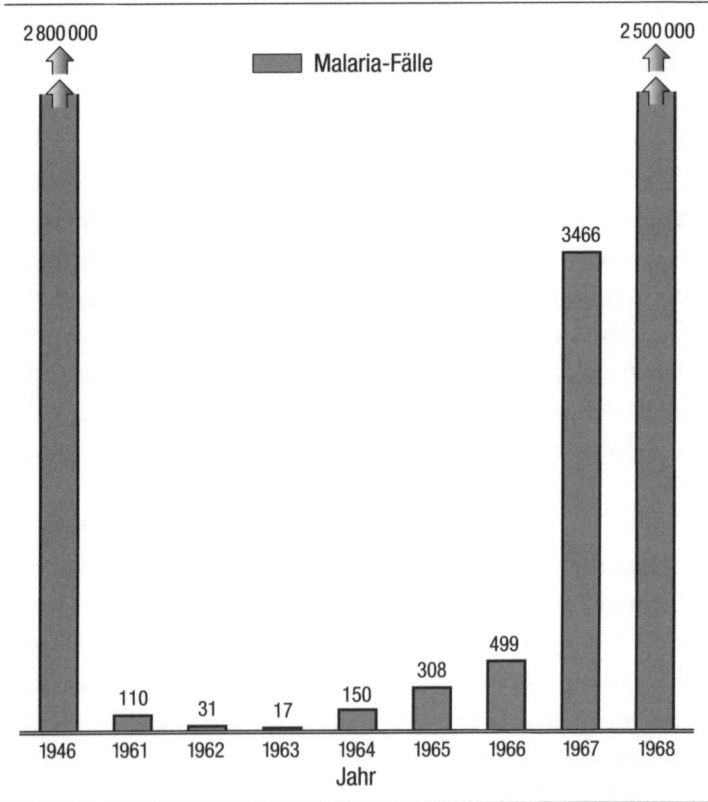

Malariafälle in Ceylon (heute Sri Lanka) vor und nach dem Verbot von DDT im Jahr 1964

2 800 000

2 500 000

Malaria-Fälle

3466

499

308

110   31   17   150

1946   1961   1962   1963   1964   1965   1966   1967   1968
                              Jahr

Quelle: Krämer

Es gibt noch immer kein Mittel, das die Malaria-Mücken so effektiv bekämpft wie DDT. Die Krankheit kann sich daher immer weiter ausbreiten. Die Weltgesundheitsorganisation WHO spricht von einer Million Opfern pro Jahr; das bedeutet einen Toten alle dreißig Sekunden. Etwa 50 Prozent der Opfer sind Kinder unter fünf Jahren. Afrika ist besonders schlimm betroffen, obwohl wohlmeinende Staaten wie Deutschland viele Millionen Euro für Moskitonetze spendieren. In Uganda gilt Malaria als die häufigste Todesursache bei Kindern; in den

Nachbarstaaten ist die Lage ähnlich. »Die Nebenwirkungen des DDT-Verbotes haben mit Sicherheit mehr Menschen das Leben gekostet als die Nebenwirkungen des DDT«, sagt Hubert Markl, der ehemalige Präsident der Deutschen Forschungsgemeinschaft und der Max-Planck-Gesellschaft.

Wegen der vielen Opfer hat die WHO ihre Meinung zu DDT inzwischen erneut geändert. Seit 2006 rät die Weltgesundheitsorganisation, das Gift wieder einzusetzen, nicht großflächig als Pflanzenschutzmittel, aber gezielt in Wohngegenden. Auch die staatliche amerikanische Hilfsorganisation USAID will kein absolutes Verbot mehr. DDT könne Hunderttausenden Menschen das Leben retten. Studien zeigen, dass die von Rachel Carson ausgelöste Angst übertrieben war, jedenfalls dann, wenn DDT nicht tonnenweise versprüht, sondern maßvoll eingesetzt wird. Die Frage, ob in malariaverseuchten Gebieten die Kinderzimmer mit DDT besprüht werden sollten, beantworten die Mediziner inzwischen mit Ja.

Einige afrikanische Staaten setzen deshalb mittlerweile wieder DDT ein. Sie machen Fortschritte bei der Malaria-Bekämpfung. Swasiland, ein kleiner südafrikanischer Staat mit etwa einer Million Einwohnern, hat es schon fast wieder geschafft, die Krankheit auszurotten. Jedes Haus in Swasiland wird möglichst zweimal im Jahr mit DDT ausgesprüht. Der Staat schickt Männer mit Giftspritzen vorbei; sie tragen Masken, weiße Handschuhe und blaue Overalls. Betten und Möbel werden mit Tüchern abgedeckt, Töpfe und Kleider vor die Tür gebracht; dann geht es los. Etwa zwei Stunden sollen die Bewohner hinterher warten, bis sie ihr Haus wieder betreten dürfen. Europäern stünden die Haare zu Berge über so viel Leichtsinn, aber die Menschen in Swasiland sind froh, dass die Malaria zurückgeht.

Doch nun haben die Afrikaner ein Problem. Ihr Handel mit Europa ist in Gefahr. Weil die Europäer noch immer große

Angst vor DDT haben, gelten für Importe in die Europäische Union strenge Grenzwerte. In einem Kilogramm Rohkaffee darf nur ein Milligramm DDT enthalten sein, in einem Kilo Fisch maximal fünf Milligramm. Malariaverseuchte Staaten wie Uganda müssen daher jetzt entscheiden, was ihnen wichtiger ist: Geld oder Leben, Handel oder DDT. Beides gleichzeitig ist mit den Europäern nicht zu machen. Da ist unsere Umweltangst größer als unsere Solidarität mit Afrika.

Gut und Böse

Sind umweltbewusste Konsumenten die besseren Menschen? Nina Mazar und Chen-Bo Zhong, zwei Wissenschaftler der Universität Toronto in Kanada, wollten es genauer wissen. Mit 156 Testpersonen machten sie ein Verhaltensexperiment, dessen Ausgang für viel Aufsehen sorgte, als das Fachblatt »Psychological Science« Anfang 2010 darüber berichtete.

Mazar und Zhong setzten ihre Testpersonen vor den Computer und forderten sie auf, bis zu 25 Dollar in simulierten Online-Shops auszugeben. Zur Auswahl standen Normal- und Bioprodukte. Der eine Supermarkt hatte mehr Bio im Angebot, der andere mehr konventionelle Ware. Das Ziel war, die Vorlieben und Konsumgewohnheiten der Testpersonen herauszufinden.

Anschließend wurden die Probanden mit mehreren, scheinbar unzusammenhängenden Aufgaben konfrontiert. Man forderte sie auf, sechs Dollar zwischen sich und einer zweiten, anonymen Testperson auf beliebige Weise aufzuteilen, ein sogenanntes Diktatorenspiel, das in der spieltheoretischen Forschung häufig benutzt wird. Das Geld, das die Testpersonen sich selbst zuschanzten, durften sie behalten. Ihnen wurde aber gesagt, dass es der anderen Person freistehe, einen als allzu mickrig empfundenen Anteil aus Stolz abzulehnen. Den Testpersonen wurde also die Gelegenheit geboten, sich generös gegenüber einer ihnen unbekannten Person zu zeigen – oder eben nicht.

Im zweiten Spiel blinkten auf dem Computerbildschirm Punkte auf: mal mehr auf der rechten Seite und mal mehr auf der linken. Die Aufgabe bestand darin, den jeweils passenden rechten oder linken Knopf zu drücken. Der Unterschied war, dass ein Knopfdruck auf der rechten Seite mit fünf Cent belohnt wurde, auf der linken Seite hingegen nur mit einem halben Cent. Die Frage war: Wird die Testperson sich Mühe geben, den richtigen Knopf zu bedienen? Oder ist die Verlockung zu groß, einfach mal die rechte Seite zu drücken und fünf Cent zu kassieren, wo es eigentlich nur einen halben Cent gegeben hätte?

Und schließlich lag an jedem Computerplatz auch noch ein Umschlag, darin fünf Dollar in Kleingeld. Den Testpersonen wurde gesagt, es handle sich um das Preisgeld für das Punkte-spiel. Der Computer werde am Ende des Durchgangs den Gesamtgewinn anzeigen. Man möge sich einfach die entspre-chende Summe aus dem Umschlag herausnehmen und könne dann gleich nach Hause gehen. Und auch hier war die Frage: Würden die Testpersonen ehrlich sein?

Heraus kam: Wer Bioprodukte gekauft hatte, verhielt sich anschließend besonders raffgierig, betrügerisch und unsozial. Im Diktatorenspiel behielten die Biokäufer von den sechs Dol-lar den allergrößten Teil für sich, signifikant mehr, als es die Käufer von Nicht-Ökoprodukten taten. Nachdem sie beim Pünktchenspiel herausgefunden hatten, dass falsche Angaben nicht bestraft wurden, klickten sie wie wild auf dem rechten Fünf-Cent-Knopf herum. Und am Ende griffen sie sich auch noch mehr Geld aus dem Umschlag, als ihnen laut Compu-teranzeige eigentlich zustand. Insgesamt hatten die Bioshopper am Ende durchschnittlich 83 Cent mehr in der Tasche als die anderen Teilnehmer.

Wie kann das sein? Sind Ökos etwa böser als andere Menschen? Mazar und Zhong erklären das Verhalten mit dem sogenannten »Licensing«-Effekt, einem auch aus der Werbepsychologie bekannten Phänomen. Demnach leiten aus dem Gefühl moralischer Überlegenheit viele Menschen die Berechtigung ab, an anderer Stelle sündigen zu dürfen. Luxusgüter werden daher gerne damit beworben, dass ein Teil des Verkaufserlöses für einen guten Zweck gespendet wird. Viele Charity-Partys funktionieren bekanntlich nach dem Motto »Schampus trinken für die Armen«, und das gilt auch im Kleinen. Der Süßwarenhersteller Ritter versprach einmal, für jede verkaufte Schokotafel ein paar Cent für Schulkinder nach Afrika zu schicken. Es gibt »Charity Gums« von Katjes. Und wer sich mit Krombacher-Pils um den Verstand säuft, rettet immerhin ein paar Quadratmeter Regenwald, so heißt es zumindest in der Werbung.

Der Lizenzeffekt erklärt aber auch, warum Menschen, die sich moralisch im Recht wähnen, anderen gern Ratschläge erteilen, Vorschriften machen und auf den Pfad der Tugend führen wollen, zur Not mit Gewalt. Wer sich den fortschrittlichen Thesen der Jakobiner nicht anschloss, wurde unter der Guillotine eines Besseren belehrt. Sollten Sie also Lust haben, einmal so richtig die Sau rauszulassen: Kaufen Sie vorher einfach im Bioladen ein.

DIE ÖKOFALLE

Wie beim Umweltschutz der Verstand aussetzt. Moralkeule, Planungs-euphorie, Rechthaberei. Über Lobbys und Kartelle. Ökokratie und Wei-senherrschaft. Hilft beten? Die Grünen, eine Anti-Umweltpartei. Der Mythos vom grünen Wirtschaftswunder.

Die deutsche Umweltpolitik mache »deutlich, wie leicht man die Grenzen rationalen Entscheidens und Handelns über-schreiten kann«, hieß es in einer Analyse, die die damaligen Generalsekretäre der Sachverständigenräte für Wirtschaft und für Umweltfragen, Michael Hüther und Hubert Wiggering, Mitte 1999 gemeinsam veröffentlichten. Sie konnten damals ja nicht ahnen, dass danach alles noch schlimmer werden würde.

Doch was mag der Grund dafür sein, dass der gute Wille beim Umweltschutz so oft mehr Schaden anrichtet als Nutzen bringt? Warum nicht mal einen Schritt zurücktreten und sagen: Sorry, wir haben es gut gemeint, aber wir haben uns geirrt, und deshalb fangen wir noch einmal von vorne an?

Umweltpolitik funktioniert nicht nach den Regeln der Ver-nunft; hier gelten andere Kriterien, es zählt das Bauchgefühl. Was einmal erfunden wurde, hat Bestand bis in alle Ewigkeit. Ob es wirksam ist oder nicht, spielt dabei keine Rolle. Es ist ja auch alles so furchtbar kompliziert. Wer weiß schon so genau, wie das Duale System oder der Emissionszertifikatehandel funktionieren oder ab welcher Dosierung eine Chemikalie tatsächlich gefährlich ist? Irgendetwas klappt nicht? Bestimmt ist ein Grenzwert zu lasch und muss verschärft werden. Oder vielleicht ist irgendwo ein Schlupfloch. Den Umweltbürokra-ten fällt sicher etwas ein.

Umweltpolitik kann gar nicht falsch sein. Darin sind sich im Prinzip alle Umweltpolitiker einig. Die gute Absicht immunisiert gegen jeden Zweifel. Umweltschützer sind ihren Gegnern moralisch haushoch überlegen. Wer sie kritisiert, muss sich auf einiges gefasst machen. »Ökologie ist Notwehr gegen Angriffe auf Lebensgrundlagen«, hieß es vor einiger Zeit in einem Kommentar der »Süddeutschen Zeitung«, was die Frage aufwirft: Wird demnächst verhauen, wer seinen Müll nicht ordentlich trennt?

Gefühle

Es geht ums Ganze. Die Erde ist am Abgrund, die Zukunft der Menschheit in Gefahr – darunter macht es der Umweltpolitiker normalerweise nicht. »Umweltpolitik ist die Gesamtheit aller Maßnahmen, die notwendig sind, um dem Menschen eine Umwelt zu sichern, wie er sie für seine Gesundheit und für ein menschenwürdiges Dasein braucht«, heißt es selbstbewusst bereits im ersten Umweltprogramm der Bundesregierung vom 14. Oktober 1971. Der zuständige Innenminister der damaligen sozial-liberalen Koalition war Hans-Dietrich Genscher, ein talentierter FDP-Mann, von dem es hieß, er werde sicher noch von sich reden machen.

Weil die Umweltpolitik edle Ziele verfolgt, sind Umweltpolitiker gegenüber ihren Kollegen, die sich mit Staatsfinanzen, Arbeitslosigkeit, innerer Sicherheit oder Rentenbeitragssätzen herumschlagen, moralisch im Vorteil. Über Details lässt sich in der Umweltpolitik streiten, aber die Richtung steht fest: Umwelt kann es gar nicht genug geben. Deshalb verstehen sich die Umweltpolitiker der Regierungsfraktion auch so gut mit den Umweltpolitikern der Opposition, während zwischen ihnen und den eigenen Parteifreunden vom

Wirtschafts-, Verkehrs- und Arbeitsmarktflügel häufig ein tiefer Graben verläuft.

Auch ist man als Umweltminister im Volk überdurchschnittlich beliebt, jedenfalls im Vergleich zu den meisten Kabinettskollegen. Das Amt schützt seinen Inhaber. Als oberster Natur- und Klimaschützer der Bundesregierung muss man sich schon sehr dumm anstellen, um nicht gemocht zu werden. Zwar werden einem Umweltminister mitunter Naivität und Gutmenschentum unterstellt, aber niemals schlechte Absichten, denn diese sind ihm, qua Amt, fremd. Er genießt das Privileg, eine Außenseiterrolle in der Regierung einnehmen zu dürfen. Seine Popularität hängt nicht davon ab, ob er sich durchsetzt. Von ihm werden keine messbaren Resultate erwartet, sondern Visionen. Zu verlieren ist keine Schande für ihn, denn er ringt mit den dunklen Mächten der Profitwirtschaft, deren Lobbyisten, wie jedes Kind weiß, im Kanzleramt und den anderen Ministerien ein- und ausgehen und dort ihr Unwesen treiben.

Die positive Aura im Umweltministerium ist so stark, dass sie einen Technokraten wie Jürgen Trittin in mildes Licht tauchte und den Schwefelgeruch eines Sigmar Gabriel vorübergehend überlagerte. Der ehemalige Amtsinhaber Norbert Röttgen, ein kühler Machtstratege, der vor ein paar Jahren noch liebend gerne als Spitzenfunktionär zum Bundesverband der Deutschen Industrie gewechselt wäre, spielte gar den Ökoheiligen, der zur Kabinettssitzung im Kanzleramt demonstrativ mit dem Fahrrad kommt.

Weil Umweltpolitiker prinzipiell auf der Seite des Guten sind, stehen ihre Gegner zwangsläufig auf der des Bösen. Auf ihnen lastet der Verdacht, es mit dem Umweltschutz nicht so ernst zu nehmen, mögen sie auch das Gegenteil behaupten. Was haben sie bloß dagegen, dass der Umwelt geholfen wird? Denken sie denn nicht an morgen, an die Bewahrung der Schöpfung, an die Zukunft unserer Kinder? Es reicht schon, leise Zweifel an den Untergangsszenarien einiger Klimaforscher zu äußern, prompt steht man – in sprachlicher Anlehnung an den »Holocaustleugner« – als »Klimaleugner« am Pranger.

Bei der Debatte über das Dosenpfand räsonierte der damalige Umweltminister Trittin zunächst über die »Wegwerfgesellschaft« und die um sich greifende »Ex- und Hopp-Mentalität«. Überall Blechdosen. Was für eine Vergeudung wertvoller Ressourcen. Das könne niemand gut finden. Damit stand jeder, der Trittins Dosenpfand-Plan zu kritisieren wagte, fortan als Verschwender und Ökoferkel da. Trittin hatte die Rollen klar verteilt: Hier der Minister für Umweltschutz, dort die Umweltzerstörer. Klar, welche der beiden Seiten die Sympathie des Publikums verdiente. Mal warf Trittin seinen Gegnern »Vermüllung der Landschaft« vor, als ob diese persönlich ihren Abfall ins Gebüsch geschmissen hätten. Mal sprach der Minister von »Profitgier auf Kosten der Umwelt«, wobei irgendwie immer unklar blieb, welche Geschäfte eigentlich gemeint waren. Aber egal. Dose böse, Jürgen gut, die Botschaft hatte jeder verstanden.

Der Philosoph Hermann Lübbe hat in einem Vortrag einmal darauf hingewiesen, welch mächtige Waffe die Moral in einer komplizierten Welt ist. »Moral ist ein Medium politischer Disqualifikation«, sagte Lübbe. Der Moralische dürfe ungestraft auf seine Gegner eindreschen, denn Correctness-Wächter, so Lübbe, »wissen sich der gemeinen Verpflichtung zur Beachtung von Persönlichkeitsrechten enthoben«.

Trittin war seinen Gegnern moralisch so haushoch überlegen, dass es für das Publikum auf Einzelheiten nicht ankam. Mehrwegquote? Pfandschlupf? DPG-System? Ja soll man denn erst Entsorgungs- und Kreislaufwirtschaft studieren, bevor endlich etwas gegen die fortschreitende Zerstörung unserer Natur unternommen wird? Wie zynisch muss man sein, auf Details herumzureiten, derweil die Umwelt den Bach runtergeht? Genug gewartet! Act now!

Die Moral spielt in umweltpolitischen Debatten eine so herausragende Rolle, weil Umweltprobleme große Gefühle auslösen. Der Anblick eines niedergebrannten Regenwaldgebietes löst bei uns Trauer aus. Jedes sechsjährige Kind empfindet Mitleid, wenn es einen ölverschmierten Wasservogel sieht. Das Foto eines Eisbären, der auf seiner bereits angetauten kleinen Scholle einsam und hungrig durchs Polarmeer treibt, rührt jeden an, der noch über ein Mindestmaß an Empathie verfügt. Umweltpolitik ist Gefühlspolitik, *powered by emotion.* Nur kleinkarierte Unmenschen wollen darüber diskutieren, wie das Rührstück vom Eisbärensterben eigentlich mit der Tatsache zusammenpasst, dass in der Arktis heute etwa 25 000 Eisbären leben, fünfmal mehr als noch vor 60 Jahren.

Die Gefühligkeit der Debatte hat den Vorteil, dass in Umweltdingen jeder leicht mitreden kann. Detailkenntnisse sind nicht vonnöten. Es reicht, ein sorgenvolles Gesicht aufzusetzen und seiner »Betroffenheit« Ausdruck zu verleihen. »Angst widersteht jeder Kritik der reinen Vernunft. Sie ist das Prinzip, das nicht versagt«, spottete der Soziologe Niklas Luhmann in seinem Buch »Die ökologische Kommunikation«. »Man kann ihr eine große politische und moralische Zukunft vorhersagen«, denn, so Luhmann: »Wer Angst hat, ist moralisch im Recht.«

Angst

In der neunten Klasse bekommen wir Herrn B. als neuen Kunstlehrer, ein Mann mit offenen Sandalen, Batikhemd und einer so beträchtlichen Frisur, dass ein Vogelpärchen darin Unterschlupf fände. Unsere Aufgabe lautet, das Cover einer Schallplatte künstlerisch neu zu gestalten. Ich entscheide mich für das Album »Watch« von Manfred Mann's Earth Band, eine kluge und beziehungsreiche Wahl, wie ich finde, denn ich habe die Doppeldeutigkeit des Wortes »Watch« natürlich sofort erkannt. Ich zeichne eine Art Kuckucksuhr, die Zeiger stehen auf kurz vor Zwölf. Als Pendelgewicht der Uhr dient die Erde. Die kränklich-braune Farbe lässt erahnen, dass es schlecht um sie steht.

Anfang der achtziger Jahre ist die westdeutsche Gesellschaft in tiefer Sorge. Die Umwelt: zerstört. Der Kapitalismus: am Ende. Der thermonukleare Weltkrieg: kaum noch zu verhindern. Wer in meiner Klasse etwas auf sich hält, liest »Haben oder Sein – Die seelischen Grundlagen einer neuen Gesellschaft« von Erich Fromm. »Möglicherweise hat das Vermögen unseres Planeten, menschliches Leben zu unterhalten, bereits eine bleibende Beeinträchtigung erfahren«, heißt es darin. SPD-Politiker und Moralinstanz Erhard Eppler fasst die Lage damals so zusammen: »Von Woche zu Woche erfahren wir über neue Gifte. Das neue Vokabular reicht von Dioxin bis zum Verkehrsinfarkt, vom Super-GAU bis zum Treibhauseffekt, von der Bodenerosion bis zum Ozonloch, vom Hautkrebs bis zu den Allergien.« Als besonders schlimm gilt das Waldsterben, ein »ökologisches Hiroshima«, wie der SPIEGEL titelt. Zwar sei es für den Laien mit bloßem Auge schwer, das Ausmaß des Schadens beim Waldspaziergang zu erkennen. Aber das sei ja gerade das Heimtückische an der unsichtbaren Gefahr. »Die großen Wälder sind nicht mehr zu retten«, heißt es im SPIEGEL.

Ich bin fest davon überzeugt, dass es mit der Erde demnächst vorbei sein wird (was mich freilich nicht davon abhält, der Stehbluesparty am nächsten Samstag entgegenzufiebern). Kunstlehrer B., wir dürfen jetzt Du zu ihm sagen, sieht seine pädagogische Aufgabe darin, uns mit immer neuen Hiobsbotschaften über den Verfall der natürlichen Lebensgrundlagen zu versorgen. Er ist es auch, der im Sommer 1983 eine Busfahrt zur großen Friedens-Demo auf der Bonner Hofgartenwiese organisiert. Mein Schallplattencover benotet er mit Zwei plus, trotz Mängeln in der künstlerischen Ausführung. Ich kann nicht zeichnen, na und? Was zählt, ist die richtige Einstellung.

Nun muss fairerweise gesagt werden, dass die Untergangspropheten im Prinzip natürlich Recht haben. Eines Tages wird die Erde untergehen. In ungefähr ein bis drei Milliarden Jahren dürfte sich die Energie der Sonne erschöpft haben. In ihrem Todeskampf wird sie sich zu einem Roten Riesen ausdehnen. Auf der Erde wird es dann sehr heiß. Das Wasser der Ozeane verdampft, alles Leben verdorrt. Schließlich verschluckt die Sonne die Erde; das war es dann für uns.

Wer die Umweltdebatten in Deutschland verfolgt, hat allerdings den Eindruck, der Weltuntergang stehe nicht in einigen Milliarden Jahren an, sondern schon nächstes Quartal. Alle naslang tauchen neue Gefahren auf, die sich flugs zur Menschheitskatastrophe ausweiten. Auf Asbest folgt Dioxin, nach El Niño kommt La Niña, mal stirbt der Wald und mal der Eisbär. Alle Jahre wieder kommt just zur Weihnachtszeit heraus, dass man Lebkuchen und Spekulatius wegen des hohen Gehalts an krebserregenden Röststoffen, Stichwort Acrylamid, auf keinen Fall verzehren sollte.

Verblüffenderweise verschwindet die Katastrophengefahr nach kurzer Zeit wieder, unabhängig davon, ob sich das zugrunde liegende Problem erledigt hat oder nicht. Wo nach der ersten medialen Erregungswelle in der Realität nur wenige oder womöglich gar keine messbaren Schäden aufgetreten sind, wird die Geschichte uninteressant. Da wenden wir uns lieber der nächsten Katastrophe zu.

»Vergiftete Umwelt«, heißt es im Oktober 1970 auf dem SPIEGEL-Titel, darunter Fotos von Müllbergen, qualmenden Fabrikschloten, Autoabgasen und einem total verdreckten Fluss. Der Artikel fängt so an: »Menschen erwachen, vom Jet-

Lärm aufgeschreckt, unter einer Dunstglocke. Ihr Zahnputzwasser schmeckt nach Chlor, sie trinken DDT-haltige Milch aus PVC-Tüten, fahren im Stoßverkehr durch verstopfte Straßen, deren vergiftete Luft Kopfschmerzen verursacht, begeben sich an lärmerfüllte Arbeitsplätze, schlucken Pillen und sehen fern, mit elektrischer Energie, die um den Preis geliefert wird, dass die schwefeldioxidhaltigen Abgase der Kraftwerke den Sandstein des Kölner Doms zerfressen.«

Damit ist der Sound für weitere Storys zum Thema vorgegeben. Mal macht uns angeblich die Landwirtschaft kaputt (»Vergiften uns die Bauern?«), mal der saure Regen (»Lebensgefahr für Babys«) und mal der Weltraumschrott (»Skylab stürzt zur Erde: Gefahr für Mainz?«). Die Nordsee, so prognostiziert der SPIEGEL, verkommt zur »Jauchegrube Europas« und der Kölner Dom versinkt in den Fluten des ansteigenden Meeresspiegels, nur die Spitze guckt noch raus. Früh wird auf die Risiken der Gentechnik hingewiesen. »Tausendmal schlimmer als Hitler«, lautet die Überschrift eines Artikels zum Thema Erbgutmanipulation im März 1978.

Auch beim »Stern« decken die Reporter ständig neue Umweltsauereien auf, vom Robbensterben bis zum Gift aus dem Wasserhahn. Und wer dann noch immer nicht genug hat, schaltet abends bei »Panorama« oder »Monitor« ein, wo Klaus Bednarz mit bitterem Gesichtsausdruck berichtet, wie man auch diese Woche wieder einem von der Industrie vertuschten Chemieunfall auf die Spur gekommen sei.

Wie es beim Fernsehen vor einigen Jahren noch zuging, beschreibt Volker Angres, heute Leiter der ZDF-Umweltredaktion, anschaulich in einem Beitrag für eine vom Bundesumweltministerium herausgegebene Festschrift: »Dann hieß es: Kamerateam ordern, an den Treffpunkt fahren, die Sauerei drehen, Betroffene befragen (ein paar Tränen oder ein Zornesausbruch wären nicht schlecht, vielleicht auch Politiker-Beschimpfungen, mal sehen...), die Verantwortlichen vors Mikro zerren (wenn sie nicht wollten, umso besser, das dokumentiert schlechtes Gewissen...). Zurück ins Studio, das Material entwickeln, texten, dem verantwortlichen Redakteur zur Abnahme vorlegen, Sprachaufnahme, Mischung – fertig! Ab auf den Sender, und die Nation hatte wieder ein hübsches Aufrege-Thema, bestens geeignet für die fachkundige Analyse beim nächsten Stammtisch, dem Friseurbesuch oder beim morgendlichen Schwätzchen im Büro.«

Nur gut, dass sich die Untergangsszenarien nicht immer bewahrheiteten. Der Sauerstofftod des Bodensees, ein Ereignis, das der SPIEGEL 1970 für die nächsten »acht bis zehn Jahre« vorhersagte, ist ausgeblieben. Fische und Pflanzen im Bodensee erfreuen sich weiterhin guter Gesundheit. Die »neue Eiszeit« (»Stern«), von der Anfang der achtziger Jahre viel die Rede war, hat sich eher in das Gegenteil verkehrt. Das Waldsterben ist ausgefallen. Helmut Schmidt erklärte das Thema, mit dem er sich als Bundeskanzler ständig hatte herumschlagen müssen, im Jahr 1996 für beendet: »Der Wald ist vital. In Deutschland gibt es derzeit genauso viele Baumarten wie zur Zeit von Jesus Christus.«

Wer nun allerdings glaubt, man dürfe aus den vielen ausgebliebenen Katastrophen die Vermutung ableiten, dass es auch in Zukunft nicht so schlimm kommen wird, wie die Untergangspropheten ständig vorhersagen, der hat die Regeln der Angstlustgesellschaft nicht verstanden. Uns Journalisten fällt mit Sicherheit wieder etwas ein. Wenig begeistert uns mehr als die Aussicht auf eine finstere Zukunft. Wenn die Vogelgrippe die in sie gesetzten Erwartungen nicht erfüllt, dann vielleicht die Schweinepest oder der Rinderwahnsinn.

Was auch immer gut geht, ist Dioxin, dem deutschen Zeitungsleser als »Ultragift« bekannt. Schon das Wort lässt uns erschaudern. Anfang 2011 mussten wieder mal Zigtausende

Hühner geschlachtet, verbrannt und ihre Eier vernichtet werden, nachdem die Tiere dioxinhaltiges Futter gefressen hatten. Politik und Medien waren in heller Aufregung. Agrarministerin Ilse Aigner (CSU) galt als Skandalministerin, wurde zum Rücktritt aufgefordert und konnte sich nur knapp im Amt halten.

Keine vier Wochen später kam heraus: Fehlalarm. Es war alles gar nicht so schlimm. Das Bundesinstitut für Risikobewertung stellte fest, dass die Konzentration des Dioxins im Hühnerfleisch und in den Eiern so gering war, dass keine Gefahr bestand. Wer ein Jahr lang täglich zwei Eier mit der maximal gemessenen Belastung verzehre, müsse sich vielleicht um seinen Cholesterinwert Sorgen machen, aber nicht um das Dioxin, sagte Andreas Hensel, Chef des Bundesinstituts.

Angst hält sich jedoch nicht mit Fakten auf und lässt sich mit Argumenten nicht verjagen. Sie braucht noch nicht einmal einen Anlass. »Meistens regen sich die Menschen nicht auf, weil etwas gefährlich ist«, sagt der amerikanische Risikoforscher Peter Sandman, »sie denken eher, dass etwas gefährlich ist, weil sie sich aufregen.« Millionen Menschen auf der Welt leiden an irrationaler Spritzenangst (Enetophobie), Spinnenangst (Arachnophobie) oder der Angst, bei Regen nass zu werden (Pluviophobie). Eine unter asiatischen Männern stark verbreitete Angst heißt Koro. Es geht um das Gefühl, das Glied könne sich in den Körper zurückziehen.

Wir Deutsche werden oft von Ängsten geplagt, die mit der Umwelt zusammenhängen, etwa der Radiophobie, der Angst, radioaktiv verstrahlt zu werden. Schon kurz nach der ersten Explosion im japanischen Atomkraftwerk Fukushima waren in Deutschland, 9000 Kilometer vom Unglücksort entfernt, sämtliche Geigerzähler in den Elektrogeschäften ausverkauft. Viele deutsche Medien zogen ihre Korrespondenten aus Japan ab, zur Überraschung ausländischer Kollegen, die dem Reporterinstinkt folgend darüber nachdachten, wie sie möglichst nah an die Unfallstelle herankommen könnten. Noch Monate nach der Katastrophe weigerten sich die Mitglieder der Bayerischen Staatsoper, in Japans Hauptstadt Tokio aufzutreten. Dass die dort gemessenen Strahlenwerte pro Stunde um nicht ein einziges Mikrosievert über dem Wert in München lagen, änderte an ihrer Einstellung nichts. »Das ist keine Frage der Fakten«, entschuldigte sich Intendant Nikolaus Bachler, »sondern der Ängste«.

Andere Mitbürger weigern sich, eine Briefmarke anzulecken, aus Sorge, sie könnten sich mit Chemikalien vergiften. Aus allen Ritzen sehen sie giftige Dämpfe aufsteigen, aus dem Teppich, der Lederjacke, dem Spielzeug. Amalgam steht bei vielen Deutschen im Ruf, den Tod durch schleichende Vergiftung zu bringen, obwohl es keine Studie gibt, die diesen Verdacht bestätigt. Etwa eine halbe Million Deutsche fühlen sich als Opfer von Elektrosmog und hochfrequenter Handystrahlung; sie leiden unter »Multipler chemischer Sensitivität« oder dem »Sick Building Syndrom«. Von Mobiltelefonen, Radioweckern und Strommasten geht für sie eine lebensgefährliche Strahlendosis aus, jedenfalls glauben sie daran. Dass Messgeräte keine Strahlen finden können, beruhigt sie nicht. Sie halten sich für so sensibel, dass die Technik nicht mitkommt.

In unserem Viertel hat das Berliner Gesundheitsamt eine »Umweltambulanz« eingerichtet, um Menschen mit Umweltängsten Hilfe anzubieten. Die Ärzte geben sich alle Mühe, die Sorgen ihrer Patienten ernst zu nehmen. Allenfalls hinter vorgehaltener Hand ist schon mal vom »Schadstoff der Woche« die Rede, wenn plötzlich das ganze Wartezimmer voller Ökochonder ist, die am Vorabend alle denselben Fernsehbeitrag über angebliche Schwermetalle im Leitungswasser gesehen haben.

Seit Jahren streiten Umweltverbände und Behörden über die Frage, welche Gefahren von Bisphenol A ausgehen, einer millionenfach verwendeten chemischen Substanz, die unter anderem in Plastikflaschen und Thermodruckerpapier enthalten ist. Greenpeace und BUND sind fest davon überzeugt, dass es sich um Teufelszeug handelt. Bisphenol A sei giftig, krebserregend und habe eine östrogene, also hormonähnliche Wirkung. Alle paar Monate taucht das Thema in den Medien auf. Meist geht es um Baby-Fläschchen, -Sauger und -Schnuller, die mit Bisphenol A verseucht seien; die Aufregung ist dann immer sehr groß.

Den Wissenschaftlern vom Bundesinstitut für Risikobewertung (BfR) hingegen ist es bis heute nicht geglückt, auch nur den kleinsten Beweis für eine Gesundheitsgefährdung durch Bisphenol A zu finden. Dabei haben sich die Fachleute alle Mühe gegeben. Es wurden Experimente, Gutachten und Langzeitstudien an Mäusen und Menschen gemacht, Speichelflüssigkeiten simuliert und allerhand mehr. Über die Jahre wurde Bisphenol A zu »einer der am gründlichsten untersuchten Substanzen«, wie BfR-Sprecherin Suzan Fiack sagt. Doch es fanden sich weder Hinweise auf eine krebsauslösende noch auf eine östrogenartige Wirkung. Für Säuglinge und Kleinkinder, so das Urteil der Experten, bestehe keine Gesundheitsgefahr.

Trotzdem hat die Europäische Union Bisphenol A in Babyfläschchen und ähnlich sensiblen Produkten erst einmal verboten, »aus Gründen des vorsorgenden Verbraucherschutzes«, wie es in einer Stellungnahme heißt. Der Druck der Öffentlichkeit war einfach zu groß. Es wurden noch weitere Studien in Auftrag gegeben. Vielleicht findet sich eines Tages ja doch noch irgendein Risiko, das die ganze Aufregung im Nachhinein rechtfertigt.

Was könnte der Grund dafür sein, dass die Deutschen so besorgt sind? Steckt es in unseren Genen? Ist unsere Geschichte schuld? Das Trauma des Dreißigjährigen Krieges? Unsere Nazi-Vergangenheit? Sicher ist nur, dass in keinem anderen EU-

Land die Menschen von so vielen Sorgen geplagt werden wie in Deutschland, wie die Gesellschaft für Konsumforschung herausfand. Bei einer repräsentativen Befragung fielen den Bundesbürgern spontan durchschnittlich 3,7 Themen ein, die ihnen auf der Seele lasteten; der Durchschnitt in der Europäischen Union liegt bei 2,4 Sorgenthemen. Beim Eurobarometer, der großen Meinungsumfrage der EU-Kommission, landen die Bundesbürger mit ihren Umweltängsten beständig auf einem Spitzenplatz. 58 Prozent sorgen sich vor »Katastrophen, die durch den Menschen verursacht werden«. Der EU-Durchschnitt liegt bei 42 Prozent. Überdurchschnittlich nervös reagieren wir auch auf die Stichworte »Klimawandel« (Deutschland: 40 Prozent, EU: 34 Prozent), »Raubbau an den natürlichen Ressourcen« (Deutschland: 40 Prozent, EU: 33 Prozent) und »Verlust der Artenvielfalt« (Deutschland: 30 Prozent, EU: 22 Prozent). Schon die Kinder sind tief besorgt wegen des Artensterbens, auch wenn sie in freier Natur keine Birke von einer Buche unterscheiden könnten.

Der Dortmunder Statistiker Walter Krämer hat mit seinen Studenten herausgefunden, dass die »Süddeutsche Zeitung« im letzten Jahrzehnt insgesamt 2611 Mal über die Rinderseuche BSE berichtet hat, etwa doppelt so oft wie der »Guardian« und fünfmal so oft wie die Londoner »Times«. Auch die »Frankfurter Rundschau« (2320) und die »Frankfurter Allgemeine Zeitung« (1985 Artikel) räumten dem Rinderwahn deutlich mehr Platz ein als die britischen Blätter, obwohl in Deutschland in der ganzen Zeit nicht ein Todesfall auftrat, der mit BSE zu tun hatte, wohingegen in Großbritannien mehrere Dutzend Menschen starben.

»Das Wehklagen ist die besondere deutsche Form des Wohlbehagens. Hat der Deutsche keinen Grund zum Jammern, wird er unzufrieden«, sagt der Schweizer Roger de Weck, der als »Zeit«-Journalist die Menschen zwischen Kummerow, Motzenrode, Leidenborn und Ödmiesbach viele Jahre beobachtet hat. Hölderlin nannte es »das wunderbare Sehnen dem Abgrund zu«. Und die Schriftstellerin Thea Dorn schreibt: »Der Satz ›Ich habe Angst‹ gilt hierzulande als Argument, und zwar nicht als irgendeines – er besitzt die Wucht der Letztbegründung. Wer Angst empfindet, ist im Recht. Wer unbeirrt an seiner Angst festhält, obwohl es nüchterne Gründe gäbe, sich von ihr zu verabschieden, beweist Charakterstärke.«

In anderen Ländern freuen sich die Menschen, wenn etwas klappt. Wir Deutsche hingegen grübeln lieber, was als nächstes schiefgehen könnte. Das macht uns zu guten Mechanikern und Ingenieuren, führt aber leider dazu, dass wir auf unsere Nachbarn einen etwas verkniffenen Eindruck machen. Auf 40 Millionen Erwerbstätige kommen 56 Millionen Lebensversicherungen; das gibt es sonst nirgendwo auf der Welt.

Dazu passt, welche deutschen Wörter unsere Nachbarn in ihr Vokabular übernommen haben. Wie wir von Camembert, Champagner und Savoir Vivre reden, hat sich im Französischen »le Weltschmerz« und »le Waldsterben« etabliert. Auch der Begriff »l'angst« ist in Frankreich wohlbekannt. Im englischen Sprachraum ist sogar von »the German angst« die Rede, wenn es um Neurosen geht.

Die deutsche Angst dürfte ein wichtiger Grund dafür sein, warum wir den anderen Ländern beim Umweltschutz so weit vorauseilen wollen. Wer, wie wir, ständig daran denkt, dass die natürlichen Ressourcen auf der Erde zur Neige gehen könnten, zeigt beim Mülltrennen naturgemäß größeres Engagement als seine unbekümmerten europäischen Nachbarn. Und wer in steter Angst vor der Klimakatastrophe lebt, kommt auch eher damit klar, wenn die stuckverzierte Fassade seines Hauses mit Dämmplatten zugeklebt wird.

Romantik

Der Wald: Das ist der Ort, an dem die deutsche Seele wurzelt. Versonnen blättern wir im Outdoor-Katalog. Am Wochenende zieht es uns hinaus in den Forst bis an den Punkt, wo das Handy gerade noch Netz hat. Träumt nicht jeder von uns davon, unter Bäumen ein Haus zu bauen? »Die Deutschen lieben den Wald«, sagte Bundespräsident Christian Wulff bei einer Rede im Frühjahr 2011 und geriet ins Schwärmen: »Die Eichendorff-Gedichte, die Klopstock-Oden an die deutsche Eiche, die Waldbilder von Caspar David Friedrich. Der Freischütz. Und natürlich Grimms Märchen.« So gesehen müsste insbesondere die deutsche Ökologiebewegung den fossilen Energieträgern eigentlich dankbar sein. Hätte es kein Erdöl und keine Kohle gegeben, die deutschen Wälder wären längst verfeuert worden.

Die romantische Verklärung des Waldes und seiner Bewohner ist, nach der Angst, das zweite große Gefühl der Ökobewegung. Schon das Wort »Nachhaltigkeit« ist aus der Forstwirtschaft entliehen. Vor über 300 Jahren formulierte der sächsische Naturforscher Hans Carl von Carlowitz die »haußwirthliche Nachricht und naturmäßige Anweisung«, dass immer nur so viel Holz geschlagen werden darf, wie nachwächst.

Das Dilemma besteht darin, dass wir Stadtflüchtigen zwar die Ruhe und die frische Luft genießen, auf die Annehmlichkeiten des urbanen Lebens aber ungern verzichten wollen. Der amerikanische Philosoph und Teilzeit-Aussteiger Henry David Thoreau setzte einmal versehentlich mehr als hundert Hektar Wald in Brand, als er es sich an einem Lagerfeuer gemütlich machen wollte. Nicht mal die Indianer haben es geschafft, sich so zu verhalten, dass die Natur keinen Schaden nahm. Der Legende nach betrachteten sie Pflanzen und Tiere als Schwestern und Brüder. Wenn sie einen Büffel töteten, verspeisten und verarbeiteten sie ihn angeblich respektvoll vom Huf bis zu den Hornspitzen. Den berühmten Indianerspruch, wonach wir merken werden, dass man Geld nicht essen kann, wenn der letzte Baum und so weiter, kann jeder Greenpeace-Aktivist auswendig hersagen. Die Wirklichkeit sah aber anders aus.

Anthropologen sind überzeugt, dass es den edlen, in Harmonie mit der Umwelt lebenden Wilden nie gegeben hat. Die Indianer am Delaware-Fluss rodeten den Wald und dezimierten das Wild, lange bevor der erste weiße Mann die Gegend betrat. Die Zoque-Indianer in Mexiko erlegen ihre Fische nicht sportsmännisch mit Speer oder Angel, sondern kippen seit Jahrhunderten einfach Gift ins Wasser. Und höchstwahrscheinlich ist nicht einmal der Indianerspruch echt, sondern die Erfindung eines weißen, amerikanischen Drehbuchautors namens Ted Perry.

Der Ökologe Paul Shepard machte in den siebziger Jahren deshalb den Vorschlag, der Mensch möge sich grundsätzlich nur noch an den Küsten niederlassen. Das Innere der Kontinente wollte Shepard den Pflanzen und Tieren überlassen. Das Betreten der Wildnis zum Zwecke der Jagd wäre erlaubt, aber nur zu Fuß. Es handelte sich um einen radikalen, aber immerhin konsequenten Plan zur Lösung eines Problems, das jeder Rucksackreisende kennt: Ein Idyll verschwindet just in dem Augenblick, in dem es gefunden wird.

Die Frage ist ja auch, in welche Natur wir uns eigentlich zurücksehnen. Mensch und Tier haben die Erde in den letzten Jahrtausenden schon so oft umgepflügt, dass es stark von den persönlichen Vorlieben abhängt, wie man sich den Garten Eden vorstellt. Sind es die dunklen Wälder Germaniens oder ist es die karge Kulturlandschaft der Lüneburger Heide? Selbst unsere Flüsse nahmen immer mal wieder einen anderen Verlauf, etwa nach Schmelzwasserfluten oder durch die mittelalterliche Wasserwirtschaft. Und welche Tiere wollen wir in unser romantisches Paradies hineinlassen: Die Katzen – oder die Vögel? Die Frösche – oder die Störche?

Tierliebe

Wer mit dem Auto auf der A 44 durch Hessen fährt, kommt zwischen Helsa und Hessisch Lichtenau an eine Baustelle. Die Autobahn soll in einen vier Kilometer langen Tunnel geführt werden, ein technisch und finanziell ambitioniertes Projekt. Die geschätzten Mehrkosten durch die ungewöhnliche Straßenführung liegen bei 50 Millionen Euro. Es wird noch eine ganze Weile dauern, bis das Bauwerk vollendet ist.

Die Autos sollen unter der Erde verschwinden, damit die Molche nicht belästigt werden, die in der Region zu Hause sind. Es handelt sich um etwa 5000 Exemplare des Nördlichen Kamm-Molches, Triturus cristatus, einer Schwanzlurchart, die auf der Roten Liste gefährdeter Arten steht. Seinen deutschen Namen verdankt das Tier dem Zackenkamm, der ihm zur Paarungszeit auf dem Rücken schwillt. Er sieht dann aus wie ein kleiner Drache.

Die Menschen in anderen Ländern könnten so viel Tierliebe für übertrieben halten. Es käme ihnen vielleicht unvernünftig vor, 50 Millionen Euro für 5000 Molche auszugeben. Aber so denken die Deutschen nicht. Es liegt ihnen fern, ein Tier unter Kosten-Nutzen-Gesichtspunkten zu betrachten, sei es auch noch so klein,

Drei Monate herrschte Stillstand auf der Baustelle der ICE-Strecke Hamburg-Berlin, weil in der Nähe der Gleise ein Seeadler-Pärchen brütete. Der Bau der Waldschlößchenbrücke in Dresden geriet in Verzug wegen der Kleinen Hufeisennase, einer Fledermaus, die dort ihre Schlafstätte hat. Um ihre

Ruhe nicht zu stören, darf die Brücke jetzt nur mit Tempo 30 befahren werden. Ein Verwandter der Hufeisennase, die Große Mopsfledermaus, stand einer geplanten Erweiterung des Flughafens Frankfurt-Hahn im Weg. 90 Hektar Wald durften nicht gerodet werden. Am Flughafen Frankfurt/Main musste erst eine Hirschkäfer-Brut umgesiedelt werden, bevor eine neue Halle gebaut werden konnte. Die Aktion kostete 70 000 Euro, einige Zeit später schlüpften genau sieben Käferlarven, es dürfte einer der teuersten Insektentransporte aller Zeiten gewesen sein.

Womöglich rührt unsere Tierliebe daher, dass wir unser zoologisches Wissen aus Animations- und Zeichentrickfilmen beziehen, insbesondere die Jüngeren von uns. »Der hohe Stellenwert des Artensterbens in der jugendlichen Sorgenliste steht in auffälligem Gegensatz zur geringen Artenkenntnis«, sagt der Umweltsoziologe Leonhard Kasek. Beim Tierschutzverein ist jedes Mal Alarm, wenn wieder ein Trickfilm mit Tieren in die Kinos kommt. Ob »Cap und Capper« (Hunde), »Ratatouille« (Ratten) oder »G-Force« (Meerschweinchen): Erst schießen die Umsätze der Zoohandlungen in die Höhe, und nach ein paar Monaten streunen ausgesetzte Tiere herum, um die sich keiner mehr kümmern wollte. Ganz schlimm war es bei »Findet Nemo«. Der Film handelt davon, wie ein kleiner Clownfisch von seinem alleinerziehenden Vater getrennt wird und in die Gefangenschaft eines Aquarienbesitzers gerät, bevor ihm die Flucht gelingt. Der Film löste eine Welle von Befreiungsaktionen aus. Zahlreiche Kinobesucher warfen ihre Aquarienfische ins Klo, um ihnen die Freiheit zu schenken – darunter leider auch Salz- und Warmwasserfische.

Alle Jahre wieder bittet der Naturschutzbund die Bevölkerung inständig darum, nicht jeden Igel, der im Spätherbst noch draußen frei herumläuft, in einen Schuhkarton im Heizungskeller zu sperren. Igel seien Wild- und keine Haustiere, sie sollten besser draußen bleiben, dort seien ihre Überlebenschancen größer. Aber vergebens. Wir sammeln die Tiere trotzdem weiter ein. Von unserem Helferdrang lassen wir uns so leicht nicht abbringen.

Der Soziologe Rainer Brämer spricht vom »Bambi-Effekt«: Die Natur werde moralisiert und infantilisiert, die Tierwelt gleichermaßen als »extrem bedroht« und gleichzeitig als »total süß« erachtet, »wie ein übergroßes Bambi, das einen aus unschuldigen Augen Hilfe suchend anschaut«, sagt Brämer. Der Wald erscheine als unberührbar, eine Art heiliger Hain oder Baumzoo. Wie wenig sich vor allem Kinder und Jugendliche mit der echten Natur auskennen, zeigt der »Jugendreport Natur«, den Brämer regelmäßig veröffentlicht. Sein jüngster Bericht stützt sich auf die Befragung von mehr als 3000 Jungen und Mädchen zwischen elf und 15 Jahren aus sechs Bundesländern. Es galt, einen Multiple-Choice-Test zu beantworten.

Etwa 40 Prozent der Kinder und Jugendlichen wussten nicht, dass die Sonne im Osten aufgeht. 91 Prozent hatten keine Ahnung, dass die Nachkommenschaft beim Hirsch »Kalb« genannt wird. Einige tippten auf »Hirschling«, andere auf »Rehkids«. Nur etwa 20 Prozent der Kinder wussten, dass Kühe keine H-Milch geben. Und wie viele Eier so ein Huhn am Tag wohl legen mag? Drei? Sechs? Elf?

Besonders groß sind die Gefühle, die wir Menschen den Walen entgegenbringen. Der Wal ist stark, intelligent und musikalisch, ein Held der Megafauna, der unsere Phantasie beflügelt. Nicht wenige haben sich ein Poster mit seiner markanten Fluke an die Wand gehängt. Die Weltraumsonde »Voyager« hat sogar eine CD mit Walgesängen an Bord, für den Fall, dass es irgendwo da draußen noch einen zweiten Planeten gibt, der von intelligenten Walen besiedelt ist.

Bei einem Bootsausflug vor der Kanareninsel La Gomera wurde ich Zeuge, wie zwei Touristinnen aus Skandinavien und

Deutschland in Tränen ausbrachen, als neben uns ein Schnabelwal auftauchte. Die eine ließ sich nur mit Mühe davon abhalten, ins Meer zu springen, um dem Tier in die Tiefe zu folgen. Ihre Begleiterin verfiel, kaum dass ihre Tränen getrocknet waren, in eine Art Singsang, womöglich in der Hoffnung, den Wal erneut ans Boot heranzulocken.

Es ist Konsens in den fortschrittlichen Gesellschaften, dass die Waljagd zum Abscheulichsten gehört, was Menschen der Natur antun können. Vorbei sind die Zeiten, in denen der griechische Reeder Aristoteles Onassis die Barhocker seiner Luxusjacht mit der Penishaut eigenhändig erlegter Wale bezog, um damit seinem Ruf als Playboy gerecht zu werden. Nationen, die heute noch auf Waljagd gehen, also Japaner, Norweger und Isländer, können gar nicht scharf genug gerügt werden.

Zuständig für den weltweiten Schutz der Wale ist die Internationale Walfangkommission (IWC). Deren Präsident, der Chilene Cristian Maquieira, verkündete 2010 bei einer Konferenz einen überraschenden Plan. Er schlug vor, das Jagdverbot aufzuheben und es den Waljägerstaaten zu erlauben, insgesamt maximal 1400 Tiere pro Jahr zu töten. Das Meer nahe der Antarktis, wo die japanischen Walfänger gerne herumballern, wäre als Jagdrevier allerdings tabu. Und nach zehn Jahren müsse mit der Jagd ein für alle Mal Schluss sein. Aus Sicht der Wale handelte es sich um keinen so schlechten Vorschlag. Obwohl die Jagd auf sie seit vielen Jahren offiziell verboten ist, fallen ihr jährlich viel mehr Tiere zum Opfer, als Maquieiras Plan vorsah. Die legale Jagd ließe sich auch besser kontrollieren als die derzeitige Wilderei.

Doch der Vorschlag des IWC-Präsidenten fand keine Unterstützung. Die Walschützerstaaten, darunter Deutschland, waren strikt dagegen. Nicht etwa, weil ihnen Maquieiras Argument nicht einleuchtete. Sondern aus Prinzip. Sie erklärten, es gehe um Grundsätzliches. Das Walfangverbot müsse bestehen bleiben, auch wenn sich niemand daran hält. Mit Waljägerstaaten mache man keine Kompromisse. Also endete die Verhandlungsrunde damit, dass die Deutschen ihren Prinzipien treu blieben und die Japaner, Norweger und Isländer weiter Wale jagen. Die Tiere haben das Nachsehen. Aber so ist es wohl in der Politik. Es kann nicht nur Gewinner geben.

Glaube

Am 13. Dezember 2009 läuteten um 15 Uhr mitteleuropäischer Zeit auf der ganzen Welt die Kirchenglocken. Es bimmelte bei den Katholiken und bei den Evangelischen, bei den Anglikanern und bei den Griechisch-Orthodoxen. Die Christenheit vereinte sich im Kampf gegen das Höllenfeuer auf Erden, den Treibhauseffekt.

Das Ziel war, den beim Weltklimagipfel in Kopenhagen tagenden Politikern klarzumachen, wie ernst die Lage ist. »Wir haben nur diese eine Welt, und wenn wir sie zerstören, dann bleibt uns nichts mehr«, sagte der katholische Erzbischof Desmond Tutu aus Südafrika; wer würde da widersprechen? »Wir wollen überleben«, so Pfarrer Tofiga Falani, Präsident der Kongregationalistischen Christlichen Kirche von Tuvalu. Und natürlich sandte auch Margot Käßmann, damals Ratsvorsitzende der Evangelischen Kirche in Deutschland, ein Umweltgebet zum Himmel.

Die personell ausgezehrten Kirchen haben mit dem Klimaschutz ein Thema gefunden, das die breite Bevölkerung interessiert. Keine anständige Gemeinde kommt ohne Stuhlkreis zum Thema Klimawandel aus, kein Kirchentag ohne Beten gegen den Gletscherschwund. Papst Benedikt XVI. ist stolzer Besitzer einer Solaranlage. Sie steht auf dem Dach seiner Audienzhalle, es handelt sich um ein Geschenk aus Deutschland. In Hamburg errichtete die Nordelbische Kirche die erste klimaschonende Kinderkrippe Norddeutschlands; der Philosoph Peter Sloterdijk spöttelte bereits über »ökologischen Calvinismus«.

Der evangelische Kirchenkreis Fritzlar hat einen eigenen Umweltbeauftragten, den Pfarrer Uwe Krause. In einem Buchbeitrag beschreibt er, welche Opfer er bereits gebracht hat, um die Schöpfung zu bewahren. Als er seine Ersparnisse in eine angeblich ethische Geldanlage stecken wollte, geriet er an einen Betrüger: Das Geld war futsch. Eine Windkraftanlage, an der er sich beteiligte, zeigte Risse im Fundament und stand im Windschatten einer anderen Anlage: wieder nichts. Auch sein Elektroauto (»Es erwies sich als absolut winteruntauglich«) und sein Sonnenkollektor (»Für mich blieb oft nur eine kalte Dusche übrig«) waren Flops. Umso ehrenwerter, wie unbeirrt Pfarrer Krause weiter durch die Gemeindesäle zieht, um die Leute aufzuklären. »Kämpfe den guten Kampf des Glaubens«, zitiert er aus dem Brief des Paulus an Timotheus: »Christ sein bedeutet immer auch Anfeindungen ertragen und schließlich auch für blöd erklärt und gehalten zu werden.«

2011 veröffentlichte die Deutsche Bischofskonferenz einen Text mit dem Titel »Der Schöpfung verpflichtet. Anregungen für einen nachhaltigen Umgang mit Energie«. Münchens Erzbischof Reinhard Kardinal Marx machte in der Ethikkommission zur Energiewende mit, die Bundeskanzlerin Angela Merkel nach der Reaktorkatastrophe von Fukushima einberufen hatte. Laienprediger Franz Alt (»Der ökologische Jesus«) schrieb der Kanzlerin einen offenen Brief, in dem er sich für die Einführung eines elften Gebots aussprach: »Du sollst den Kern nicht spalten«.

Das Engagement der christlichen Kirchen in der Klimapolitik hat auch damit zu tun, dass sie viel aufzuholen haben. Ökologisch sind sie in der Defensive. »Macht euch die Erde untertan«, heißt es ja in der Bibel – ein Anthropozentrismus, den Kritiker wie Eugen Drewermann dem lieben Gott nicht durchgehen lassen. Da hilft auch kein Franz von Assisi, der mit den Vögeln geplaudert hat.

Für viele Ökobewegte ist die Kirche als Mitschuldige an der Versündigung des Menschen an der Natur entlarvt, und so haben sie sich lieber ihren eigenen Glauben gebastelt. »Eine der einflussreichsten Religionen der westlichen Welt ist heute der Ökologismus«, sagte einmal der 2008 verstorbene Schriftsteller Michael Crichton, er scheine »die bevorzugte Religion urbaner Atheisten« geworden zu sein, eine perfekte Neubearbeitung der christlich-jüdischen Mythen für das 21. Jahrhundert. Dazu passt, was der Bielefelder Soziologe Peter Weingart mit Kollegen an Metaphern aus der Klimadebatte zusammengetragen hat. Besonders beliebt sind demnach Wortbilder biblischen Ursprungs, von der »Apokalypse« über das »Inferno« bis zur »Sintflut«, derweil vom Recycling-Toilettenpapier der blaue Umweltengel seinen Segen spendet. »Die überlieferten religiösen Muster erfahren im Ökologismus Bedeutungsverschiebungen, bleiben jedoch in ihrer Symbolkraft bestehen«, schreiben die Journalisten Dirk Maxeiner und Michael Miersch. »Das ewige Leben findet in unablässigen Recycling-Schleifen seine Entsprechung und die Buße erfolgt in Form des Dosenpfandes. An die Stelle des Jüngsten Gerichtes tritt die Klimakatastrophe und statt Kirchtürmen ragen Windräder gen Himmel.«

Man fühlt sich an gewisse Hollywood-Sekten erinnert. Mal wird Gaia gehuldigt, der Mutter Erde, die sich »einer misslungenen Spezies zu entledigen sucht« (Carl Amery), mal dem Großen Geist der Cree-Indianer. Das Motiv der Wiedergeburt (»Ich war eine Dose«) ist dem Hinduismus entlehnt, die Sehnsucht nach der unberührten Natur entspringt dem Jungfernkult der Muslime. Sogar Okkultisten kommen auf ihre Kosten. Im Sommer 2009 veröffentlichten die Wissenschaftler des

Potsdam-Instituts für Klimafolgenforschung eine Berechnung, wonach jetzt nur noch »fast genau 666 Milliarden Tonnen Kohlendioxid in die Atmosphäre gelangen dürfen«, was nach der Offenbarung Johannes wohl nur als Fingerzeig des Teufels gewertet werden kann: »Wer Verstand hat, der überlege die Zahl des Tieres, denn es ist die Zahl eines Menschen, und seine Zahl ist 666.«

Ökokratie

Wenn die Angst groß ist und alle sich einig sind, dass es so nicht weitergehen kann und dringend etwas zur Rettung des Weltklimas/der Bäume/des Juchtenkäfers etc. getan werden muss, kommen die Ökokraten zum Zuge. Weil Umwelt-schutz für Wirtschaft und Verbraucher in der Regel mit Belastungen, mindestens aber mit Unbequemlichkeiten ein-hergeht, lässt sich auf straffe Planung, Lenkung und Zwang nicht verzichten. Umweltpolitik ist Verbotspolitik. Der unter Trottel- und Lümmelverdacht stehende Bürger muss belehrt und an die Hand genommen werden. Die Wirtschaft ist in ein Korsett aus Grenzwerten, Quoten und Sanktionsmecha-nismen zu zwingen. Das Bundesumweltministerium ist nicht zufällig aus einer Abteilung des Bundesinnenministeriums entstanden. Hier kennt man sich aus mit dem Polizei- und Ordnungsrecht.

Im November 1969 tauchte das Wort »Umweltschutz« zum ersten Mal in der bundesdeutschen Politik auf. Ein Beamter namens Peter Menke-Glückert schrieb den Begriff in einen Referentenentwurf. Minister Genscher fand das Wort gut und übernahm es in sein Vokabular. Im Herbst 1970 legte die Bun-desregierung ein »Sofortprogramm Umweltschutz« vor. Ein Jahr später erschien das erste »Umweltprogramm«. Bundeskanzler Willy Brandt wollte endlich sein Wahlkampfversprechen vom »blauen Himmel über der Ruhr« einlösen.

Mit 38 Planstellen war die für Umwelt zuständige »Abteilung U« im Innenministerium zunächst bescheiden ausgestattet. Aber die Beamten waren fleißig. Sie legten ein Abfallgesetz vor, ein Benzinbleigesetz, ein Bundesimmissionsgesetz, ein Fluglärmgesetz, ein Umweltstatistikgesetz. Ministerialbürokrat Menke-Glückert erkannte das Potential, das in dem neuen Thema steckte, und Minister Genscher ließ ihn gewähren. »Die ältere Generation lernt jetzt die gleiche Lektion wie ihre Kinder schon vor Jahren am Thema Vietnam-Krieg«, schrieb Menke-Glückert in einem Artikel: »Ausgerechnet Umweltzerstörung und Umweltschutz haben die gleiche katalytische Funktion für die herrschenden und tragenden Schichten der Industriegesellschaften erhalten, die Vietnam für Studenten und kritische Intelligenz hatte; mit dem Resultat des bohrenden Zweifels an dem jetzigen Wertsystem der industriellen Gesellschaft.«

Seit 1994 hat der Umweltschutz Verfassungsrang. Der ins Grundgesetz eingefügte Artikel 20 a lautet: »Der Staat schützt auch in Verantwortung für die künftigen Generationen die natürlichen Lebensgrundlagen«, später kamen noch die Tiere hinzu. Die Aufnahme ins Grundgesetz hatte nicht nur symbolische Bedeutung. Umweltschutz hat seither Priorität. Bei der Gebäudesanierung zieht die Denkmalpflege gegenüber der Wärmedämmung häufig den Kürzeren. Die Gentechnik hat gegen Umweltschützer juristisch kaum noch eine Chance.

Mit den Jahren ist ein Paragrafenwerk entstanden, das wenig Fragen offenlässt. Als 1980 im Verlag dtv ein erster Band zum Thema Umweltrecht erschien, handelte es sich um ein vergleichsweise schmales Werk von 377 Seiten. Dreißig Jahre und gut zwanzig Auflagen später ist das Buch dreimal so dick. Die aktuelle Version umfasst 1264 Seiten. Das entspricht einem durchschnittlichen Zuwachs von fast 50 Seiten pro Jahr. Allein die Abwasserverordnung hat mehr als 50 Anhänge. »Umweltprobleme können für Bürokraten eine fatale Art von Attraktivität enthalten«, sagt der Umwelthistoriker Joachim Radkau, »denn sie bieten einen schier unerschöpflichen Stoff für einen wuchernden Instanzen- und Paragrafendschungel«.

Um Missverständnissen vorzubeugen: Die Umweltpolitik hat in den vergangenen Jahrzehnten große Erfolge erzielt. Wir können in der Elbe baden und im Rhein Lachse fangen. Die Luft in den Städten ist immer sauberer worden. Sieben Milliarden Bäume wachsen in Deutschland, etwa zehn Prozent mehr als zu der Zeit, in der das Waldsterben erfunden wurde. Als in den achtziger Jahren bekannt wurde, dass Fluorchlorkohlenwasserstoffe (FCKW) die schützende Ozonschicht zerfressen, wurden die giftigen Chemikalien weltweit geächtet. Die Gefahr ist noch nicht ganz gebannt. Doch das Ozonloch schließt sich wieder. Unsere Kühlschränke kommen heute ohne FCKW aus, unsere Waschmittel ohne Phosphate und unser Benzin ohne Blei. Die Umweltverheerungen der DDR waren zwanzig Jahre nach dem Mauerfall größtenteils repariert, auch das eine beachtliche Leistung.

Inzwischen jedoch wird jede halbverwilderte Industriebrache zum Ökosystem hochgeredet und jeder Grünstreifen zum Biotop. Selbst die Frage, wann ein Unternehmen das Wort »Umwelt« in einer Reklamebroschüre verwenden darf, ist per ISO-Norm geregelt. Während der Bürger die BSE-Krise längst vergessen hat, erfreuen sich die Bürokraten noch immer am Rinderkennzeichnungs- und Rindfleischetikettierungsüberwachungsaufgabenübertragungsgesetz, das ihnen damals eingefallen war.

Ein halbes Dutzend staatlicher Behörden, vom Umweltbundesamt über das Bundesamt für Risikobewertung bis zum Bundesamt für Naturschutz, sind auf Knopfdruck in der Lage, neue

Schadstoffe in jeder gewünschten Nanogröße zu identifizieren. Die Umweltministerien von Bund und Ländern rüsten immer weiter auf. Erst 2011 zog der damalige Umweltminister Röttgen mit seiner Beamtenschar in ein neues Haus am Potsdamer Platz um, weil das alte Gebäude am Alexanderplatz für die vielen Mitarbeiter zu klein geworden war. Trotzdem fehlen schon wieder 187 Büros, die zusätzlich in der Nachbarschaft angemietet werden müssen. In Nordrhein-Westfalen hatte der Grünen-Politiker Johannes Remmel kaum seinen Eid als Landesumweltminister abgelegt, da sollten auch schon 128 neue Stellen her – bezahlt aus einem Haushalt, der so knapp finanziert war, dass er sich kurze Zeit später als verfassungswidrig herausstellte.

Selbst für Fachleute ist es schwer, im Ökoparagrafendschungel den Überblick zu behalten, zumal sich die Vorschriften teilweise widersprechen. »Das geltende Umweltordnungsrecht ist außerordentlich kompliziert, von oft miserabler gesetzgebungstechnischer Qualität und daher häufig ganz unnötig unklar«, schrieb die heutige Bundesverfassungsrichterin Gertrude Lübbe-Wolff, die früher das Umweltamt der Stadt Bielefeld geleitet hat. Der Umweltökonom Christoph Böhringer von der Universität Oldenburg sagt, es herrsche ein »unsinniges Sammelsurium von Maßnahmen und Regulierungen«. Die Umweltpolitik stecke im »Würgegriff der Bürokraten«.

Vorsorgeprinzip

Eine Sache ist so lange als gefährlich anzusehen, bis ihre Harmlosigkeit bewiesen ist. So lautet das Vorsorgeprinzip der Umweltbürokratie, im Klartext: Finger weg von allem Neuen, es könnte gefährlich sein. Im deutschen Wasserhaushaltsgesetz ist sogar vom »Besorgnisgrundsatz« die Rede. Für die Ökokraten ist das Vorsorgeprinzip von großem Wert. Es verleiht die

Macht, alles zu blockieren, was ihnen irgendwie zweifelhaft erscheint.

Die Rio-Konferenz der Vereinten Nationen, deren 20-jähriges Jubiläum demnächst mit viel Tamtam gefeiert werden soll, definierte das Vorsorgeprinzip so: »Angesichts der Gefahr irreversibler Umweltschäden soll ein Mangel an vollständiger wissenschaftlicher Gewissheit nicht als Entschuldigung dafür dienen, Maßnahmen hinauszuzögern, die in sich selbst gerechtfertigt sind. Bei Maßnahmen, die sich auf komplexe Systeme beziehen, die noch nicht voll verstanden worden sind und bei denen die Folgewirkungen von Störungen noch nicht vorausgesagt werden können, könnte der Vorsorgeansatz als Ausgangsbasis dienen.«

Hätte es eine solche Restrisikovermeidungsdoktrin schon früher gegeben, wie sähe wohl heute unser Leben aus? Dass sich Schutzimpfungen gegen Masern oder Röteln gegen jemals durchgesetzt hätten, darf bezweifelt werden. Die Röntgentechnik? Zu gefährlich. Elektrizität? Niemals. Flugverkehr? Nach dem Vorsorgeprinzip eigentlich undenkbar. Womöglich säßen wir Menschen noch immer in unserer Höhle im Neandertal und schlügen unserem Kind den zufällig aufgelesenen Feuerstein aus der Hand. Nicht, dass es sich verbrennt.

Zwei Jahre vor der Rio-Konferenz, im Sommer 1990, fassten die Landespolitiker in Berlin und Brandenburg den Plan, den DDR-Flughafen Schönefeld auszubauen. Im Südosten von Berlin sollte ein internationaler Airport entstehen, mit Direktverbindungen in die USA, nach Asien und in die ganze Welt. Auch der Frachtflugverkehr sollte über Schönefeld laufen, schon um die mitten in der Stadt gelegenen Flughäfen Tempelhof und Tegel zu entlasten und so bald wie möglich überflüssig zu machen.

Gut zwanzig Jahre später lässt sich festhalten: Ja, der Flughafenausbau ist tatsächlich vorangekommen. Kürzlich wurde in Schönefeld sogar ein Flugzeug gesehen, das direkt aus Amerika kam. Der Frachtverkehr freilich wird bereits über den Flughafen Halle/Leipzig abgewickelt. Der wurde etwa zur gleichen Zeit geplant wie der Berliner Flughafen, ist aber längst fertig. Berlin hinkt dem Zeitplan um Jahre hinterher.

Ein Grund für den mählichen Baufortschritt waren die strengen Umweltschutzauflagen. Zwar waren Mensch und Tier in der Schönefelder Gegend längst an Fluglärm und Kerosingeruch gewöhnt. Trotzdem musste noch einmal alles neu untersucht, abgeschätzt und risikobewertet werden. Ständig tauchten neue Umweltprobleme auf, die die Arbeit auf der Baustelle aufhielten. »Es wurden zwei Libellen bei der Eiablage beobachtet«, heißt es allen Ernstes im Gutachten für einen Planfeststellungsbeschluss.

»Vor zehn Jahre reichte es noch aus, nur Kleinsäuger, Amphibien, Reptilien, Libellen, Falter und Laufkäfer zu erfassen«, sagt der Berliner Wirtschaftsjurist Wolfgang Hummel. »Doch mittlerweile gehören auch Schnecken und Spinnen dazu. Reichten früher Untersuchungen in einer Vegetationsperiode, sind es heute zwei. Früher wurde die vorhandene Flora und Fauna erfasst. Mittlerweile muss nachgewiesen werden, dass europäisch geschützte Insekten nicht vorhanden sind.«

Brüssel

Auf europäischer Ebene findet Umweltpolitik in kleinen Zirkeln statt. Das öffentliche Interesse hält sich in überschaubaren Grenzen. Es geht oft sehr technisch zu. »Sekundärrohstoff«, »integriertes Küstenzonenmanagement«, »Kohlendioxidströme in geologischen Formationen«: Wer hier nicht vom Fach ist, schaltet schon mal ab. Die nationalen Parlamente kriegen oft gar nicht mit, was in Brüssel so läuft. Das EU-Glühbirnenverbot zum Beispiel kam zustande, ohne dass es im Deutschen Bundestag auch nur eine Aussprache zum Thema gegeben hätte.

Die EU verfolgt ein großes Ziel. Es geht darum, die Lebens- und Konsumgewohnheiten der Bürger Europas grundsätzlich zu verbessern. Das Ziel sei eine »Verhaltensänderung in der Gesellschaft«, heißt es einem Papier der EU-Kommission. Es werden Richtlinien zur Gebäudeeffizienz und zur Kennzeichnung von Autoreifen erlassen. Alle neuen Gebäude sollen mit einem Minimum an Energie auskommen. Nach den Glühbirnen werden demnächst auch Fernsehgeräte, Elektrozahnbürsten und ganze Industrieanlagen dem Energiespardiktat unterworfen. Es ist wohl nur eine Frage der Zeit, bis Heizpilze, Lichterketten und benzinbetriebene Laubpuster auf einer Verbotsliste landen. Unser Auto ist noch längst nicht abbezahlt, da gilt es in Brüssel schon als veraltete Dreckschleuder. Für Lastkraftwagen gibt es demnächst die Euro 6-Norm. Manche Techniker sagen, die Abgase, die dann aus dem Auspuff herauskommen werden, seien sauberer als die normale Atemluft, weil noch der kleinste Partikel im Filter hängen bleibt. Der Nachteil ist, dass die Laster wegen der neuen Filtertechnik womöglich mehr Sprit verbrauchen und deswegen mehr CO_2 ausstoßen könnten – ein typisches Dilemma in der EU-Umweltpolitik, wo die linke Hand nicht weiß, was die rechte gerade tut.

Beim Euro fliegt womöglich wieder alles auseinander, doch beim Umweltschutz schreitet die europäische Vereinigung zügig voran. Weil Renault und Fiat nur kleine Autos bauen, drosseln jetzt auch BMW und Mercedes die Motoren. Weil Spanien Wasser sparen muss, rüstet Irland auf Spardusche um. Das ist gelebte europäische Solidarität. Die Deutschen gehen bei alledem mit gutem Beispiel voran. Getreulich setzen sie jede neue EU-Richtlinie in nationales Recht um. Während andere Länder noch nicht mal Messstationen für Feinstaub

haben, ist Deutschland bereits flächendeckend in Umweltzonen parzelliert.

Ein Lieblingsprojekt der EU-Bürokratie ist die Energie-
verbrauchsangaben-Richtlinie, im Fachjargon zärtlich »Eva«
genannt. Gerätschaften aller Art sollen durch ein Buchstaben-
system gekennzeichnet werden. Sparsamer Energieverbrauch
wird mit einem »A« belohnt. Stromfresser erhalten ein rotes »G«.
Im Prinzip handelt es sich um eine vernünftige Sache. Durch die
Kennzeichnungspflicht erfährt der Verbraucher mehr über die
Geräte, als ihm der Hersteller freiwillig verraten würde. Doch
die Wirklichkeit ist komplizierter, als es sich die EU vorgestellt
hat, etwa beim Auto. Weil bei der Frage, ob ein Auto viel oder
wenig CO_2 ausstößt, auch das Gewicht des Wagens berücksichtigt wird, sind schwere Fahrzeuge jetzt im Vorteil. Ein
Luxusschlitten kommt nach Berechnungen des Verkehrsclubs
Deutschlands (VCD) im EU-Rating teilweise besser weg als ein
Kleinwagen. Der Kampfpanzer Leopard II würde theoretisch in
derselben Effizienzklasse landen wie der VW Golf, so der VCD.

Aber was wäre die Alternative? Alle Autos gleich zu bewerten,
unabhängig von Größe und Gewicht, wäre genauso falsch. Es
käme ja auch niemand auf die Idee, den Energieverbrauch
eines Einfamilienhauses mit dem eines Ein-Zimmer-Apart-
ments zu vergleichen. Unser großer Kombi, mit dem sechs
Leute samt Gepäck in Urlaub fahren, ist pro Kilometer alle-
mal effizienter als der Mini unserer Nachbarin, die damit zum
Bäcker fährt, obgleich wir pro Kilometer fast doppelt so viel
Sprit verbrauchen.

Was die Europäische Union bewegt hat, ihre Bürger mit
einem Glühbirnenverbot zu drangsalieren, ist mir schleierhaft.
Sollte es die Absicht der EU-Kommission gewesen sein, eine
besonders symbolträchtige Tat gegen den Treibhauseffekt zu
vollbringen, so ist das gründlich schiefgegangen. Die gesamte
Klimaschutzpolitik ist dadurch in Verruf geraten. Die Leute sind

nur noch genervt. Das Glühbirnenverbot ist zur Bananenkrümmungsverordnung der europäischen Klimapolitik geworden.

Günter Verheugen, der frühere EU-Industriekommissar, sagte 2008 in einem Zeitungsinterview: »Ich sehe mit wachsendem Unbehagen, wie Gesetzgeber auf allen Ebenen immer neue Regelungen erlassen, die in die privaten Lebensgewohnheiten eingreifen. Wir nähern uns einem Zustand, den ich als Lifestyle-Regulierung bezeichnen würde. Ich will keine Gesellschaft, in der den Menschen vorgeschrieben wird, wie sie in ihren eigenen vier Wänden zu leben haben. Wir dürfen die Bürger nicht entmündigen.« Auch der Tübinger Juraprofessor Wernhard Möschel, Ex-Vorsitzender der Monopolkommission, sieht die Entwicklung kritisch. Den Bürger und Verbraucher, so Möschel, betrachte man in Brüssel als »behandlungsbedürftigen pathologischen Schwachkopf, nicht in der Lage, zwischen Rotwein und Weißwein zu unterscheiden«.

Tricks

Wer wissen will, ob in der Nachbarschaft dicke Luft herrscht, kann sich im Internet auf einer Seite des Umweltbundesamtes erkundigen, die Adresse lautet »www.env-it.de/umweltbundesamt/luftdaten/index.html«. »Mehrmals täglich ermitteln Fachleute an Messstationen des Umweltbundesamtes und der Bundesländer die Qualität unserer Luft«, heißt es dort: »Schon kurz nach der Messung können Sie sich hier in Form von deutschlandweiten Karten und Tabellen über die aktuellen Messwerte informieren.«

Bemerkenswert sind die Daten aus den Umweltzonen. Es ist wirklich interessant zu sehen, wie sich die Feinstaubwerte in Städten entwickeln, die versuchen, das Feinstaubproblem mit einem Fahrverbot für ältere Autos in den Griff zu bekommen.

Sinnlose Umweltzone
Zahl der kritischen Tage mit über 50 Mikrogramm Feinstaubbelastung

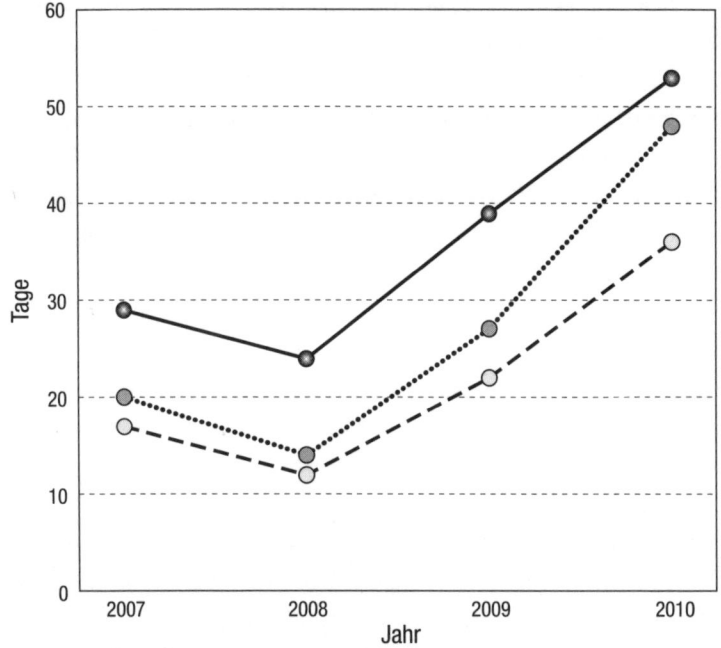

Messstationen, Beispiel Berlin

—●— Frankfurter Allee *(City Ost/Umweltzone)*

− ○ − Hardenbergplatz *(City West/Umweltzone)*

⋯●⋯ Schildhornstraße *(Steglitz/außerhalb der Umweltzone)*

Quelle: Umweltbundesamt

Wer die Werte vor und nach dem Fahrverbot vergleicht, erkennt – absolut nichts. Offensichtlich besteht zwischen Umweltzone und Luftqualität nicht der geringste Zusammenhang. In Berlin ist weder in der City-West noch in der City-Ost die Zahl der kritischen Tage zurückgegangen, im Gegenteil. Die Feinstaubbelastung ist gestiegen. Außerhalb der Umweltzone allerdings auch. Der ganze Aufwand war demnach umsonst. Ich hätte meinen schönen Mercedes genauso gut behalten können.

Umso überraschter war ich, als Berlins damalige Umweltsenatorin Lompscher im Mai 2011 die Messwerte bei einer Pressekonferenz öffentlich vorstellte. Von Enttäuschung keine Spur. Sie wirkte weder zerknirscht noch schuldbewusst. Stattdessen verkündete sie: »Die Umweltzone wirkt.« Die Belastung der Berliner Luft sei »deutlich gesunken«. Alles bestens. Ich traute meinen Ohren nicht.

Die Senatorin hatte zu einem beliebten Politikertrick gegriffen. Weil ihr die eigentliche Statistik nicht passte, nahm sie einfach eine andere. Anstelle des Feinstaubgespenstes holte sie das Rußmonster aus der Kiste. Plötzlich war nur noch von »Dieselruß« die Rede. Dazu präsentierte Lompscher eine Studie ihres Hauses, wonach die Konzentration von Dieselruß in der Atemluft deutlich höher ausfallen *würde*, wenn es in Berlin keine Umweltzone *gäbe*.

Mein Mercedes war nach dieser Logik zwar völlig unschuldig aus der Umweltzone verbannt worden. Er hatte ja keinen Dieselmotor. Doch Lompschers Trick funktionierte. Fast alle Berliner Blätter berichteten anderntags, dass die Luft viel besser geworden sei. »Weniger Ruß in der Berliner Luft«, titelte eine Zeitung. »Wirkung der Umweltzone lässt Senatorin aufatmen«, hieß es in einer anderen. »Luft etwas weniger zu dreckig«, schrieb die in Umweltdingen immer besonders kritische »taz«. Nur die »Berliner Morgenpost« hatte sich die Mühe gemacht, auch das Kleingedruckte zu lesen, und schrieb: »Weniger Rußpartikel, aber mehr Feinstaub«.

Und so denkt die Politik gar nicht daran, die Umweltzonen wieder abzuschaffen. Was einmal erfunden wurde, wird nicht hinterfragt, schon aus Gründen der Selbstachtung. Man müsste sich sonst ja eingestehen, der Umwelt in Wahrheit gar nicht geholfen zu haben. »Man lebt möglicherweise im Irrtum«, sagt der Philosoph Hermann Lübbe. »Aber solange man das nicht bemerkt und die vielleicht sogar schwerwiegenden, aber sehr entfernten Folgen dieses Irrtums auch nicht, verbleibt doch der subjektive Vorteil restabilisierender Gewissheit.«

Als nächstes sollen die Grenzwerte mal wieder verschärft werden. Nach dem Feinstaub geht es dann dem Feinst-Staub an den Kragen, noch winzigere Partikel, die viermal kleiner und noch viel heimtückischer sind als der normale Feinstaub. Bundesumweltminister Norbert Röttgen denkt auch schon daran, die nächste Umweltplakette einzuführen. Sie soll blau sein, blau wie der Himmel.

Lobby

Der Absender war nicht irgendwer, das verriet schon die Krone im Briefkopf und das blütenweiße Papier. Fürst von Thurn und Taxis persönlich schrieb im Sommer 2010 an die Abgeordneten des Deutschen Bundestags. Der Ton des Schreibens war allerdings weniger vornehm. Von »verletztem Eigentumsrecht« war die Rede und von »enttäuschtem Vertrauen«. Durchlaucht schien echt sauer zu sein.

Es ging um die Subventionen für die Ökostromindustrie, ein Milliardenbusiness; da hörte auch für Albert II. und seine Mutter Gloria der Spaß auf. Auf ihren Ländereien wäre noch viel Platz, um Sonnenkollektoren aufzustellen. Je mehr Fördergelder sie dafür bekommen können, desto besser.

Die subventionsverwöhnten Großgrundbesitzer gehören zu einem bunten Bündnis, das jede Kürzung bei der Ökostromförderung bekämpft. Die Allianz reicht von Solar-Unternehmern über die Gewerkschaften bis zu den traditionellen Ökoverbänden. Eine neue Bewegung ist entstanden, die ihre finanziellen Interessen im Schlagschatten hehrer Klimaschutzziele versteckt. Kaum taucht das Wort »Subventionsabbau« auf, bricht über die Abgeordneten des Bundestages auch schon ein Proteststurm herein.

Aus ökonomischer und ökologischer Sicht spräche viel dafür, insbesondere die Solarsubventionen radikal zu kürzen. Doch die Nutznießer wollen auf das schöne Geld verständlicherweise nicht verzichten. Unter dem bewährten Protestslogan »Fünf vor Zwölf« gingen vor einiger Zeit bundesweit bereits mehrere tausend Beschäftigte von Solarfirmen auf die Straße, während ihre Chefs, etwa bei der Firma Solarwatt in Dresden, gegen »die Dilettanten in der Bundesregierung« wetterten. Selten waren sich Arbeit und Kapital näher als an diesem Tag.

Mehrere Hundert Ökolobbyisten sind beim Bundestag inzwischen registriert. Sie veranstalten Parlamentarische Abende für Abgeordnete, tauchen bei Anhörungen als Sachverständige auf und kennen sich im Berliner Regierungsgeschäft bestens aus. Besucher des CDU-Bundesparteitags Ende 2010 in Karlsruhe liefen an Info-Ständen von Phoenix Solar, Duales System und der Nawaro BioEnergie AG vorbei. Beim SPD-Parteitag wenige Wochen zuvor waren BP Solar, Enercon, SMA Solar Technology, Eurosolar und die Firma Lichtblick vor Ort.

Rainer Baake, langjähriger Geschäftsführer der Deutschen Umwelthilfe, war zuvor Staatssekretär im Umweltministerium unter Jürgen Trittin. Ihm machte niemand etwas vor. Während die politischen Parteien, die Gewerkschaften und die Kirchen seit Jahren an Rückhalt verlieren, legen BUND, Nabu und Greenpeace unterm Strich zu. Seit der Wiedervereinigung stieg die Zahl ihrer Mitglieder zusammen um etwa 60 Prozent; das untermauert ihren Einfluss. Bei einer Anhörung zur Energiewende im vergangenen Jahr traf Greenpeace auf die Deutsche Umwelthilfe, der Bundesverband Erneuerbare Energie auf den Bundesverband BioEnergie, der Bundesverband Windenergie auf den Solarenergie-Förderverein Deutschland, der BUND auf die Grundgrün Energie GmbH, die Belectric Solarkraftwerke GmbH und die Solarpraxis AG. Kritiker waren kaum eingeladen worden, nicht mal von der Opposition. »Energiewende mit großem Jubelchor«, spottete das »Handelsblatt« über die traute Runde.

Im Bundesumweltministerium gehen Lobbyisten ein und aus. Das Berliner Beratungsinstitut Ecologic leistete juristische und fachliche Unterstützung bei mehreren Gesetzesentwürfen, etwa beim Emissionshandelsrecht und beim Erneuerbare-Energien-Gesetz. Die »externen Berater«, wie sie offiziell genannt wurden, verfügten zeitweise über eigene Schreibtische im Ministerium und sogar über dienstliche E-Mail-Adressen, eine Praxis, die der Bundesrechnungshof scharf kritisierte. Es seien »in erheblichem Umfange ministerielle Aufgaben« wahrgenommen worden, hieß es 2009 in einem Rechnungshofbericht.

Es fällt auf, dass auch Journalisten, die über Umweltthemen berichten, sich nicht selten selbst als Teil der Bewegung verstehen. Zwischen Umweltpolitikern, Umweltverbänden und einigen Umweltjournalisten besteht ein enges, oft freundschaftliches Verhältnis. Die Berichterstattung zur Umweltpolitik ist weniger kontrovers als in anderen Ressorts. Der Kommentar einer renommierten überregionalen Tageszeitung zum jüngsten Klimagipfel in Durban hatte verblüffende Ähnlichkeit mit dem Sprechzettel, den am Tag zuvor der Umweltminister verteilt hatte. Bei Pressekonferenzen des Potsdam-Instituts für Klimafolgenforschung wird manchmal sogar Beifall geklatscht. Der Schweizer Journalist Alex Reichmuth glaubt, dass Umweltorganisationen und grüne Politiker in vielen Redaktionen einen Vertrauensvorsprung genössen: »Deren Darstellung erscheinen a priori glaubwürdiger als diejenigen anderer politischer Richtungen oder der ›profitgierigen‹ Industrie.«

Stefan Rahmstorf, führender Mitarbeiter am Potsdam-Institut und wichtige Stimme im Weltklimarat IPCC, hat einmal erzählt, wie er die Medienwelt säuberlich in Gut und Böse unterteilt.

Wenn ihm ein Artikel oder Fernsehbeitrag nicht gefällt, schreibt er gerne einen Brief an die Chefredaktion, um diese darauf aufmerksam zu machen, welch schlechte Arbeit hinter ihrem Rücken geleistet werde: »Solche Journalisten kommen auf meine schwarze Liste.« Sein Einfluss auf einige Medien ist nicht zu unterschätzen. Die »Frankfurter Rundschau« distanzierte sich nach seiner Intervention mit großer Demutsgeste vom Artikel einer freien Mitarbeiterin, die kritisch über eine Prognose des Weltklimarats berichtet hatte. Inhaltlich war an dem Artikel nicht viel auszusetzen. Doch Rahmstorf bezichtigte die Autorin, sich an einer weltweiten Anti-Klimaschutzkampagne zu beteiligen – ein Versuch, die Journalistin »mundtot zu machen«, wie das Wissenschaftsmagazin »WPK-Quarterly« vermutete.

Die Überzeugung, in einem feindlichen Umfeld für die gute Sache zu kämpfen, führt zu sektenhaftem Verhalten. Kritik wird als Angriff verstanden, gegen den es sich mit aller Kraft zu wehren gilt. Widerspruch aus den eigenen Reihen ist nicht erwünscht. Selbst wenn die Kritik in der Sache berechtigt sein mag, so spiele sie doch dem Gegner in die Hand. Der Vorwurf der Nestbeschmutzung ist da schnell zur Hand. Man fühlt sich an die Schweigespirale erinnert, die Elisabeth Noelle-Neumann beschrieben hat. Karl-Heinz Paqué, Ex-Landesfinanzminister in Sachsen-Anhalt und heute Wirtschaftsprofessor in Magdeburg, sagt: »Wer sich öffentlich gegen die derzeitige Klimapolitik stellt, begeht politischen Selbstmord.«

Grüne

Eine einzige Generation hat gereicht, um dem Umweltschutzgedanken in der Politik zum Durchbruch zu verhelfen. Die Grünen, von Gewerkschaftern und Sozialdemokraten einst als »Wolkenschieber, Wasserlecker und Waldscheißer« verhöhnt, als Krawallbrüder verschrien und vom hessischen SPD-Ministerpräsidenten Holger Börner sogar mal mit der Dachlatte bedroht, sind eine dominierende Kraft. Alle sind jetzt vom grünen Zeitgeist erfasst. Die schwarz-gelbe Bundesregierung will sogar noch schneller aus der Atomkraft aussteigen, als es die Grünen geplant hatten. »Man erinnere sich, wie die Arbeiterbewegung im 19. Jahrhundert generationenlang kämpfen musste, um aus der Kriminalisierung herauszukommen und zum Verhandlungspartner der Mächtigen zu werden«, schreibt der Historiker Joachim Radkau: »Da fällt einem auf, wie schnell das bei der Ökobewegung ging, so als hätte die Politik auf sie gewartet!«

Sogar einen grünen Bundeskanzler könnte es irgendwann geben. Seit der Vereidigung des ersten grünen Ministerpräsidenten in Baden-Württemberg scheint alles möglich; den Grünen stehen theoretisch sämtliche Koalitionsoptionen offen. In Nordrhein-Westfalen gehen sie mit der SPD, in Hamburg regierten sie zwei Jahre mit der CDU und im Saarland sogar zusätzlich mit der FDP. Tübingen, Freiburg und Konstanz haben grüne Bürgermeister. Dass bei der jüngsten Wahl zum Berliner Abgeordnetenhaus für die Grünen 17,6 Prozent heraussprangen, das höchste Berlin-Ergebnis aller Zeiten, wurde schon als Enttäuschung empfunden. Viele Grüne hatten mit einem noch viel besseren Resultat gerechnet.

Die Attraktivität der Grünen hängt zum einen mit ihrem schönen und bunten Programm zusammen. Während andere Parteien sich das Leben selber schwer machen, indem sie ihre Vorschläge auf Praktikabilität und Finanzierbarkeit überprüfen, gehen die Grünen die Sache lockerer an. Den Arbeitslosen versprechen sie mehr Arbeitslosengeld, den Rentnern höhere Renten, den Familien mehr Kitaplätze. Für Schüler und Studenten wollen sie ganz viel zusätzliches Geld ausgeben, ebenso für Demenzpatienten und natürlich auch für Solaranlagen und die Dritte Welt. Und das Tolle ist: All diese Wohltaten finanzieren sich praktisch wie von selbst. Abgesehen von einer Erhöhung des Spitzensteuersatzes, einer Plastiktütenabgabe und einer Steuer auf Hasch und andere weiche Drogen liefert das Grünen-Programm jedenfalls wenig Anhaltspunkte, wo das Geld herkommen soll.

Erbsenzählerei ist eben nicht ihr Ding, ein sympathischer Zug, menschlich gesehen. Der Politikverdruss vieler Bürger kommt den Grünen entgegen, denn sie stehen nicht links und schon gar nicht rechts, sondern irgendwie über den Dingen. Als Umwelt-, Friedens- und Gerechtigkeitspartei sind sie für die großen Menschheitsthemen zuständig. Die anderen Parteien wollen die Umwelt kaputt machen. Die Grünen wollen die Umwelt retten. So steht es im grünen »Wahlprogramm in leichter Sprache«. Um hier zwischen Gut und Böse unterscheiden zu können, reicht das Wertekorsett eines Dreijährigen.

Ob Anspruch und Wirklichkeit zusammenpassen, spielt bei den Grünen keine so große Rolle. Sie sind pro Bahn, aber kontra Stuttgarter Bahnhof. In Oppositionszeiten kritisieren sie den Bundeswehreinsatz in Afghanistan, den sie in Regierungszeiten selbst beschlossen haben. Sie halten sich für total easy und unangepasst, streben aber bevorzugt dem öffentlichen Dienst und der Verbeamtung auf Lebenszeit entgegen. Sieben Jahre lang stellten die Grünen den Bundesumweltminister, eine Ära, von der sich die Umwelt bis heute nicht erholt hat. Trittins Dosenpfand hat die Mehrwegflasche gekillt. Sein angeblicher Biosprit macht heute die Landschaft kaputt. Milliardenbeträge sind in die Förderung der Photovoltaik geflossen, eine besonders ineffiziente Technik, wie sich inzwischen zeigt. Doch die Grünen sind nicht nachtragend. Wenn Trittins Karriereplanung aufgeht, könnte er nach der kommenden Bundeswahl schon wieder einem Regierungskabinett angehören.

In ihren Programmen sprechen sich die Grünen für Volksentscheide, Bürgerbegehren und mehr Basisdemokratie aus. Doch das gilt natürlich nur, wenn der Bürger so entscheidet, wie es die Grünen vorgesehen haben. Wehe, Volkes Meinung geht mit der eigenen nicht konform. In Baden-Württemberg wollten die Grünen nach ihrem Wahlsieg 2011 sogar die Landesverfassung ändern, um sich für die Volksbefragung zum Thema Stuttgart 21 in eine günstigere Ausgangslage zu bringen. Die Langsamkeit parlamentarischer Prozesse beim Klimaschutz löst auf Grünen-Parteitagen immer große Demokratieverdrossenheit aus. In Reden wird dann der »aktiv interventionistische Ansatz« beschworen, eine Art Supernanny-Staat, der die CO_2-Einsparziele mit Zwangsmaßnahmen durchsetzt, damit es bei der Transformation der Industriegesellschaft schneller vorangeht.

Bis zur Ökodiktatur ist es dann nicht mehr sehr weit. »Durch politische Untätigkeit und Lähmung, wie sie zuletzt beim Klimagipfel in Kopenhagen schmerzhaft sichtbar geworden sind, treibt die Klimakrise zielsicher auf eine Art ökologischen Notstand zu«, notierte die Grünen-nahe Heinrich-Böll-Stiftung anlässlich einer Fachtagung im Juni 2010. »Es mag dann notwendig scheinen, demokratische Rechte und Verfahren zugunsten schnellen und effektiven Handelns auszusetzen.« Der Molekularbiologe und ehemalige grüne Präsidentschaftskandidat Jens Reich klagte einmal über die »impotenten politischen Strukturen«, die einem wirkungsvollen Umweltschutz im Wege stünden: »Es gibt Dinge, die muss man mit einem Klaps auf den Hinterkopf durchsetzen.«

Die Grünen im Berliner Bezirk Kreuzberg-Friedrichshain stellten kürzlich ein Konzept vor, wonach Kinder im Alter von neun bis 13 Jahren zu »Kiez-Klimadetektiven« ausgebildet werden sollten, eine Art Öko-Stasi, die Umweltfrevler an die Behörden verpfeift. Die Kinder haben den Auftrag, Schulen oder Jugendeinrichtungen im Hinblick auf ihre Energieeffizienz zu überprüfen. »Die Ergebnisse der Untersuchungen sollen möglichst direkt an die zuständigen Stellen in der Verwaltung weitergeleitet werden«, heißt es in dem Grünen-Konzept. Auf Mama und Papa sollen die jugendlichen Klimadetektive ebenfalls ein wachsames Auge haben. »Eine Weitervermittlung des Energiesparens im Haushalt der Eltern ist zu erwarten und wünschenswert«, so das Papier.

Dass die Grünen sich weniger für Wirtschaftsthemen interessieren, sondern an emotionaler Rendite interessiert sind, liegt womöglich daran, dass sie ihre Schäfchen im Trockenen haben. Das Deutsche Institut für Wirtschaftsforschung hat herausgefunden, dass die Grünen im obersten Einkommensfünftel deutlich über-, bei Arbeitern und Arbeitslosen hingegen klar unterrepräsentiert sind. Das grüne Milieu in den Großstädten ist vom Standesbewusstsein des gehobenen Bürgertums geprägt. Der soziale Abwärtsvergleich dient dem Gefühl moralischer Überlegenheit. Wer nicht im Bioladen, sondern bei Lidl einkauft, gehört eher nicht dazu. Wer dabei erwischt wird, wie er seinem Kind ein weiches Weizenbrötchen in die Frühstücksdose gesteckt hat, womöglich sogar mit Nuss-Nougat-Creme, sollte sich nicht wundern, wenn die Klassenkameraden nicht mehr zum Spielen kommen dürfen.

Die ökologische Transformation der Gesellschaft ist den Grünen im Zweifel ohnehin wichtiger als die Sozialpolitik. Umweltschutz muss man sich nun mal leisten können. Wer kein Geld für ein neues Auto hat, das die Abgasnorm für die Umweltzone erfüllt, hat leider Pech gehabt. Man soll ja auch nicht ständig nach Mallorca fliegen. Und einmal Fleisch pro Woche ist auch genug. So erinnert das grüne Utopia stark an die Klassengesellschaft im 19. Jahrhundert.

Weisenherrschaft

Hans Joachim Schellnhuber, Professor für Theoretische Physik an der Universität Potsdam, Berater der Bundeskanzlerin, Commander des Most Excellent Order of the British Empire, Spitzname »Klimapapst«, ist ein gefragter Mann. Als langjähriges Mitglied des Weltklimarats IPCC hält er Vorträge auf der ganzen Welt, die er gerne mit Anekdoten aus seinem Leben im Kreise anderer bedeutender Menschen würzt. »Als ich kürzlich mit UN-Generalsekretär Ban Ki Moon sprach ...«, oder: »Frau Merkel ist mit mir der Auffassung, dass ...«.

Schellnhuber ist das Schreckgespenst unter den Klimaforschern. Wo er auftritt, ist die Stimmung düster. Die Ozeane seien dabei, sich »in Sprudelwasser zu verwandeln«. Den Tropen drohe der »Ökozid«. »Manchmal könnte ich schreien«, sagt Schellnhuber, und wenn er dann erzählt, dass er im fortgeschrittenen Alter noch einmal Vater geworden ist, setzt er ein noch zerknirschteres Gesicht als ohnehin auf und sagt: »Hat mein Sohn überhaupt eine Chance?«

Für Kanzlerin Merkel dürfte es sich um freudlose Stunden handeln, wenn Schellnhuber in seiner Funktion als Vorsitzender des »Wissenschaftlichen Beirats der Bundesregierung für Globale Umweltveränderung« (WBGU) zu Besuch kommt. Hat Rentenpolitik überhaupt noch einen Sinn, wenn der Klimawandel demnächst alles vernichtet? Wozu Steuerreform, wenn wir doch eh in den Fluten des ansteigenden Meeresspiegels versinken?

Im Sommer 2011 veröffentlichten Schellnhuber und der Regierungsbeirat WBGU ihr jüngstes Hauptgutachten. Es heißt »Welt im Wandel – Gesellschaftsvertrag für eine Große Transformation«, liest sich wie eine Mischung aus Kirchentagsrede und Fünfjahresplan der KPdSU und enthält erstaunlich präzise Handlungsanweisungen für den Umbau

Deutschlands zum Ökostaat. So ist vorgesehen, das System der demokratischen Gewaltenteilung aus Legislative, Exekutive und Judikative um eine Art vierte Kraft zu ergänzen, die »Zukunftskammer«. Dabei handelt es sich um besonders umweltsensible Menschen, die jeden Gesetzentwurf auf negative Klimafolgen untersuchen und gegebenenfalls ihr Veto einlegen sollen. Man darf wohl davon ausgehen, dass Schellnhuber es sich durchaus zutraute, in diesem Politbüro selbst beratend mitzuwirken. »Sie brauchen auch ein paar wenige Leute, die eine ethische Elite darstellen«, so Schellnhuber im Interview mit der »Frankfurter Allgemeinen Zeitung«. »Am Ende werden Sie vermutlich mit einer breiten Mehrheit nicht Probleme lösen können, die eine kausale Distanz wie beim Klimawandel besitzen.«

Als das Gutachten im vergangenen Jahr erschien, legten Schellnhuber und seine Mitautoren, insbesondere der Essener Politikwissenschaftler Claus Leggewie, Wert auf die Feststellung, es gehe ihnen nicht darum, die Demokratie abzuschaffen, jedenfalls nicht sofort. Doch ohne neue Spielregeln werde die »Große Transformation« nicht gelingen. »Die kolossale Herausforderung für die Modernisierung repräsentativer Demokratien besteht nun darin, zur Gewinnung von zusätzlicher Legitimation mehr formale Beteiligungschancen zu institutionalisieren, diese zugleich aber an einen inhaltlichen Wertekonsens nachhaltiger Politik zu binden, damit ›mehr Partizipation‹ im Ergebnis nicht zu ›weniger Nachhaltigkeit‹ führt«, heißt es im Gutachten. Wer also bislang glaubte, die Demokratie zeichne sich dadurch aus, dass sie für eine Abstimmung zwar die Regeln vorgibt, aber nicht das Ergebnis, wird von den Transformationsexperten eines Besseren belehrt. Demokratie ja, aber in Maßen. Sollte das Volk dem vorgegebenen Nachhaltigkeitspfad nicht folgen wollen, müsste der Ökostaat andere Saiten aufziehen. »Transformationsblockierer« (Schellnhuber) oder gar »notorische Leugner« (Leggewie) können nicht mit Nachsicht rechnen.

Für die Bürger würde sich im Zuge der Großen Transformation einiges ändern. Klimaschutz würde per Grundgesetzänderung zum Staatsziel ernannt. Alle Politikbereiche müssten sich ihm unterordnen, ebenso die Wirtschaft. »Analog zur Geschlechterpolitik wäre eine Art klimapolitisches Mainstreaming denkbar, das heißt eine Politik der Dekarbonisierung quer durch alle Ressorts und bei allen Gesetzesvorhaben«, führt das WBGU-Gutachten aus.

Detaillierte Pläne hat der Regierungsbeirat für den öffentlichen Nahverkehr in Berlin. »Besitzer und Besitzerinnen von Kraftfahrzeugen, die innerhalb des S-Bahn-Rings wohnen, sollten automatisch zum Erwerb einer Jahreskarte für den ÖPNV verpflichtet werden«, heißt es da. Außerdem sollen möglichst alle Deutschen ihre Ernährung umstellen, denn »eine fleischreduzierte Kost mit hohen Anteilen an frischen, regionalen und saisonalen Produkten möglichst aus Bioproduktion ist nicht nur aus Klimaschutzgründen, sondern auch aus gesundheitlicher Sicht förderungswürdig.« Die Kantinen der öffentlichen Hand sollten hier eine Pionierfunktion übernehmen. Konkret schlägt der Regierungsbeirat vor, »ein bis zwei fleischfreie Tage pro Woche« einzulegen. Das macht schon neugierig, was dann wohl als Nächstes kommt. Müslizwang? Staatlich festgelegte Radfahrtage? Eine gesetzliche Holzspielzeugquote für jedes Kinderzimmer?

Wen hier der Verdacht beschleicht, der Bürger werde vom mündigen Verbraucher zum Zwangskonsumenten degradiert, verkennt die guten Absichten. Die Experten des WBGU jedenfalls sagen, sie wollten nur unser Bestes. »Freiheit«, sagt Beiratsmitglied Leggewie, »kann auch in der Selbstbeschränkung liegen.«

Prognosen

New York um 1890 ist eine Stadt im Aufbruch. An jeder Ecke wird gebaut. Die Börse an der Wall Street ist zum zweitwichtigsten Handelsplatz der Welt aufgestiegen. Beinahe täglich kommen Schiffe mit Menschen aus Europa, die in Amerika ein neues Leben anfangen wollen.

Doch der Aufschwung führt zu Problemen. Jeden Tag plumpsen 1100 Tonnen Pferdemist auf die Straßen, dazu etwa 270 000 Liter Pferdeurin, so haben es die Behörden ermittelt. Es stinkt. Die Stadt weiß nicht, wohin mit dem Dung und Schlamm. Eine düsterere Prognose macht die Runde: New York drohe der Erstickungstod. Die Verwaltung hat ausgerechnet, dass im Jahr 1950 sämtliche Straßen der Stadt mit einer etwa sechs Meter dicken Schicht aus Pferdemist bedeckt sein könnten. Die Erdgeschosse der Häuser würden versinken. Die Menschen kämen im zweiten Stock durch das Fenster herein, ohne eine Leiter zu benutzen.

Doch dann geschah etwas, womit keiner gerechnet hatte. Das Auto wurde erfunden. Die Pferde verschwanden aus dem Straßenbild. Statt Dung verpesteten jetzt Auspuffgase die Luft; ob es sich dabei um eine Verbesserung handelt, sei dahingestellt. Die Anekdote zeigt, welche groben Schnitzer passieren beim Versuch, aus dem Status Quo auf die Zukunft zu schließen, denn wie schon der dänische Physik-Nobelpreisträger Niels Bohr gesagt haben soll: »Prognosen sind schwierig, vor allem wenn sie die Zukunft betreffen.«

Bereits im 18. Jahrhundert sorgte man sich in Europa vor einer »großen Holznoth«. »Bau- und Brennholz wird bey uns von Jahren zu Jahren rarer und theurer«, hieß es damals im »Lippstädtischen Bürgerblatt«. Jean Baptiste Colbert, Finanzminister des Sonnenkönigs Ludwig XIV., fürchtete, sein geliebtes Frankreich werde am Holzmangel zugrunde gehen. Die britische Marine ging derweil davon aus, dass es bald keine hohen Bäume für den Bau von Schiffsmasten mehr geben werde. Ein paar Jahrzehnte später wurde die Holznot dann von Kohlepanik abgelöst, dicht gefolgt von der Ölangst. Das United States Bureau of Mines sagte 1914 voraus, dass die Ölreserven im Jahr 1925 erschöpft sein würden.

Hartnäckig hält sich in der Ökoszene die Theorie von den Grenzen des Wachstums, ein Mythos, der auf den Briten Thomas Robert Malthus und sein über 200 Jahre altes Buch »Das Bevölkerungsgesetz« zurückgeht. Malthus, ein mürrischer Pfarrer, der seine Zeitgenossen gerne über Fragen der Moral belehrte, war davon überzeugt, dass der Menschheit eine schreckliche Hungersnot bevorstehe. Aufgrund mathematischer Gesetzmäßigkeiten werde die Lebensmittelproduktion mit dem Bevölkerungswachstum nicht mithalten können. Die Zahl der Menschen steige exponentiell an, das Nahrungsmittelangebot hingegen linear. Deshalb gebe es bald ein paar Millionen Menschen zu viel auf der Welt, die zwangsläufig des Hungers sterben müssten.

Mitleid hatte Malthus nicht. Es handle sich um ein Naturgesetz. Da könne man nichts machen. Er schrieb: »Ein Mensch, der in einer schon occupierten Welt geboren wird, wenn seine Familie nicht die Mittel hat, ihn zu ernähren oder wenn die Gesellschaft seine Arbeit nicht nötig hat, dieser Mensch hat nicht das mindeste Recht, irgendeinen Teil von Nahrung zu verlangen, und er ist wirklich zu viel auf der Erde. Bei dem großen Gastmahle der Natur ist durchaus kein Gedecke für ihn gelegt. Die Natur gebietet ihm abzutreten, und sie säumt nicht, selbst diesen Befehl zur Ausführung zu bringen.«

Malthus ist für die Ökobewegung ein Klassiker ohne Verfallsdatum. Seine Theorien werden immer wieder gern recycelt. Sein Einfluss reicht bis in die heutige Zeit, wie die Debatte über einen »neuen Wachstumsbegriff« zeigt, die alle paar Jahre aus der Gruft auftaucht und aktuell wieder mal in Mode ist.

Ende der sechziger Jahre machte der amerikanische Biologe Paul Ehrlich mit seinem Buch »Die Bevölkerungsbombe« Furore. Wie Malthus zwei Jahrhunderte zuvor sah auch er großes Leid, Hunger und Massensterben voraus. »Mehr als dreieinhalb Milliarden Menschen bevölkern bereits unseren sterbenden Planeten – etwa die Hälfte von ihnen wird verhungern«, schrieb Ehrlich; er plädierte daher für Zwangssterilisationen. Den biologischen Tod der Weltmeere datierte er auf das Jahr 1979. Für 1980 sagte er voraus, dass sich die Lebenserwartung der notleidenden Bewohner Nordamerikas bei kümmerlichen 42 Jahren einpendeln werde.

1972 legte der Club of Rome mit seiner Studie über »Die Grenzen des Wachstums« nach. Die Wissenschaftler stützten sich auf »World 3«, ein »Weltmodell« aus dem Computer. Durch die »neuartigen Techniken der wissenschaftlichen Systemanalyse und Computersimulation« sei es erstmals gelungen, »präzise Prognosen über die langfristige Entwicklung weltweiter Probleme abzugeben«, schrieben die Autoren der Studie in ihrem Vorwort.

Die Supermaschine bestätigte die schlimmsten Befürchtungen. Präzise rechnete sie aus, dass die damals bekannten Vorräte in kurzer Zeit erschöpft sein würden. Selbst bei einer Verfünffachung der Reserven sei die Lage hoffnungslos. Das Problem werde dann nur um ein paar Jahre nach hinten verschoben.

Die Studie war ein internationaler Bestseller mit über zwölf Millionen Exemplaren Gesamtauflage. Sie lieferte genau die Zahlen und Argumente, nach denen die ökosozialistische Bewegung der siebziger Jahre verlangte. Sie war eine Allzweckwaffe gegen das Establishment, gegen den Kapitalismus und gegen das Kondomverbot der katholischen Kirche. Man konnte sie auch als Plädoyer gegen Leistungszwang und für die Pflicht zur Faulheit interpretieren. Warum früh aufstehen,

**Grenzen des Wachstums? Club of Rome-Prognose 1970:
Wann sind die weltweiten Rohstoffreserven aufgebraucht?**

Rohstoff	bei bekannten Reserven	bei verfünffachten Reserven
Gold	1979	1999
Quecksilber	1983	2011
Silber	1983	2012
Zinn	1985	2031
Zink	1988	2020
Erdöl	1990	2020
Kupfer	1991	2018
Blei	1991	2034
Erdgas	1992	2019
Wolfram	1998	2042
Aluminium	2001	2025
Molybdän	2004	2035
Mangan	2016	2064
Platin	2017	2055
Nickel	2023	2066
Kobalt	2030	2118
Eisen	2063	2143
Chrom	2065	2124
Kohle	2081	2120

Quelle: Dennis Meadows et al.: *Die Grenzen des Wachstums*

zur Arbeit gehen und endliche Ressourcen vergeuden? Wer sich regt, stört. Wohingegen jener, der den Tag vergammelt, wenigstens keinen Schaden anrichtet.

»Was die deutsche Wirtschaft in jedem Fall erst mal braucht, ist eine erzwungene Generalpause in Forschung, Entwicklung und Produktion«, schrieb damals Rudolf Bahro (»Die Alternative«), später Gründungsmitglied der Grünen. »Zu machen ist diese Pause durch eine neue Art von Generalstreik. Generalstreik gegen das Weitermachen, Generalstreik für das Leben.« Erich Fromm forderte: »Aufgabe des Staates ist, dem pathologischen Konsum Normen gesunden Verbrauchs entgegenzusetzen.«

In Deutschland, wo der Club of Rome für »Die Grenzen des Wachstums« mit dem Friedenspreis des deutschen Buchhandels geehrt wurde, gründete sich eine »Gruppe Ökologie«. Tierfilmer wie Horst Stern und Horst Sielmann machten ebenso mit wie der beliebte Zoodirektor Bernhard Grzimek und der Verhaltensforscher und angehende Nobelpreisträger Konrad Lorenz.

»Gemeinsam protestieren sie gegen den ›Fort-Schritt‹ von der Natur weg und gegen eine unkontrollierte Technologie, die unsere Erde melkt«, hieß es über die Gruppe in einer SPIEGEL-Titelgeschichte. »Sie rufen nach geplanter Wirtschaft und verfluchen ein marktwirtschaftliches System, in dem die Natur als Ware behandelt wird, an der jeder sich bereichern kann, der Geld hat, sie zu kaufen.«

Von der Tierliebe zum Menschenhass war es mitunter nur ein kleiner Schritt. Affenfreund Grzimek lobte den blutrünstigen ugandischen Diktator Idi Amin dafür, dass er seine Machtmittel einsetzte, um Nashörner und Antilopen zu schützen. Verhaltensforscher Lorenz, dem Graugänse offenbar näher waren als Menschen, offenbarte seine Denkweise später in einem Interview mit der Zeitschrift »Natur«: »Man könnte eine gewisse Sympathie für AIDS bekommen«, so Lorenz, denn »gegen Überbevölkerung hat die Menschheit nichts Vernünftiges unternommen.«

Wachstum

Wo sind die Katastrophen bloß geblieben? Das von Malthus prognostizierte Massensterben ist ausgefallen. Ehrlichs Bevölkerungsbombe ist nicht detoniert. Fast alle Prognosen des Club of Rome haben sich als Unfug herausgestellt. Dennis Meadows, Hauptautor der Studie, tingelt noch immer durch den Polit-

und Sozialwissenschaftszirkus. Aber seine Prophezeiungen wirken mit den Jahren reichlich abgenutzt.

Zur allgemeinen Verblüffung geht es der Menschheit und ihrer Umwelt nicht von Jahr zu Jahr schlechter, sondern immer besser. In den entwickelten Ländern ist die Luft heute sauberer als früher, die Flüsse sind reiner, die Lebenserwartung steigt, die Kindersterblichkeit geht zurück. Mehr als sieben Milliarden Menschen gibt es auf der Erde, fast zehnmal so viele wie zu Malthus' Zeiten. Viele von ihnen leben in äußerst bescheidenen, einige in schrecklichen Verhältnissen. Doch der Mehrheit geht es gut, jedenfalls im Vergleich zu früheren Zeiten.

In seinem Buch »The Skeptical Environmentalist« legt der dänische Statistiker Bjørn Lomborg erstaunlich erfreuliche Daten zur Entwicklung der Lebensgrundlagen auf der Erde vor. Ob Ölvorräte, Artenreichtum oder Schadstoffbelastung von Süßwasserfischen: Alle Zahlenreihen belegen, dass sich die Lage spürbar verbessert hat. »Wir verfügen heute über mehr Nahrungsmittel als früher, immer weniger Menschen hungern, wir leben länger, haben höhere Einkommen und mehr Freizeit«, schreibt Lomborg. »Unserer Erde ging es noch nie so gut wie heute.«

Lomborgs Vorbild, der amerikanische Ökonom Julian Simon, bot jedem, der sich traute, sogar eine Wette an. Simon glaubte, dass sich jeder messbare Indikator für Fortschritt und Wohlergehen in einer freien Gesellschaft wie etwa den USA auf mittlere Sicht verbessert. Auch Rohstoffe würden mit der Zeit nicht teurer, sondern inflationsbereinigt billiger.

Paul Ehrlich, Simons ärgster Widersacher und seit seinem Buch über die Bevölkerungsbombe als »Doctor Doom« bekannt, nahm 1980 die Wette an. Er wählte fünf Rohstoffe aus, von denen er glaubte, sie seien so wichtig, dass man ihretwegen demnächst womöglich sogar Kriege führen werde: Chrom, Kupfer, Wolfram, Zinn und Nickel. Ehrlich war sich sicher, dass diese Rohstoffe dramatisch teurer würden. Simon behauptete das Gegenteil.

Es vergingen zehn Jahre, so hatten es Ehrlich und Simon abgemacht. Anfangs sah es so aus, als würde Doctor Doom die Wette gewinnen. Die Rohstoffpreise stiegen. Doch dann fielen sie wieder, und je mehr Zeit verstrich, desto klarer lag der Optimist Simon vorn. Als die Wette im September 1990 endete, waren die ausgesuchten Rohstoffe deutlich billiger geworden und Simon um einige hundert Dollar Wettgewinn reicher. Zu seinem Bedauern fand er danach niemanden mehr, der mit ihm wetten wollte.

Simon hatte volles Vertrauen in die Menschen. Er ging davon aus, dass steigende Preise die Phantasie und Kreativität anregen. Wird eine Ressource knapp, so seine Überzeugung, dann steigt zunächst ihr Preis. Verbraucher und Unternehmen suchen daraufhin nach Verfahren und Alternativen, um die Knappheit zu überwinden. Der Wettbewerb wird zum »Entdeckungsverfahren«, wie es Friedrich August von Hayek nannte. Der Eiffelturm in Paris ließe sich heute problemlos mit 2000 Tonnen Stahl statt mit 7000 Tonnen bauen. Vor hundert Jahren produzierte ein Bauer gerade genug Lebensmittel, um vier Menschen zu ernähren. Heute erntet ein einziger moderner Mähdrescher pro Tag so viel Weizen, dass es für eine halbe Million Brote reicht. Es sind seriöse Wissenschaftler wie der Brite Matt Ridley, die sagen, dass ein modernes Auto bei voller Fahrt heute weniger Schadstoffe produziert als 1970 ein geparktes Auto durch die Lecks in seinen Leitungen.

In den Theorien der Wachstumskritiker hingegen kommen Kreativität, technischer Fortschritt und die menschliche Fähigkeit zur Anpassung immer zu kurz. Viele von ihnen glauben nicht mal an die schöpferische Kraft von Märkten. Deshalb liegen sie mit ihren Prognosen falsch. Dass gebrauchte Metalle nicht weggeschmissen, sondern recycelt werden kön-

nen, hat der Supercomputer des Club of Rome nicht vorher-
gesehen, und auch nicht die Erfindung der Digitalfotografie,
die dazu geführt hat, dass die Nachfrage beim Silber zurückgeht.

So erklärt sich, warum die weltweiten Ölreserven entgegen
aller Prognosen nicht weniger werden und der Preis pro Barrel
inflationsbereinigt längst nicht so hoch ist, wie immer wieder
erwartet wurde. Öl und Gas sind gemessen an früheren Jahrzehnten sogar geradezu billig, wenn man ihre Preisentwicklung
ins Verhältnis zur Entwicklung von Löhnen und Gehältern
setzt, also die klassischen Produktionsfaktoren Boden und
Arbeit miteinander vergleicht.

Laut Club of Rome hätten die Ölvorräte schon vor 20 Jahren
zu Ende gehen müssen. Doch obwohl die Menschheit an jedem
einzelnen Tag etwa 90 Millionen Barrel verfeuert, rückt »Peak
Oil«, also der Tag, ab dem es mit der Ölversorgung bergab geht,
immer weiter in die Zukunft. Sobald der Ölpreis eine kritische
Schwelle übersteigt, lohnt es sich, die Suche auszudehnen und
bislang nicht rentable Quellen anzubohren. Auch der technische Fortschritt trägt dazu bei, dass Vorkommen erschlossen
werden können, etwa in großer Meerestiefe, an die man früher
nicht herankam. »Die historische Erfahrung lehrt, den ver-
meintlichen oder tatsächlichen Verknappungstendenzen eher
gelassen ins Auge zu sehen«, sagt Henning Klodt vom Institut
für Weltwirtschaft in Kiel.

Für Fortschrittsoptimisten wie Simon stellt auch starkes
Bevölkerungswachstum keine Bedrohung dar, sondern eine
Chance. Der Vorteil einer großen und wachsenden Bevölkerung sei die damit verbundene Zunahme des menschlichen
Kapitals, schreibt Simon. »Je mehr Menschen durch Geburt
oder Zuwanderung in eine Bevölkerung eintreten, desto stärker beschleunigt sich das Tempo des materiellen und kulturellen Fortschritts unserer Zivilisation.«

Man kann Simons Fortschrittsglauben naiv finden. Doch die Geschichte und unsere Alltagserfahrung sprechen für ihn. Wer würde bestreiten, dass es den Deutschen materiell, sozial, kulturell und gesundheitlich um Längen besser geht als vor hundert Jahren zu Zeiten von Wilhelm II., vor tausend Jahren zur Zeit der Kreuzzüge oder vor 10 000 Jahren, als unsere Vorfahren mit halbnacktem Hintern im Unterholz hockten? »Was Liberalismus und Kapitalismus geleistet haben, erkennt man, wenn man die Gegenwart mit den Zuständen des Mittelalters oder der ersten Jahrhunderte der Neuzeit vergleicht«, schrieb der Nationalökonom Ludwig von Mises bereits 1927, und ergänzte: »Was sie leisten könnten, wenn man sie nicht stören würde, kann man nur durch theoretische Überlegungen erschließen.«

Umso erstaunlicher ist es, dass die Wachstumsskeptiker aktuell wieder groß rauskommen, selbst die »Bevölkerungsbombe« taucht erneut in allen Feuilletons auf. Es wimmelt von Neo-Asketen und Systemkritikern, die der Suffizienz und sinnstiftenden Genügsamkeit das Wort reden. Während die Menschen in entwicklungshungrigen Ländern wie China, Indien und Brasilien nach Wachstum und Fortschritt gieren, denkt die intellektuelle Elite in den Wohlstandsregionen derzeit lieber darüber nach, wie schön es wäre, wieder arm und glücklich zu sein.

Der frühere britische Regierungsberater Tim Jackson verfasste ein viel beachtetes Buch mit dem Titel »Wohlstand ohne Wachstum«. Er plädiert dafür, die Wirtschaft stärker zu regulieren und die Menschen durch gesetzliche Sparvorgaben vom Konsumismus zu heilen, ein Konzept, an dessen Umsetzung in Kuba, Nordkorea und Myanmar bekanntlich schon eifrig gewerkelt wird. Elmar Altvater, Attac-Veteran und Ex-Vorsitzender eines »Ständigen Volkstribunals gegen europäische transnationale Unternehmen«, sieht das Ende der »Extraktionsökonomie« gekommen. Alles, was sich irgendwie zu Geld machen lasse, habe die Menschheit aus der Erde herausgepresst; jetzt sei nur noch karge Ernte möglich.

In Deutschland ist das Bruttosozialprodukt als Wohlstandsindikator in die Kritik geraten. Es messe die falschen Dinge, heißt es, und beziehe die Kosten für die Umwelt nicht ein. Es sei pervers, wenn sich Autounfälle wachstumssteigernd auswirken, ehrenamtliche Tätigkeit hingegen in der Statistik nicht auftaucht. »Wir müssen lernen, den Wachstumsbegriff neu zu definieren«, sagt Bundeskanzlerin Angela Merkel. »Die Fixierung auf das quantitative Wachstum müssen wir aufgeben«, fordert Bundesumweltminister Röttgen. Verteidigungsminister Thomas de Maizière, bislang eigentlich nicht als Müßiggänger bekannt, vertritt die Ansicht: »Lieber gut leben als viel haben.« Und Ex-Bundespräsident Horst Köhler sagte: »Wir sollten nach einer neuen Art von Wachstum streben: nach wachsendem Wohlergehen für Mensch und Schöpfung.«

Wie ein neuer Wohlfühlindex genau aussehen soll, ist freilich offen. Der Deutsche Bundestag hat Anfang 2011 eine Expertenkommission zum Thema eingesetzt; Ergebnisse sind nicht vor 2013 zu erwarten. Ein Vorschlag lautet, das Bruttosozialprodukt durch das »Bruttonationalglück« zu ersetzen, ein Wohlstandsmaß, das neben der materiellen Wertschöpfung auch immateriellen Reichtum wie Gesundheit, Zufriedenheit, sozialen Zusammenhalt und eine intakte Umwelt abbildet. Das Königreich Bhutan im Himalaja wird hier oft als Vorbild genannt; König Jigme Khesar Namgyel Wangchuck hat Glück in Artikel 9, Absatz 2 seiner Landesverfassung sogar zum Staatsziel ernannt. Das Gesetz verpflichtet seine Untertanen, sich durch Meditation und häufiges Beten ein Höchstmaß an innerer Zufriedenheit zu erarbeiten. Alles, was die Menschen von ihrer Glückssuche ablenken könnte, etwa Fernsehgeräte, Zigaretten, westliche Kleidung, Oppositionsparteien und freie Meinungsäußerung, war in Bhutan bislang streng reglementiert. Ein eigenes Glücksministerium passt auf, dass hier keiner aus der Reihe tanzt.

Die Frage ist, ob sich das Beispiel Bhutan eins zu eins auf Deutschland übertragen lässt. Es dürfte kompliziert werden, einen Glücksindex zu entwickeln, auf den sich alle einigen können. Die Definition dessen, was Glück überhaupt ist, wird in einer demokratisch-pluralistischen Gesellschaft schwerfallen, zumal sich einige Deutsche noch gut an die Zwangsbeglückung in der DDR erinnern. Wie leicht man sich bei alternativen Wellnessindikatoren verschätzen kann, zeigt der »Human Development Index« der Vereinten Nationen. In den Jahren 2007 und 2008 stand Island an der Weltspitze, seinem überaus großzügigen Wohlfahrts- und Sozialsystem sei Dank. Es konnte damals ja keiner ahnen, dass Kaupthing, Glitnir, Straumur und all die anderen isländischen Banken mit den lustigen Namen kurze Zeit später ruiniert sein würden, weil Islands Reichtum auf Spekulation und Schwindel beruhte.

Dagegen hat sich das Bruttoinlandsprodukt, kurz BIP, also die Summe aller erzeugten Güter und Dienstleistungen, trotz vieler Macken als verlässliche Größe herausgestellt. Wie es berechnet wird, ist weltweit einheitlich festgelegt. Obwohl das Bruttoinlandsprodukt auf reinen Wirtschaftsdaten basiert, ist es auch ein überraschend treffsicherer Indikator für die Zufriedenheit der Menschen. Es fällt auf, dass Migrationsbewegungen grundsätzlich in eine Richtung gehen, nämlich von Ländern mit niedrigerem BIP pro Kopf in Länder mit höherem BIP. Auf die Lebenserwartung wirkt sich ein steigendes Bruttoinlandsprodukt ebenso positiv aus wie auf den Alphabetisierungsgrad und die innere Sicherheit.

Moment, werden ökologisch besorgte Menschen nun denken. Was ist mit der Umwelt? Hat die fortschreitende Industrialisierung, auf der unser Wohlstand basiert, nicht jahrzehntelang die Luft verpestet und die Gewässer vergiftet? Führt nicht

Wachstum zu mehr Energieverbrauch und deshalb zu mehr Verschmutzung?

Der Wirtschaftsnobelpreisträger Simon Kuznets hat Mitte des vergangenen Jahrhunderts untersucht, wie sich das Bruttoinlandsprodukt auf die Einkommensverteilung auswirkt. Später haben andere Ökonomen seine Methode auf die Umweltverschmutzung übertragen. Es kam heraus, dass mit steigendem Wohlstand zunächst die Umweltzerstörung zunimmt, ein Trend, der sich in Schwellenländern wie China und Indien gerade gut beobachten lässt. Die Menschen dort sind derzeit noch mehr an Kühlschränken interessiert als an der Frage, welchen Schaden Kühlmittel in der Atmosphäre anrichten.

Doch sobald eine Gesellschaft ein gewisses Wohlstandsniveau erreicht, ändert sich die Situation. Die Menschen sehen die verdreckten Flüsse, die verstopften Straßen und die verpestete Luft nun als Ärgernis an. Sie sehnen sich nach mehr Lebensqualität. Umweltschutz rückt ins Zentrum der Politik. Die Wirtschaft verändert sich; Dienstleistungsbranchen verdrängen die schmutzigen Industrien. Wissenschaftler der Universität Zürich haben die Kuznets-Theorie vor einiger Zeit noch einmal gründlich untersucht und bestätigt. Vor allem bei der Gewässerbelastung ist der Zusammenhang zwischen Umweltverschmutzung und Wirtschaftskraft exakt so, wie die Kuznets-Kurve es beschreibt. Erst verschmutzen die Flüsse und die Seen. Doch ab einem gewissen Wohlstandsniveau werden sie plötzlich wieder sauber.

Aus Umweltschutzgründen ist es demnach falsch, wirtschaftliches Wachstum zu verteufeln und den Schwellenländern Bescheidenheit zu predigen. Das Ziel muss vielmehr sein, möglichst vielen Ländern zu Wohlstand zu verhelfen. »Der beste Weg, den Umweltschutz voranzubringen, ist reich zu werden«, sagt der britische Umweltökonom Wilfred Beckerman.

Öko-Ökonomie

Als Mitglied der Umweltbewegung steht man der Wirtschaft skeptisch bis ablehnend gegenüber, es sei denn, es handelt sich um Unternehmen aus der Umweltbranche. Diese gelten als Verbündete, weil sie den Beweis erbringen, dass Ökologie und Ökonomie keine Gegensätze sein müssen, wenn der Staat nur genug Subventionen ausschüttet. Aber sonst sind sich »Umweltschützer und Ökonomen spinnefeind«, schreibt der britische Wirtschaftswissenschaftler Paul Collier, und es gibt auf der Welt vermutlich kaum einen Menschen, der darüber so unglücklich ist wie er selbst, denn er ist mit einer Umweltforscherin verheiratet.

Wer je einen Grünen-Parteitag besucht hat, weiß: Jede Dünnsäureverklappung, jedes eingepferchte Legehuhn und beinahe jedes Gramm Kohlendioxid lässt sich am Ende auf den Kapitalismus und seine dunklen Wirkmächte zurückführen. Man weiß nur noch nicht genau, was schlimmer ist: Die profitgierigen Konzerne? Die konsumgeilen Verbraucher? Korrupte Politiker?

Der Kredit, den die Umweltbewegung der Marktwirtschaft nach dem Zusammenbruch des Ostblocks einräumte, ist nach gut zwanzig Jahren aufgebraucht. Viele Intellektuelle können dem Kapitalismus einfach nicht verzeihen, dass er zur Not auch ganz ohne ihre Ratschläge funktioniert. Der Zeitgeist geht jetzt wieder in Richtung Ökosozialismus. Es fällt auf, dass die Erinnerung an die Umweltzustände in der DDR allmählich verblasst. Bitterfeld ist aufgeräumt, die Lausitz teilweise renaturiert. Man muss schon ins ehemalige Uranabbaugebiet der Wismut oder zur Atomkraftwerksruine Rheinsberg fahren, um auf Altlasten der Ostwirtschaft zu stoßen. Wer weiß denn noch so genau, dass die Ost-Industrie bei der Produktivität gerade mal 20 Prozent des Westniveaus erreichte, beim Ener-

gieverbrauch aber 120 Prozent und beim Schwefeldioxidaus-
stoß sogar etwa 1000 Prozent.

»Der Kapitalismus, wie wir ihn kennen, weiß zwar grünes Kapital exzessiv anzuzapfen. Er verfügt aber über keinen
Mechanismus, grünes Geld zurückzuzahlen«, philosophieren
die Autoren des Szene-Bestsellers »Wir Klimaretter«, die der
Marktwirtschaft so kritisch gegenüberstehen, dass sie konse-
quent Ludwig »Ehrhardt« statt »Erhard« schreiben. »Es könnte
sein, dass wir in eine neue Etappe eintreten, in der Elemente
staatlicher Planung und Lenkung wieder eine größere Rolle
spielen als in der neoliberalen Ära«, sagte Ralf Fücks, Vorstand
der Grünen-nahen Heinrich-Böll-Stiftung, im Interview mit
der »Welt«. »Jetzt schwingt das Pendel zurück. Denn ein Programm, das auf eine fast vollständige Dekarbonisierung der
Industriegesellschaft hinausläuft, muss erstens langfristig angelegt und zweitens von staatlicher Lenkung flankiert werden.«

Auf den ersten Blick sieht es tatsächlich so aus, als ob die
Vollautomatik der Marktmaschine beim Umweltschutz versagt
habe. Es fängt schon damit an, dass die natürlichen Ressourcen
Luft und Wasser scheinbar nichts kosten. Jedermann glaubt, sie
nutzen zu dürfen, ohne dafür zu bezahlen, ein Dauerproblem
sogenannter öffentlicher Güter. Wer die Luft verschmutzt und
das Wasser verdreckt, bezieht die damit verbundenen Schäden
nicht in seine Kalkulation ein. Der Preis, der sonst alle wichtigen Informationen über Knappheit, Angebot und Nachfrage
widerspiegelt, ist deshalb fundamental falsch.

Öffentliche Güter sind ständig in Gefahr, geplündert zu werden. Besitzerlose Wälder werden abgeholzt, die frei verfügbare
Atmosphäre wird vergiftet. Zwar weiß jeder Einzelne, dass sein
gieriges Verhalten der Umwelt auf Dauer schadet. Aber keiner
will der Dumme sein, der sich bescheiden zurückhält, während die anderen hemmungslos zugreifen. Die Rationalität des
Einzelnen steht im Widerspruch zur Rationalität der Gemein-

schaft. Ein dramatisches Beispiel ist die Hochseefischerei. Mit Hilfe von riesigen Schleppnetzen und GPS-Ortung werden die Meere geplündert. Außerhalb der Hoheitsgewässer versucht jeder Kapitän, die größtmögliche Menge Fisch aus dem Wasser zu holen – so lange, bis die Fanggründe erschöpft sind.

Ökonomen sprechen von der Tragik der Allmende, in Anspielung auf die besitzerlosen Wiesen, auf denen früher die Dorfbewohner ihre Tiere grasen ließen. Die Allmende ist eine Metapher für alle natürlichen Ressourcen und frei verfügbaren Umweltgüter. »Wer auf die Allmende mehr Kühe treibt, als dieser guttun, hat doch den vollen Nutzen dieser Kühe, aber nur einen kleinen Teil des Schadens durch die Überweidung, der alle trifft«, schrieb der Biologe Garrett Hardin 1968 in seinem Essay »The Tragedy of the Commons«: »Der freie Zugriff auf Allgemeingüter ruiniert die Allgemeinheit.« Manche mögen sich moralischer verhalten, aber es liege in der Natur der Dinge, dass die Skrupellosen die guten Menschen übertrumpfen. Das Allmende-Phänomen erklärt auch, warum es der Umwelt in sozialistischen Systemen besonders schlecht geht. Was gemeinsam besessen wird, so die Erfahrung, wird gemeinsam vernachlässigt.

Öffentliche Güter verlangen kollektive Lösungen. Der Staat muss eingreifen und Prozessregeln festlegen. Doch das rechtfertigt nicht, dass die Politik beliebig Vorgaben macht, weil sie glaubt, im Besitz der Weltformel zu sein. Planwirtschaft ist eindeutig keine sinnvolle Lösung für Umweltprobleme. Wirtschaftswissenschaftler gehen davon aus, dass ihre Instrumente viel besser geeignet sind, natürliche Ressourcen schonend zu behandeln. Märkte wirken der Verschwendung entgegen. Außerdem befreien sie die Politiker von der Verpflichtung, schon im Voraus zu wissen, was die Zukunft bringen wird.

Ökonomen haben Modelle und Instrumente entwickelt, die auf marktwirtschaftliche Weise verhindern, dass öffentliche Güter geplündert werden. Schon vor etwa hundert Jahren, lange bevor das Wort Umweltschutz überhaupt geläufig wurde, kam dem britischen Nationalökonomen Arthur Cecil Pigou die Idee, den Verbrauch von Ressourcen durch eine Ökosteuer nach dem Verursacherprinzip abzurechnen. Ronald Coase, ebenfalls ein Brite, dachte in den sechziger Jahren des vergangenen Jahrhunderts dann darüber nach, natürliche Ressourcen handelbar zu machen, indem man sie gleichsam privatisiert. Der Handel mit CO_2-Verschmutzungszertifikaten basiert auf seiner Idee.

Eigentumsrechte sind für den Umweltschutz von zentraler Bedeutung. Ein Wald, der niemandem gehört, wird geplündert. Keiner wird die Lücken aufforsten. Ein Waldbesitzer, der vom Holzverkauf lebt, käme nie auf die Idee, alle Bäume zu fällen, ohne neue zu pflanzen. Ein Beispiel ist die Entwicklung in Teilen der Sahelzone. Hier in der südlichen Sahara hat sich in den letzten Jahren ein kleines Wunder ereignet: Die Wüste wird grün. Dabei haben die Klimaexperten der Uno doch vorhergesagt, dass sich die Dürre verschlimmern werde. Doch auf den Satellitenbildern ist es genau zu erkennen. Große Teile von Mali, Niger und Burkina Faso, die noch vor dreißig Jahren aus wenig mehr als Sand und Steinen bestanden, haben sich zu einer baumreichen Gegend entwickelt. In einer Region, die jahrzehntelang von Dürre- und Hungerkatastrophen heimgesucht wurde, wachsen jetzt Hirse, Mais und Erdnüsse. Es handelt sich um die »vielleicht größte erfolgreiche Bewaldungsaktion der Gegenwart«, sagt Chris Reij, ein emeritierter Geograf der Universität Amsterdam, der die Sahelzone seit Jahren beobachtet.

Das Wüstenwunder geht nicht auf ein internationales Entwicklungshilfeprogramm zurück, sondern auf eine Bodenreform. Grundidee war, dass die Menschen die wilden Bäume und Sträucher nicht zu Feuerholz verarbeiten, sondern wachsen lassen. Besonders die anspruchslosen Akazien bewirken Erstaunliches. Sie speichern Wasser und bilden einen Windschutz gegen die Erosion. Als Schattenspender ziehen sie das Vieh an, das dann mit seinem Kot den Boden düngt und Pflanzensamen verteilt. Dem Dung folgen die Termiten. Sie lockern das Erdreich auf. Auf diese Weise entstehen um die Akazien herum fruchtbare Biotope, ohne dass es besonderer Anstrengungen bedarf. Oft reicht es aus, am Baum eine flache Mulde auszuheben.

Doch was hat die Menschen in diesem Teil der Sahelzone dazu bewogen, die Bäume nicht mehr abzuholzen, sondern, im Gegenteil, zu behüten? Auslöser war eine Landreform, welche die bis dahin besitzlosen Bauern zu Eigentümern machte. Mali verabschiedete Anfang der neunziger Jahre ein Gesetz, wonach wild wachsende Bäume nicht länger dem Staat gehören, sondern den Bewohnern der Region. Niger folgte wenig später mit einem ähnlichen Gesetz, ebenfalls mit großem Erfolg. Sobald die Bäume den Bauern gehörten, war es mit dem Raubbau an der Natur vorbei.

Das Beispiel aus der Sahara ist ein Beleg dafür, dass Marktwirtschaften durchaus in der Lage sind, Umweltprobleme auf effiziente Weise zu lösen. Sogar die echten Allmende-Wiesen im Mittelalter haben erstaunlich gut funktioniert, wie die amerikanische Wirtschaftswissenschaftlerin Elinor Ostrom, Nobelpreisträgerin von 2009, herausfand. Zwar durfte jeder Dorfbewohner dort seine Kühe grasen lassen. Trotzdem haben alle darauf geachtet, dass auch für die Kühe der anderen genug Gras übrigblieb. Die Bewohner der Ortschaften kannten sich persönlich und waren auch in anderen Bereichen auf Zusammenarbeit angewiesen, ob bei der Ernte, im Kirchenchor oder bei der Abwehr von Räubern, Wölfen oder Feuersbrünsten.

Ökonomen glauben, dass marktwirtschaftlichen Instrumenten der Vorzug gegenüber planwirtschaftlichen Regelungen gegeben werden sollte. Aber gilt das auch für den Klimawandel, den, wie der britische Wirtschaftswissenschaftler Nicholas Stern bemerkte, »größten Fall von Marktversagen, den die Welt je gesehen hat«?

DAS KLIMA-PARADOXON

Mal wieder Weltuntergang. Kassandra und Doctor Doom. Warum Solaranlagen schlecht für die Umwelt sind. Ablasshandel und Klimagangster. Warum Ökostrom kein einziges Gramm CO$_2$ einspart. Merkels Blackout.

Vor etwa 56 Millionen Jahren, zum Ende des Paläozäns, wurde es auf der Erde ungemütlich heiß. Die Kontinentalplatten brachen auseinander. Vulkane schleuderten große Mengen Gas und Gestein in den Himmel. Gefrorenes Methan löste sich vom Grund der Meere und vergiftete die Atmosphäre. Die Gase legten sich um die Erde wie ein Wintermantel. Sie hinderten die von der Erdoberfläche reflektierte Sonnenwärme an ihrem Weg zurück ins All; die Folge war eine Art Hitzestau. Binnen weniger Hundert Jahre stiegen die Temperaturen um fünf bis sechs Grad Celsius. In der Antarktis wuchsen Gräser, in Alaska Palmen. Krokodile tummelten sich nördlich des Polarkreises, derweil in den übersäuerten Ozeanen ein Massensterben begann. Als sich die Erde nach etwa 100 000 Jahren wieder abkühlte, waren viele alte Tier- und Pflanzenarten ausgelöscht. Neue Lebensformen hatten ihren Platz eingenommen.

Die frühgeschichtliche Klimakatastrophe dient Wissenschaftlern und Politikern als Mahnung, wie verletzlich das Leben auf der Erde ist. Es zeige, was passieren kann, wenn in kurzer Zeit große Mengen Kohlendioxid in die Atmosphäre gelangen – so wie es derzeit der Fall ist. Zehn Millionen Tonnen Erdöl verfeuert die Menschheit am Tag, dazu über zwölf Millionen Tonnen Steinkohle und etwa acht Milliarden Kubikmeter Erdgas. Wie lange kann das gutgehen? Steht die Welt vor einer neuen Klimakatastrophe? Laufen wir Gefahr, uns selbst auszurotten?

Die Sorge vor dem Klimawandel ist in den letzten Jahren zu einem beherrschenden Thema der internationalen Politik geworden. Die jährlichen Klimakonferenzen der Vereinten Nationen sind Mega-Events, über die auf der ganzen Welt berichtet wird. Die Europäische Union hat eine Kommissarin für Klimaschutz ernannt. Bundeskanzlerin Merkel fasst es als Kompliment auf, wenn man sie als »Klimakanzlerin« bezeichnet. Milliardenbeträge fließen in Klimaschutzprojekte, von der Wiederaufforstung der Regenwälder bis zur Einführung der Energiesparbirne.

Nach Ansicht der Fachleute besteht ein direkter Zusammenhang zwischen der Industrialisierung, der Kohlendioxidkonzentration in der Atmosphäre und der Erderwärmung. Seit der Erfindung der Dampfmaschine vor 250 Jahren hat die Menschheit ungefähr 2000 Milliarden Tonnen CO_2 in die Luft gejagt. Der Anteil von Kohlendioxid in der Atmosphäre stieg dadurch von etwa 0,028 Prozent auf 0,0387 Prozent. Unstrittig ist auch, dass es auf der Erde wärmer wird. Die mittlere Lufttemperatur ist im vergangenen Jahrhundert um 0,8 Grad Celsius gestiegen, in Deutschland sogar um ein Grad Celsius. Auf Grönland gedeihen Erdbeeren und Kartoffeln. Die Gletscher in den Alpen sind im Vergleich zum Jahr 1900 um etwa ein Drittel geschrumpft. Durch die Erwärmung des Ozeanwassers ist der Meeresspiegel bereits um einige Millimeter gestiegen.

Die Wissenschaftler glauben, dass alles getan werden sollte, um den weiteren Temperaturanstieg zu begrenzen. Sie halten ein Plus von insgesamt zwei Grad Celsius gegenüber dem vorindustriellen Niveau für gerade noch beherrschbar. Demnach beträgt unser Puffer noch 1,2 Grad. Jenseits dieser Schwelle gerate die Lage außer Kontrolle. Eine Kettenreaktion komme in Gang. Die nördliche Erdhalbkugel wäre im Sommer weitgehend eisfrei. Der Meeresspiegel stiege dramatisch an. Küstenregionen würden überschwemmt. Die Meere, die einen Teil des CO_2 aus der Atmosphäre aufnehmen, könnten übersäuern. Weil die Gletscher schrumpften, werde für Millionen Menschen das Trinkwasser knapp. Regenwälder fielen womöglich trocken, Wüsten dehnten sich aus.

Um das zu verhindern, müsste der Ausstoß von CO_2 in den nächsten Jahren radikal sinken. Die Experten haben ausgerechnet, dass jedem Erdbewohner nur noch etwa zwei Tonnen CO_2 im Jahr zustehen. Das entspricht den heutigen Pro-Kopf-Emissionen in Ländern wie Georgien, Haiti und Vietnam. In Deutschland liegt der Pro-Kopf-Ausstoß derzeit noch bei fast zehn Tonnen CO_2.

Fußabdruck

Was es bedeuteten würde, die weltweiten Ressourcen auf gerechte und klimaverträgliche Weise unter sieben Milliarden Erdbewohnern aufzuteilen, kann man sich von Mathis Wackernagel ausrechnen lassen. Mitte der neunziger Jahre entwickelte der Schweizer Wissenschaftler zusammen mit dem Kanadier William Rees das Konzept des Globalen Fußabdrucks. Dabei handelt es sich um die Fläche, die es braucht, um einen Menschen vollständig mit Nahrung, Kleidung, Strom und Wärme zu versorgen, seinen Müll zu deponieren und die von ihm verursachten Schadstoffe und Klimagase zu binden. Ein aufwendiger Lebensstil macht einen großen Fuß, Bescheidenheit einen schlanken.

Auf der Internetseite des von Wackernagel gegründeten »Global Footprint Network« gibt es ein kleines, noch etwas lückenhaftes Programm, um seinen eigenen Fußabdruck näherungsweise zu bestimmen. Es reicht, dem Computer ein Dutzend Fragen zu beantworten. Ob man häufig Fleisch ist? Welches Auto man besitzt? Ob man mit Öl heizt oder mit

Solarenergie? Weil für Berliner noch keine eigenen Vergleichs-
daten vorliegen, gebe ich mich als Schweizer aus. Aber das,
so nehme ich mir vor, soll meine einzige Flunkerei sein. Die
Quittung folgt prompt. Mein Fußabdruck ist eine Katastrophe.
»Um Ihren Lebensstil zu ermöglichen, braucht es 7,4 globale
Hektar produktiver Erdoberfläche«, teilt das Programm mit,
nachdem ich alle Fragen wahrheitsgemäß beantwortet habe.
»Wenn alle so leben würden wie Sie, bräuchte es 3,5 Mal so
viele Ressourcen, wie die Erde zur Verfügung stellen kann.«
Mein Energiehunger sei unverantwortlich. Die zerstörten Wälder und zubetonierten Landschaften, die an meinen Sohlen
kleben, sind von beträchtlicher Größe.

Ich überarbeite meine Antworten. Wenn ich genau darüber
nachdenke, dann esse ich in letzter Zeit schon deutlich weniger
Fleisch als früher. Und bin ich in letzter Zeit nicht auch sehr
viel mehr mit dem Fahrrad gefahren? Doch das Computerprogramm zeigt sich nicht sonderlich beeindruckt. Mein Fußabdruck verringert sich gerade mal um 0,1 Hektar. Noch immer
bräuchte es 3,4 Erden, wenn alle Menschen so lebten wie ich.

Man sieht ihn förmlich vor sich, den Menschen, wie er über
die Erde trampelt und alles plattmacht. In Berlin gibt es ein
durch EU-Gelder mitfinanziertes Projekt, bei dem Schulklas-
sen erklärt wird, was es mit dem ökologischen Fußabdruck auf
sich hat. Erst wird gefragt, wer häufig heiß badet, Computer-
spiele zockt und keine Energiesparbirne im Kinderzimmer hat.
Dann malt jedes Kind seinen Fuß auf einen Bogen Bastelpapier,
schneidet ihn aus und nimmt ihn mit nach Hause, um seinen
Eltern zu erklären, was ab sofort anders werden muss.

Robert und Brenda Vale von der Universität Wellington in
Neuseeland haben das Konzept vom Fußabdruck auf Haustiere übertragen. Ein Schäferhund in der Ersten Welt kommt
laut ihren Berechnungen auf 1,1 Hektar, genauso viel wie ein
Mensch im Senegal. Das liegt, so die Autoren, daran, dass der

reiche Hund im Gegensatz zum Senegalesen viel Fleisch und Getreide zu Essen hat. Eine Katze kommt immerhin noch auf 0,15 Hektar, also 1500 Quadratmeter, ein Hamster auf 140 Quadratmeter. »Time to eat the dog«, haben die Autoren ihre Studie konsequenterweise genannt: Höchste Zeit, den Hund aufzuessen.

Laut »Global Footprint Network« sind unsere Füße für unsere Erde schon viel zu groß. 1,8 Hektar pro Erdbewohner wären in Ordnung. Der Durchschnitt liegt aber schon bei 2,3 Hektar. Die Bewohner der Industriestaaten halten nicht Maß. Deutsche, Schweizer und Österreicher kommen auf etwa 4,7 Hektar pro Person, Briten auf 5,6 Hektar, US-Amerikaner sogar auf 9,7 Hektar. Ein Chinese hingegen liegt mit 1,6 Hektar noch deutlich unter dem rechnerisch zulässigen Wert, ebenso der Inder mit 0,7 Hektar.

Um sichtbar zu machen, wie groß die Lücke zwischen unserem Ressourcenverbrauch und der tatsächlich vorhandenen Fläche ist, rechnen Wackernagel und seine Leute jedes Jahr aus, wann der »Earth Overshoot Day« gekommen ist. Das ist angeblich der Tag, an dem die Menschheit verbraucht hat, was die Erde binnen eines Jahres zur Verfügung stellen kann. Es ist der Tag, an dem wir in die Miesen geraten. Was danach kommt, sei Leben auf Pump und Raubbau an der Natur. Im Kalender der Ökobewegung hat der »Earth Overshoot Day« ähnliche Bedeutung wie der Karfreitag bei den Christen; es ist ein Tag der Einkehr. Und der Trauertag kommt jedes Jahr früher. 1987 fiel er noch auf den 19. Dezember. 1995 war die Menschheit schon am 21. November im Dispo, im Jahr 2007 am 26. Oktober. Und 2011 war unser Jahreskontingent bereits am 27. September aufgebraucht.

Was mich betrifft: Ich müsste meinen Fußabdruck auf ein Viertel verkleinern, also ungefähr auf die Schuhgröße meiner Tochter Anna, 6. Das dürfte nicht leicht werden, aber es muss wohl sein. »Kein Mensch hat das Recht, dem Klima mehr Schaden zuzufügen als andere«, sagt Bundeskanzlerin Merkel. Womöglich wird jedem von uns schon bald ein festes Kohlendioxid-Budget zugeteilt, ein Verfahren, an das sich die Älteren unter uns, die die Lebensmittelkarten nach dem Zweiten Weltkrieg noch erlebt haben, sicher schnell gewöhnen werden.

Glaubenskrieg

Die Sorge vor einer Klimakatastrophe wird nicht von allen Menschen geteilt. Skeptiker wenden ein, dass auch vor der Industrialisierung das Weltklima im steten Wandel war. Der Einfluss des Menschen werde überschätzt. Mit den Temperaturen gehe es mal auf und mal ab; das sei ganz normal. Tatsächlich glich die Erde in den vergangenen Jahrtausenden mal einer Eiskugel, mal eher einem Feuerball. Während zwischen 900 und 1300 n. Chr. die Wikinger auf Grönland noch Rinder züchteten, versank kurze Zeit später halb Europa im Schnee. Ernten fielen aus, die Menschen verhungerten. Das mittelalterliche Klimaoptimum war damals unvermittelt in eine kleine Eiszeit umgeschlagen.

Einige »Klimaleugner«, wie die Skeptiker von ihren Gegnern genannt werden, machen die Sonnenaktivitäten für die schwankenden Temperaturen mitverantwortlich. Sie berufen sich auf Forschungsarbeiten der dänischen Physiker Hendrik Svensmark und Egil Friis-Christensen vom Niels-Bohr-Institut. Demnach korrelieren die Temperaturen auf der Erde mit der Zahl der Sonnenflecken. Ein emeritierter Geologieprofessor der Universität Paderborn vertritt die These, dass Wasserdampf viel größeren Einfluss auf das Klima hat als CO_2. Dass die mittlere Lufttemperatur auf der Erde in den letzten zehn Jahren allem Anschein nach längst nicht so sehr gestiegen ist, wie es die etablierte Klimaforschung erwartet hat, bestätigt ihn in seiner Vermutung, dass die Theorie vom anthropogenen, also vom Menschen gemachten Klimawandel nicht stimmen kann. Dem Bürger stellt sich die Debatte inzwischen als Glaubenskrieg dar. Untergangspropheten und Klimaleugner stehen sich mit religiösem Eifer gegenüber. Jede Seite hält sich für unfehlbar und bekämpft die Andersgläubigen mit allen zur Verfügung stehenden Mitteln.

In den USA überwiegen die Skeptiker. Die konservative Tea Party-Bewegung hält die Geschichte von der Erderwärmung für Schwindel. »Global warming is bullshit«-Sprechchöre heizen bei jedem Treffen die Stimmung an. Dass es in den Reihen der Skeptiker nur wenige ernstzunehmende Wissenschaftler gibt, stört hier keinen. Man fühlt sich in seiner Theorie bestätigt, dass es sich um eine Verschwörung handelt. Ökoextremisten im Universitätsbetrieb würden weltweit dafür sorgen, dass Zahlen gefälscht und jede abweichende Meinung unterdrückt werde. Eine gemäßigtere Skeptiker-Gruppe räumt immerhin ein, dass es auf der Erde wärmer wird. Dass der Mensch etwas damit zu tun hat, wird jedoch bestritten.

In Europa dominieren schrille Apokalyptiker die Debatte. Ihre Uhren stehen auf fünf vor zwölf. Jede Aprilwetterkarte wird zum Menetekel für die bevorstehende Klimakatastrophe. War es in den letzten Wochen nicht viel zu warm für die Jahreszeit? Zu trocken? Oder, auch schlimm: viel zu feucht? »Wir haben nur noch 13 Jahre, um die Erde zu retten«, steht dann anderntags in der »Bild«-Zeitung. »Schafft es die Menschheit nicht, den Treibhauseffekt zu stoppen, löscht sie sich selbst aus – unter entsetzlichen Qualen.«

Und dann gibt es da noch die Prima-Klima-Fraktion, die Ballermanntruppe in der Treibhausszene. Ihre Mitglieder bestreiten nicht, dass sich das Klima wandelt: Sie freuen sich schon darauf. Wärmere Temperaturen werden sich ihrer Ansicht nach positiv auswirken, jedenfalls für die meisten von uns. Die Prima-Klima-Fraktion träumt vom Ostseeurlaub unter Palmen und einem Orangenbaum im Garten.

Besonders glaubwürdig ist in diesem Glaubenskrieg niemand mehr. Bei einigen amerikanischen Skeptikern ist nicht auszuschließen, dass es sich um Mietmäuler der Ölindustrie handelt. ExxonMobil gründete eigens ein »Global Climate Science Team« und heuerte Experten aus der zweiten Reihe an, die sich bereit zeigten, das Abfackeln fossiler Brennstoffe als harmlos und unbedenklich darzustellen. Die angeblichen Fachleute profitieren davon, dass US-Medien im Sinne einer ausgewogenen Berichterstattung möglichst immer beide Seiten zu Wort kommen lassen, auch wenn, wie in diesem Fall, die Seite der Skeptiker keine fünf Prozent der Wissenschaftsgemeinde ausmacht. Die Öl-Lobbyisten müssen auch niemanden davon überzeugen, dass ihre Alternativtheorien zum Klimawandel stimmen. Sie sind schon zufrieden, wenn es ihnen gelingt, Zweifel an der Lehrmeinung zu säen.

Doch auch die Glaubwürdigkeit der etablierten Wissenschaft hat in den letzten Jahren schwer gelitten. »Winter mit starkem Frost und viel Schnee wie noch vor zwanzig Jahren wird es in unseren Breiten nicht mehr geben«, prophezeite der Hamburger Klimaforscher Mojib Latif 2000 im SPIEGEL-ONLINE-Interview – er hat sich gründlich verschätzt. Dass, wie von einigen Fachleuten vorhergesagt, der Golfstrom im Nordatlantik versiegen wird, hat zwar die Phantasie von Filmemachern wie Roland Emmerich (»The Day After Tomorrow«) und Al Gore (»Eine unbequeme Wahrheit«) befeuert, gilt inzwischen aber als unplausibles Szenario.

Insbesondere der von den Vereinten Nationen mitgegründete Weltklimarat IPCC hat sich nicht mit Ruhm bekleckert. Die Abkürzung IPCC steht für »Intergovernmental Panel on Climate Change«; eigentlich handelt es sich um eine hochseriöse Einrichtung. Mehr als 3000 Klimawissenschaftler aus aller Welt tragen hier ihre Erkenntnisse zusammen. Das Ziel ist, die auf der Welt verstreuten Beobachtungen zu bündeln und daraus ein Gesamtbild zu formen. Die Ergebnisse fasst der Weltklimarat dann alle paar Jahre in sogenannten Sachstandsberichten von mehr als tausend Seiten zusammen. Für politische Entscheider gibt es eine etwa 20 Seiten lange Kurzversion mit Empfehlungen. Über die Formulierungen entscheidet ein Plenum mit Wissenschaftlern aus der ganzen Welt.

Waren die ersten drei Sachstandsberichte in sehr nüchternem Stil verfasst, änderte sich der Ton mit dem vierten Bericht im Jahr 2007. Der Weltklimarat gab seine pietätvolle Zurückhaltung auf. Die Formulierungen wurden drastischer, die Forderungen radikaler. Die Veröffentlichung des Berichts inszenierte der IPCC als weltweites Medienereignis. Es gab Pressekonferenzen in Paris, Brüssel und Bangkok.

IPCC-Spitzenvertreter wie Hans Joachim Schellnhuber zogen jetzt als Wanderprediger durch die Lande und verkündeten die Botschaft vom drohenden Weltuntergang. Eine »Katastrophe« zeichne sich ab; es drohe ein »Klimaschock«. Die Menschheit müsse sich auf das Schlimmste gefasst machen. »In diesem Jahrhundert wird es keine friedliche Weltgesellschaft geben, wenn wir den Klimawandel nicht begrenzen können«, sagt Schellnhuber. Eine »biblische Völkerwanderung« stehe bevor, eine »Sintflut«. Für Politiker, die nichts gegen den Klimawandel unternähmen, habe er nur Verachtung übrig. Sogar den Völkermord in Darfur führten einige IPCC-Leuten auf den fortschreitenden Klimawandel zurück – so als ob nicht Sudans Diktator Omar al-Baschir für den Terror und das Morden verantwortlich sei, sondern schlechtes Wetter.

Gewürzt wurde der Bericht des Weltklimarats durch Katastrophenszenarien. Den Niederlanden stehe eine Flutkatastrophe bevor, den Gletschern des Himalaja eine rasche Schmelze.

Es sei »sehr wahrscheinlich«, dass das Eis am Himalaja bereits bis zum Jahr 2035 größtenteils verschwinden werde, mit verheerenden Folgen für die Anrainerstaaten.

Das Echo war gewaltig, insbesondere in Deutschland. »Wenn die Gletscher im Himalaja verschwinden, kann für Milliarden Menschen das Trinkwasser knapp werden«, schrieb der SPIEGEL zum Auftakt einer Serie über den Klimawandel. Eisbärenbaby Knut aus dem Berliner Zoo landete auf der Titelseite der »Vanity Fair«, als handele es sich um das letzte Exemplar seiner Art. Das Nobelpreiskomitee in Oslo zeichnete den Weltklimarat mit dem Friedensnobelpreis aus. Kanzlerin Merkel reiste mit ihrem damaligen Umweltminister Sigmar Gabriel (SPD) nach Grönland, um sich persönlich vom Abschmelzen der Eismassen zu überzeugen.

Es gab allerdings auch Wissenschaftler, die zur Vorsicht mahnten. Der Niederländer Richard Tol, selbst Mitglied des Weltklimarats, sagte: »Die Weltuntergangshysterie, die manche Medien verbreiten, wird von den wissenschaftlichen Schätzungen nicht unterstützt.« Klimatologe Hans von Storch, Direktor des Instituts für Küstenforschung in Geesthacht, warnte vor »Alarmisten«. »Wenn wir von Zukunft reden, sollten wir wissen, dass es Überraschungen, unerwartete Entwicklungen und Möglichkeiten geben wird«, sagte er in einem SPIEGEL-Interview und plädierte für etwas mehr Gelassenheit. »Vieles hat sich am Ende doch oft anders entwickelt, als man glaubte, gerade wegen der aktiven Rolle des Menschen.« Aber von Storchs Position war viel zu langweilig, um Aufmerksamkeit zu erregen.

Dann meldeten sich Fachleute, die bei genauer Lektüre des Sachstandsberichts auf Ungereimtheiten gestoßen waren. Zum Beispiel im Szenario für die Niederlande. »55 Prozent« des Landes lägen unterhalb des Meeresspiegels, so hieß es im Bericht. Aber diese Zahl stimmt gar nicht. Es sind 26 Prozent, die unterhalb des Meeresspiegels liegen, so steht es in jedem holländischen Schulbuch. Und die betroffenen Regionen sind auch nicht schutzlos dem Wasser ausgesetzt, sondern schon seit Jahrzehnten durch Deiche gegen Überflutungen geschützt.

Auch die Lage im Himalaja ist nicht so dramatisch, wie in dem IPCC-Bericht behauptet wird. Ein Abschmelzen der Gletscher bis 2035? Den Experten vor Ort war das gleich seltsam vorgekommen. Bei allem Pessimismus: Diese Frist schien doch sehr kurz bemessen zu sein. Es kam heraus, dass dem Weltklimarat ein Zahlendreher unterlaufen war. Nicht das Jahr 2035 war gemeint, sondern das Jahr 2350.

Wie sich die Fehler in den Klimabericht eingeschlichen hatten, ließ sich nicht restlos aufklären. Eine vom niederländischen Parlament eingesetzte Untersuchungskommission kam zu dem Schluss, dass die Wissenschaftler einfach geschlampt haben. Kann ja mal vorkommen. An der Kernbotschaft ändert sich durch die Patzer nichts. Auch dem Abschmelzen der Himalaja-Gletscher im Jahr 2350 sollte die Menschheit nicht tatenlos entgegensehen. Und so wäre die ganze Angelegenheit schnell erledigt gewesen, hätte der Weltklimarat die Fehler korrigiert und über Wege diskutiert, wie solche Pannen in Zukunft vermieden werden können.

Doch die Verantwortlichen reagierten aggressiv. Von ihnen zu erwarten, dass sie einen Fehler eingestehen, war wohl zu viel verlangt. Ihr Zorn richtete sich nicht gegen die eigenen Leute, die die Sache verbockt hatten, sondern gegen jene, die die Fehler gefunden hatten. IPCC-Chef Rajendra Pachauri stritt erst einmal alles ab. Der Bericht sei in Ordnung. Die Kritiker betrieben »Voodoo-Wissenschaft«. Hans Joachim Schellnhuber sprach von einer »Hexenjagd«. Zusammen mit 200 Kollegen unterzeichnete er einen Protestbrief an das Fachblatt »Science«. In bemerkenswerter Verkehrung von Täter- und Opferrolle beklagten sich Schellnhuber und Co. über eine »McCarthyhafte Verfolgung«.

Als der SPIEGEL es wagte, kritisch über die Wolkenschiebereien beim Weltklimarat zu berichten, hagelte es Briefe empörter Funktionäre, etwa vom Essener Politikwissenschaftler und Hobby-Klimatologen Claus Leggewie. Der beklagte sich über eine »substanzlose und rückwärtsgewandte Kampagne« und »mediales Tontaubenschießen«. Das Klimaschutzziel von zwei Grad sei trotz allem richtig. »Selbst wenn es keinen gefährlichen Klimawandel gäbe, wäre dieser Entwicklungspfad rational und empfehlenswert«, schrieb Leggewie, was immer er damit sagen wollte.

Erst nach langem Hin und Her rang sich der Weltklimarat eine Richtigstellung ab. Die Liste der Patzer im Vierten Sachstandsbericht war immer länger geworden. Einige Wissenschaftler forderten IPCC-Chef Pachauri zum Rücktritt auf. Doch die Mehrheit vertrat die Ansicht, dass eine Personaldebatte nur schaden würde. Dass Pachauri aus Indien stammt, macht ihn praktisch unkündbar, denn sein Heimatland soll in das nächste Klimaabkommen unbedingt eingebunden werden.

Im November 2009 stahlen Computerhacker mehr als tausend E-Mails aus über zehn Jahren vom Server des Klimaforschungszentrums der University of East Anglia im englischen Norfolk und stellten sie ins Internet. Aus den E-Mails geht hervor, dass Teile der Klimaforscherszene eher einer Sekte ähneln als einer Wissenschaftsgemeinde. Aus Sorge, die Gegner könnten jede Schwäche ausnutzen, bildeten einige Forscher eine Art Schweigekartell. »Gebt den Skeptikern nichts, an dem sie sich hochziehen können«, heißt es bereits 2000 in einer E-Mail des britischen Klimaforschers Phil Jones. »Denen möchte ich kein Futter geben«, schrieb der Paläoklimatologe Michael Mann von der amerikanischen Pennsylvania State University 1998. Edward Cook vom Lamont-Doherty Earth Observatory beklagte sich 2001: Die Klimaforschung sei »dermaßen politisiert, dass es schwierig ist, Wissenschaft zu betreiben«.

Wie aggressiv die Stimmung ist, zeigte sich auch in einem Kurzfilm, den die britische Klimaschutzkampagne »10:10« vor einiger Zeit vorstellte. Ziel des Films »No Pressure« (»Kein Druck«) war, für eine Aktion zu werben, wonach jeder Bürger versuchen möge, seinen CO_2-Ausstoß um zehn Prozent zu senken. Das Drehbuch stammte vom »Mister Bean«-Autor Richard Curtis, die Musik von Radiohead. Schauspielerin Gillian Anderson (»Akte X«) machte ebenso mit wie mehrere Profi-Kicker der Tottenham Hotspurs.

Der Film fängt damit an, dass eine gutgelaunte Lehrerin ihren Schülern erklärt, was sie selbst tun können, um den Klimawandel zu stoppen. Die Klasse ist ganz begeistert, doch leider: Zwei Kinder ziehen ein mürrisches Gesicht und wollen nicht mitmachen. »Kein Problem«, sagt die Lehrerin, drückt auf einen roten Knopf und sprengt die beiden Trotzköpfe, bumm, in die Luft. Das sieht verblüffend echt aus. Schädel platzen, Blut spritzt, zerfetzte Körperteile fliegen durch die Luft. Immerhin ist man als Zuschauer jetzt gewarnt. In den folgenden Szenen werden dann nämlich noch ein paar Erwachsene mit dem gleichen Trick in die Luft gejagt.

Der Film sollte lustig sein, aber in England kam er nicht sehr gut an. Viele Zuschauer waren entsetzt. Einigen war sogar schlecht geworden. Aus der Idee, ihn in den Kinos vorzuführen, wurde nichts, schon aus Gründen des Jugendschutzes. Die Verantwortlichen entschuldigten sich. Sie hätten leider nicht die Art von Publicity bekommen, die sie gerne gehabt hätten. Es handele sich um ein Missverständnis, wie Franny Armstrong, Mitbegründerin der »10:10«-Kampagne, erklärte: »Was soll man tun mit diesen Leuten, die gemeinsam unser aller Existenz auf diesem Planeten bedrohen? Natürlich denken wir nicht wirklich, dass sie in die Luft gesprengt werden sollten. Das ist nur ein Scherz für den Kurzfilm. Aber vielleicht wäre eine kleine Amputation für den Anfang ganz gut.«

Entwarnung?

Sollten die Vertreter des Weltklimarats die Absicht gehabt haben, die Bürger durch möglichst drastische Szenarien aufzurütteln, so ist dieser Plan gründlich misslungen. Ihr schriller Sound hat die Öffentlichkeit mürbe gemacht. Viele Leute sind die Apokalypse langsam leid. Verdrossenheit macht sich breit. Weltuntergang? Bitte nicht schon wieder. Die Bürger schwanken zwischen Fatalismus und Ermattung. »Als wir in der Vergangenheit nicht gegen alarmistische Exzesse aufgetreten sind, haben wir Kapital verbraucht«, sagt Klimaforscher von Storch mit Blick auf die eigene Zunft.

Alt-Bundeskanzler Helmut Schmidt sprach dem Publikum aus dem Herzen, als er sich im Frühjahr 2011 bei einer Podiumsdiskussion die Klimaforscher vorknöpfte. »Die von einer internationalen Wissenschaftlergruppe bisher gelieferten Unterlagen stoßen auf Skepsis, zumal einige Forscher sich als Betrüger erwiesen haben«, so Schmidt: »Es scheint mir an der Zeit, dass eine unserer wissenschaftlichen Spitzenorganisationen die Arbeit des Weltklimarats kritisch und realistisch unter die Lupe nimmt und sodann die sich ergebenden Schlussfolgerungen der öffentlichen Meinung unseres Landes in verständlicher Weise erklärt.« Leider ist das bis heute nicht passiert.

Aber was stimmt denn jetzt? Wird die Erderwärmung in einer Katastrophe enden? Oder wird sie uns ein neues Klimaoptimum bescheren? Gibt es den menschengemachten Klimawandel überhaupt? Selbst die leistungsstärksten Supercomputer bilden in ihren Modellen die Wirklichkeit nur unvollständig ab, etwa: Wie verändern sich die Wolken? Werden sie mit ihrer Unterseite die Wärme auf der Erde halten, was den Treibhauseffekt verstärkt? Oder reflektieren sie mit ihrer Oberseite die Sonnenstrahlen zurück ins All, was einen kühlenden Effekt hätte? Man weiß es nicht so genau. Die Forscher können noch nicht einmal mit Sicherheit sagen, ob die Polkappen abschmelzen werden, wie es immer heißt. In einigen Modellberechnungen nimmt die Antarktis wegen der Erderwärmung sogar an Masse zu, weil es mehr schneit.

Wie groß die Forschungslücken sind, zeigt eine Studie, die der amerikanische Paläoklimatologe Tom Wigley im Herbst vergangenen Jahres veröffentlichte. Wigley, ein weltweit geachteter Experte, war der Frage nachgegangen, ob alte Kohlekraftwerke möglichst schnell durch neue Gaskraftwerke ersetzt werden sollten, um die Zeit bis zum Durchbruch erneuerbarer Energien zu überbrücken. Dabei fand er heraus, dass es einerseits dem Klima nutzte, würde der CO_2-Ausstoß auf diese Weise reduziert. Andererseits schadete es dem Klima, wenn die neuen Kraftwerke weniger Partikel ausstießen, die das Sonnenlicht von der Erde fernhalten. Der Umstieg von Kohle auf Gas helfe dem Klima deshalb womöglich wenig, so Wigleys Fazit.

So mancher, der wie wir seinen Sommerurlaub 2011 an Nord- und Ostsee verbracht hat, dürfte der These vom Treibhauseffekt seither skeptisch gegenüberstehen. Erwärmung? Denkste. Bei spätherbstlichen Temperaturen schüttete es wie aus Eimern. Und was war eigentlich im Winter davor los? Eiseskälte von November bis März, jeden Morgen Schneeschippen bei bis zu minus 20 Grad; da drängte sich schon die Frage auf: Wo bleibt eigentlich der Klimawandel, wenn man ihn mal braucht?

Doch das Wetter in einzelnen Regionen sagt nichts über den langfristigen Trend aus. Das Klima verändert sich, es wird wärmer auf der Erde, und mit sehr großer Wahrscheinlichkeit müssen wir davon ausgehen, dass unser Ausstoß an Treibhausgasen dafür mitverantwortlich ist. Es liegen inzwischen so viele Studien vor, dass man schon seine Augen und Ohren zuhalten muss, um die Fakten auszublenden. Meine Zweifel sind nicht ausgeräumt, aber ich hielte es für unverantwortlich, die Gefahr einer Klimaveränderung zu ignorieren. Selbst wenn es nur halb so schlimm kommt, wie der Weltklimarat in seinen Szenarien vorhersagt, wären die Folgen beträchtlich.

Umso enttäuschender ist es, wie die Politik auf das Problem reagiert. Die wohlfeile Klimaschutzrhetorik steht in auffälligem Kontrast zur Wirklichkeit. Die internationalen Klimaschutzverhandlungen stecken fest. Während die Europäische Union mit großem Aufwand versucht, ihren Ausstoß von Treibhausgasen zu verringern, steigen die Emissionen in Ländern wie China, Indien, Brasilien, Kanada oder den USA umso schneller an. Das selbsternannte Musterland Deutschland lädt augenscheinlich nicht zur Nachahmung ein.

Deutschland könnte eine echte Vorreiterrolle übernehmen. In den gut zwanzig Jahren seit der Wiedervereinigung ist es uns gelungen zu zeigen, dass Wirtschaftswachstum nicht automatisch zu mehr Treibhausgasen führen muss. Wir haben es geschafft, mit weniger Ressourcen mehr Wohlstand zu erwirtschaften. Das deutsche Bruttoinlandsprodukt stieg seit 1990 inflationsbereinigt um 30,7 Prozent, derweil der Ausstoß von klimaschädlichem CO_2 um etwa 26 Prozent sank. 1990 wurden hierzulande noch 8,7 Gigajoule Primärenergie verfeuert, um 1000 Euro zu erwirtschaften. 2010 waren es nur noch 6,2 Gigajoule. Die sogenannte Energieproduktivität stieg demnach um fast 40 Prozent, ein beträchtlicher Fortschritt. Man stelle sich ein Auto vor, das früher mit einer Tankfüllung von Hamburg bis nach München fuhr, und es heute mit der gleichen Spritmenge bis nach Mailand schafft.

Hinter dieser Entwicklung steckt insbesondere die Sanierung der Ex-DDR. Die schrottreifen Ost-Kraftwerke verschwanden ebenso wie die stinkenden Trabis, die Kohleöfen in den unsanierten Altbauwohnungen und die maroden Fabriken. Die enormen Effizienzgewinne der ersten Jahre nach der Wiedervereinigung sind heute nicht mehr zu erzielen. Aber wir können davon ausgehen, dass in der Industrie, im Verkehr und in unseren Wohnungen und Häusern noch immer große Einsparpotentiale stecken.

Die deutsche Politik sollte deshalb versuchen, die Effizienzreserven auf eine Weise zu heben, die unseren Wohlstand nicht gefährdet, sondern weiter vergrößert. Bedauerlicherweise ist das derzeit nicht der Fall. Es scheint, als wären wir von allen guten Geistern verlassen. Wir verschwenden Milliardenbeträge für angebliche Umwelt- und Klimaschutzmaßnahmen, bei denen es sich in Wahrheit um wirkungslose Ökosymbolik handelt. Von Effizienz kann keine Rede sein. Die deutsche Umweltpolitik gefährdet unseren Wohlstand und schadet dabei auch noch der Umwelt.

Solar

Den Baedeker-Reiseführer gibt es neuerdings in einer Ökoversion. Das Buch heißt »Deutschland – Erneuerbare Energien entdecken«, hat 200 Seiten und zählt die Sehenswürdigkeiten des neuen Sonnenzeitalters auf: ein Solar-Café in Kirchzarten, den Solargolfplatz in Bad Saulgau, den Lichtturm in Solingen. Und die »Alstersonne«, dem Vernehmen nach Hamburgs schönstes Solarboot.

Über 1,1 Millionen Photovoltaikanlagen gibt es in Deutschland. Das sind etwa 50 Prozent aller Anlagen auf der Welt. Und täglich werden es mehr. 2011 gingen – theoretisch – 7,5 Gigawatt Solarpower ans Netz, weit mehr als in Italien, Japan, USA und China zusammen. Neue Reihenhaussiedlungen glitzern aus der Luft betrachtet wie Diskokugeln. Die Stadt Marburg erließ bereits eine »Satzung zur solaren Baupflicht«. Alle Häuser müssen nach und nach mit Solarzellen verspiegelt werden. Andere Städte könnten dem Beispiel demnächst folgen. Sonnenenergie ist bei den Deutschen sehr populär. Sie stinkt und schmutzt nicht und macht keinen Lärm. Anders als Windräder bringen Solaranlagen auch keine Zugvögel und Fledermäuse um. Bei einer Umfrage von TNS Emnid kam heraus, dass 99 Prozent der Solarkraft eine besonders hohe Wichtigkeit für die zukünftige Energieversorgung in Deutschland zutrauen. So beliebt sind nicht einmal Franz Beckenbauer oder Claudia Schiffer.

Das einzige, was jetzt noch fehlt, ist Sonne. Es ist ja kein Zufall, dass die Deutschen im Urlaub gerne in andere Länder verreisen, wenn sie sich nach Sonne sehnen. Gerade mal 1550 Sonnenstunden gibt es in unseren Breitengraden im Jahr, deutlich weniger als in Spanien, Griechenland oder Italien. Bei Regen, Nebel und in der Nacht stellen alle 1,1 Millionen Solaranlagen Deutschlands wie auf einen Schlag die Arbeit ein. Im Winter passiert auch am Tage wenig.

Zu viel Sonne auf einmal ist aber auch nicht gut. Große Mengen Solarstrom schießen dann in die Leitungen. Doch wohin mit dem Segen aus heiterem Himmel? Speichern: Geht noch nicht. Vernichten: Klappt nicht. Verbrauchen: Aber wie? Binnen Sekunden müssen die Energieversorger entscheiden, ob sie den überschüssigen Strom ans Ausland verschenken oder einige konventionelle Kraftwerke abschalten – jedenfalls so lange, bis sich wieder eine Wolkenbank vor die Sonne schiebt.

Sonnenenergie kann eine tolle Sache sein. Was wäre der Taschenrechner ohne Photozelle, der Parkscheinautomat ohne Solardach und der Wanderurlaub ohne mobiles Solar-Ladegerät für den iPod? Thermische Solarkraftwerke wie Andasol im spanischen Andalusien oder das Desertec-Projekt in der nördlichen Sahara haben großes Potential. Experten rechnen fest damit, dass die Sonne in einigen Jahrzehnten einen beträchtlichen Beitrag zur Stromversorgung leisten kann – aber wohl leider nicht bei uns.

Aufgang

2004 novellierte die damalige Bundesregierung aus SPD und Grünen das Erneuerbare-Energien-Gesetz, kurz EEG. Wer sich eine Photovoltaikanlage aufs Dach setzte, durfte den selbsterzeugten Strom für die nächsten 20 Jahre ins Netz einspeisen. Als Abnahmepreis wurden ihm bis zu 57,4 Cent pro Kilowattstunde garantiert, etwa 1000 Prozent mehr als in der Strombranche sonst üblich, ein Bombengeschäft für die Investoren. Ältere Anlagen sind heute längst abbezahlt, werden aber noch viele weitere Jahre mit dem einmal garantierten Fördersatz alimentiert.

Die Bundesregierung hat die Subventionen in den letzten Jahren zwar schrittweise gekürzt auf inzwischen maximal 24 Cent pro Kilowattstunde. Aber das Geschäft lohnt sich immer noch, denn auch die Anschaffungskosten für die Anlagen sind dramatisch gefallen, seit sie meist in China hergestellt werden. Ein Solardach, das letztes Jahr ans Netz angeschlossen wurde, wirft nach Berechnungen des »Handelsblatt« noch immer zwischen sieben und zehn Prozent Rendite ab, staatlich garantiert und praktisch ohne jedes Risiko. Da können Bundesanleihen und die Riesterrente nicht mithalten. Deshalb kommt normalerweise auch kein Besitzer einer Photovoltaikanlage auf die Idee, den selbst erzeugten Strom selbst zu verbrauchen. Dazu ist er viel zu wertvoll. Im Branchendienst »Sonnenenergie«, dem Fachorgan der Deutschen Gesellschaft für Sonnenenergie, ist ganz unverhohlen von der »Gelddruckmaschine EEG« die Rede.

Zu den großen Gewinnern im Photovoltaikbusiness gehören die Solarparks. Vor allem in Bayern und in Ostdeutschland wurden teils über hundert Hektar große Felder mit Solarmodulen zugepflastert. Daniel Küblböck, der sympathische Stümper aus der ersten Staffel von »Deutschland sucht den Superstar«, wurde zum Millionär, weil er seine Gagen in eine Photovoltaikanlage investierte. Anstatt Landwirtschaft zu betreiben, vermieten viele Bauern ihr Land lieber an Solarinvestoren. Pro Hektar bringt das bis zu 3000 Euro Pacht, ein Vielfaches dessen, was bei der Verpachtung als Weideland herausspringen würde. »Landwirtschaftsfremde Investoren sichern sich fruchtbaren Boden und verdrängen die Landwirte«, klagt bereits ein Vertreter des Bauernverbandes.

Auch die Hersteller der Solarplatten haben in den letzten Jahren gut verdient. Die Weltmarktführer heißen Yingli, Suntech oder JA Solar und kommen aus China, wo schon jede zweite Solarzelle fabriziert wird. 2010 lieferte China Photovoltaikanlagen für mehr als fünf Milliarden Euro nach Deutschland. Auf die Idee, die Solarmodule selbst zu nutzen, kommen die Chinesen aber selten. Sie setzen lieber auf Kohle- und Atomkraftwerke. 2010 wurden in ganz China nur etwa 400 Megawatt Solarkraft installiert. In Deutschland waren es 7400 Megawatt.

Für die deutschen Solarhersteller sind die goldenen Zeiten schon wieder vorbei. Ihre Umsätze stagnieren. Die Berliner Solon AG, ein ehemaliges Vorzeigeunternehmen, hat Insolvenz angemeldet, ebenso Solar Millennium. Es sieht ganz danach aus, als hätten die Subventionen die deutschen Hersteller träge gemacht. Im internationalen Vergleich sind sie zu teuer, zu langsam und zu einfallslos. Der chinesischen Konkurrenz ist es leicht gefallen, mit ihren Modulen den Markt zu erobern.

Der Guru der deutschen Solarszene ist Frank Asbeck, Chef der Solarworld AG in Bonn. Früher war er bei der Sozialistischen Deutschen Arbeiterjugend und bei den Grünen. Heute fährt er einen schwarzen Maserati und hängt sich Jagdtrophäen an die Wände seines Büros. Der Ökoboom hat ihn zum Multimillionär gemacht. Dem Fußballverein 1. FC Köln schenkte Asbeck Geld, damit Nationalspieler Lukas Podolski von den Bayern zurückgekauft werden konnte. Papst Benedikt XVI. bekam von ihm ein Solardach für die Audienzhalle im Vatikan. Auch die FDP wurde bedacht. Im Bundestagswahljahr 2009 lud Asbeck zum Spendendinner für die Liberalen in seine Firmenzentrale. Es gab gegrilltes Wildschwein aus der Jagd des Gastgebers. Eine »Rekordsumme« sei zusammengekommen, hieß es danach bei der FDP. Dass sich die Liberalen einige Wochen später bei den Koalitionsverhandlungen für einen »Dialog mit der Solar-Branche« aussprachen, hatte mit der großzügigen Wahlkampfspende aber natürlich nichts zu tun.

Die Frage, wer die Gewinne von Daniel Küblböck und den Maserati von Frank Asbeck finanziert, kann jeder Bürger mit einem Blick auf seine Stromrechnung leicht beantworten. Auf jede verbrauchte Kilowattstunde Strom ist ein Zuschlag zur Förderung erneuerbarer Energien zu entrichten, eine Art Solar-Soli, ähnlich wie früher der Kohlepfennig. Dieser Soli, im Fachjargon »EEG-Umlage« genannt, fließt in die Taschen der Betreiber von Solar-, Wasserkraft-, Biogas- und Windkraft- anlagen, damit sich für sie die Sache lohnt. Die Ökostrom- branche spricht von »sinnvoller Anschubfinanzierung«. Beim Verbraucherzentrale Bundesverband nennt man es »Abzocke auf Kosten der Stromkunden«.

Anfangs, also im Jahr 2004, lag der Ökostrom-Soli noch bei einem halben Cent pro Kilowattstunde. Die wenigsten Ver- braucher haben davon etwas gemerkt. Man sah ja auch nur sehr wenige Solaranlagen in Deutschland. Doch mit dem Boom der Photovoltaik wurde es auch für die Stromkunden teurer. Jede neue Anlage musste ja gefördert werden. Eine Begren- zung nach oben gab es nicht. 2007 kletterte der Soli über die Schwelle von einem Cent pro Kilowattstunde. 2010 waren dann mehr als zwei Cent fällig, 2011 schon 3,53 Cent und 2012 dann 3,59 Cent. Hinzu kommt noch die Ökosteuer (2,05 Cent pro Kilowattstunde) und die Umlage zur Förderung von Anlagen zur Kraft-Wärme-Kopplung (0,1 Cent). Und am Ende wird auf alles auch noch die Mehrwertsteuer aufgeschlagen.

Eine dreiköpfige Durchschnittsfamilie kosten die in der Stromrechnung versteckten Fördermittel für die Erneuerbaren jetzt 200 Euro im Jahr, fast 150 Euro mehr als 2009. Großfamilien wie wir subventionieren Asbeck, Küblböck und Co. sogar mit durchschnittlich 350 Euro im Jahr, ein Plus von 250 Euro gegenüber 2009. Und die Preise steigen immer weiter. Laut EU-Kommission zahlen die Deutschen die zweithöchsten Strompreise in Europa, wobei fast die Hälfte der Kosten auf Steuern und Zwangsabgaben zurückzuführen ist.

Da jede Solaranlage zwanzig Jahre lang gefördert wird, baut sich bereits ein Berg von zukünftigen Zahlungsverpflichtungen vor uns auf. Das Rheinisch-Westfälische Institut für Wirtschaftsforschung (RWI) hat ausgerechnet, dass die zwischen

Kostet viel, bringt wenig
Photovoltaik im Vergleich zu anderen erneuerbaren Energien

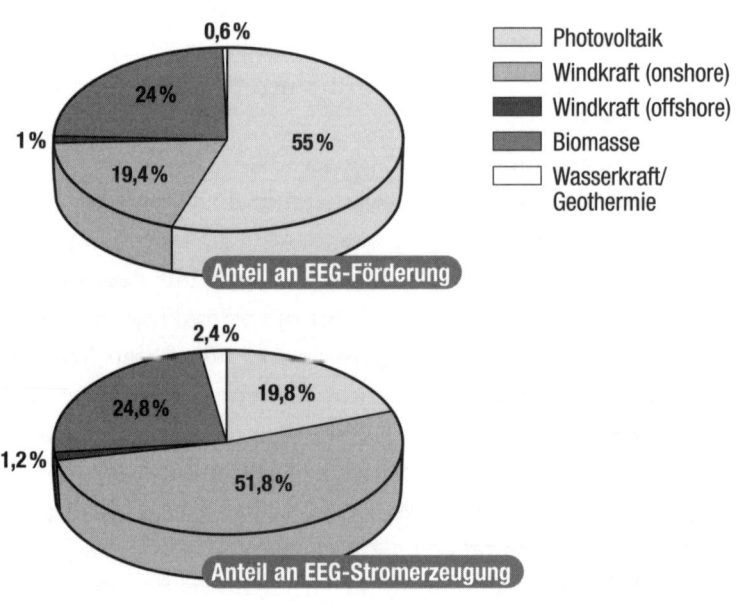

Quelle: BDEW 2011

2000 und 2011 installierten Anlagen in den nächsten Jahren mit real 100 Milliarden Euro bezuschusst werden müssen. Allein vergangenes Jahr kamen wieder etwa 18 Milliarden neue Schulden hinzu, die die Stromkunden in den nächsten Jahren bei den Photovoltaik-Investoren abstottern müssen. Manuel Frondel vom RWI spricht von »Solarschulden«.

Umso erstaunlicher ist es, wie nonchalant die Politik über die ausufernden Kosten hinwegsieht. Während sich Regierung und Opposition monatelang wegen fünf Euro extra für Hartz-IV-Empfänger zanken, sind sich bei der Stütze für die Solarindustrie im Prinzip alle einig. Union und FDP sind genauso dafür wie SPD und Linkspartei, und die Grünen sowieso.

Eine Debatte darüber, wo die Belastungsgrenze für die Verbraucher verläuft, findet kaum statt. Dass ein Hartz-IV-Empfänger über seine Stromrechnung die Solardächer der Gutverdiener subventionieren muss, und zwar mit mehr als nur fünf Euro im Monat, ist den Volksvertretern offenbar entweder egal oder noch gar nicht aufgefallen. Als sich Holger Krawinkel von der Verbraucherzentrale vergangenes Jahr wieder einmal kritisch über die Solarförderung äußerte, wurde er zur Expertenanhörung im Bundestag prompt nicht mehr eingeladen. Umweltminister Röttgen spielt jede Strompreiserhöhung routiniert mit dem Satz herunter, es handele sich doch nur um wenige Euro im Monat, »nicht teurer als eine Tasse Kaffee«. Bundeswirtschaftsminister Philipp Rösler spricht von »beherrschbaren Kosten«. Und auch die Kleine-Leute-Partei SPD vertritt die Ansicht, man solle sich »für die paar Cent« (SPD-Umweltpolitiker Ulrich Kelber) doch nicht immer so aufregen.

Nun will ich nicht missgünstig erscheinen. »Sozialneid« (Solarworld-Chef Asbeck) ist sicher fehl am Platz. Die Solarmillionäre können ja auch nichts dafür, wenn andere Leute keinen Platz für eine Photovoltaikanlage haben, mit der auch sie am Solargeschäft mitverdienen könnten. Aber seltsam ist es schon, dass die Politik die Solarmilliarden ganz anders verteilt, als man es im Sozialstaat gewohnt ist. Das Geld fließt von unten nach oben, von Arm zu Reich. Wer zur Miete in der Etagenwohnung wohnt, bezahlt für das Solardach des Eigenheimbesitzers – eine gewöhnungsbedürftige Neuinterpretation des Solidargedankens.

Auch der Länderfinanzausgleich, der im Föderalismus für halbwegs vergleichbare Lebensverhältnisse in Deutschland sorgen soll, wird durch die EEG-Förderung auf den Kopf gestellt. Die reicheren Südländer bekommen durch den Solar-Soli noch Geld obendrauf, wie eine Studie des Bundesverbandes der Energie- und Wasserwirtschaft (BDEW) zeigt. Bayern, das über besonders große Solarparks verfügt, kassiert im Saldo etwa eine Milliarde Euro im Jahr. Kein Wunder, dass die bayerische CSU plötzlich auf öko macht und die Solar-Subventionen verteidigt. Es handelt sich übrigens um dieselben bayerischen Politiker, die sich sonst immer darüber aufregen, dass ihnen die anderen Bundesländer auf der Tasche lägen.

»Das Ungleichgewicht zwischen den Bundesländern kommt vor allem zustande, weil die Vergütung für Solarstrom derzeit zu hoch ist«, sagt BDEW-Chefin Hildegard Müller. »Wir erleben ein unsoziales Umverteilungssystem erster Güte«, sagt der frühere Hamburger SPD-Umweltsenator Fritz Vahrenholt, heute Vorstandschef der RWE-Ökostromtochter Innogy. Holger Krawinkel von den Verbraucherzentralen drückt es so aus: »Die normalen Bürger begleichen jetzt die Zeche.«

Dämmerung

Die milliardenschweren Solarsubventionen wären noch gerechtfertigt, wenn wenigstens Strom dabei herausspränge. Doch das ist kaum der Fall. Im Vergleich zu Wasser- und Windkraftanlagen schneidet die Photovoltaik schlecht ab. Ausgerechnet die ineffizienteste Technologie wird mit den meisten Subventionen gepäppelt. »Wir versenken Milliarden in eine Technik, die am wenigsten bringt«, so Ex-Umweltsenator Vahrenholt. »Unter Klimagesichtspunkten handelt es sich bei jeder Solaranlage um eine Fehlinvestition«, sagt Joachim Weimann, Umweltökonom an der Universität Magdeburg. Der Wirtschaftswissenschaftler Carl Christian von Weizsäcker, einst Vorsitzender der Monopolkommission, spricht spöttisch von einem »Wohlstandshobby«.

Fast acht Milliarden Euro Fördermittel gingen letztes Jahr für Photovoltaik drauf. Das entsprach 55 Prozent aller Subventionen nach dem Erneuerbare-Energien-Gesetz. Im Gegenzug lieferte die Solarenergie aber nur 20 Prozent der erneuerbaren Energie. Bei der Windenergie war das Verhältnis etwa umgekehrt, also deutlich günstiger. Für 20 Prozent der Subventionen gab es hier gut 50 Prozent des Ökostroms. Aufwand und Ertrag standen in einem wesentlich besseren Verhältnis zueinander. Fürs gleiche Geld liefert der Wind gut fünfmal mehr Strom als die Sonne. Bei Wasserkraftwerken ist die Relation zwischen den Subventionen und der Stromerzeugung sogar sechsmal besser, bei Biomassekraftwerken immerhin dreimal.

Die Fehlförderung geht auf Kosten der Umwelt. Weil die Photovoltaik nur wenig Strom erzeugt, spart sie auch nur wenig Kohlendioxid ein. Da wir jeden Euro nur einmal ausgeben können, bleiben andere Projekte auf der Strecke. Solarsubventionen sind deshalb aus ökologischer, ökonomischer und letztlich ethischer Sicht falsch.

Die Münchner Forschungsstelle für Energiewirtschaft hat ausgerechnet, dass bei der Photovoltaik durchschnittliche Vermeidungskosten von 846 Euro je Tonne CO_2 anfallen, bei Windanlagen hingegen nur 124 Euro. Auf ähnliche Zahlen kommt die Unternehmensberatungsfirma McKinsey. Um eine

Tonne CO_2 einzusparen, seien bei der Photovoltaik Investitionen von 600 Euro nötig und bei der Windkraft 100 Euro. Noch effizienter wäre die Modernisierung der Braunkohlewerke. Hier lässt sich schon mit einer Investition von 20 Euro eine Tonne CO_2 einsparen.

Was es kostet, eine Tonne CO_2 einzusparen

Projekt	max. Kosten
Atomkraft (ERP-Reaktor)	7 Euro
Erdgas (Kombikraftwerk)	34 Euro
Solarthermie	75 Euro
Windenergie	91 Euro
Effizientere Dieselautos	254 Euro
Wärmedämmung im Einfamilienhaus	326 Euro
Effizientere Benzinautos	415 Euro
Geothermie	540 Euro
Biokraftstoffe	585 Euro
Photovoltaik	611 Euro

Quelle: Ulrich Fahl, zitiert nach Sinn

Der von der Bundesregierung beauftragte Sachverständigenrat für Umweltfragen plädiert in seinem jüngsten Gutachten dafür, die Solarförderung stark einzuschränken. Die Ökoweisen waren alarmiert, weil in Deutschland im Jahr 2010 insgesamt fast 20 Milliarden Euro in Solaranlagen investiert wurden, aber nur 2,5 Milliarden Euro in Windenergie. Aus Klimaschutzgründen sollte es eher umgekehrt sein. »Die Photovoltaik hat zuletzt eine geradezu extreme Konjunktur erlebt, regelrechte Auswüchse«, sagt der Umweltweise Olav Hohmeyer im Interview mit der »Zeit«. »Deshalb ist die Umlage zur Finanzierung der regenerativen Energien stark angestiegen, mit dem Effekt, dass ihre Akzeptanz nun gefährdet ist.«

Doch die Bundesregierung hält an ihrer Förderpolitik grundsätzlich fest. Zwar dachte Umweltminister Röttgen Anfang

2011 kurz darüber nach, dem Rat der Fachleute zu folgen und die Solarförderung stärker zu begrenzen. Doch dann kamen der Reaktorunfall in Japan und in der Folge die Energiewende in Deutschland dazwischen. Um aus der Atomkraft aussteigen zu können, wird scheint's jede Kilowattstunde gebraucht, zu welchem Preis auch immer.

Überhaupt fällt auf, dass über die Kosten der Grünstromförderung in der Öffentlichkeit selten debattiert wird. Das liegt wohl daran, dass das System kaum zu durchschauen ist. Welcher Normalverbraucher ahnt schon, dass er für jede Solarplatte, die sich der Nachbar aufs Dach setzt, automatisch mitbezahlen muss, ob er will oder nicht. Würden die Subventionen nicht halbversteckt über die Stromrechnung eingetrieben, sondern aus dem Bundeshaushalt bezahlt, würde sich die Lage schlagartig ändern. Bei jeder Haushaltsdebatte würde darüber gestritten, ob der Fördertopf für den Ökostrom, der mit gut 13 Milliarden Euro immerhin genauso groß ist wie der gesamte Bildungs- und Forschungsetat, wirklich gut angelegt ist. Jeder Finanzminister, von welcher Partei auch immer, würde die Frage stellen, warum das meiste Geld ausgerechnet für Solaranlagen draufgeht, die im Vergleich zu den anderen Erneuerbaren besonders wenig Strom erzeugen. »Dann muss man abwägen, was wichtiger ist: Gesundheitssystem, Renten, Straßen oder erneuerbare Energien«, sagt der Ökonom Carl Christian von Weizsäcker, der seit Jahren dafür wirbt, die Solarstromförderung nach dem Vorbild der Steinkohle-Subventionen in den Staatshaushalt einzustellen.

Vertreter der Solarbranche werden an dieser Stelle sicher einwerfen, dass ihre Technik einfach noch etwas Zeit brauche. Die Subventionen seien als Starthilfe zu verstehen. Man müsse jetzt Geduld haben und bei der Sache bleiben. Hermann Scheer, der im Oktober 2010 verstorbene Solarlobbyist der SPD-Bundestagsfraktion, versprach: »100 Prozent Sonnenenergie: Eines Tages wird es so weit sein.«

Tatsächlich könnte es sein, dass die Solarenergie irgendwann den Durchbruch schafft. Wenn nicht im dunklen Deutschland, dann vielleicht anderswo. Wer weiß schon, was die Zukunft bringt. Das Potential ist theoretisch vorhanden. Wissenschaftler gehen davon aus, dass die Sonne in einer einzigen Stunde mehr Energie zur Erde schickt, als die Menschheit in einem ganzen Jahr verbraucht. Gegen die sonnigen Aussichten spricht allerdings, dass die Menschheit nun schon seit über hundert Jahren an der Nutzbarmachung der Sonnenkraft herumforscht, ohne allzu große Fortschritte zu erzielen. 1839 entdeckte Alexandre Edmond Becquerel den photoelektrischen Effekt, 1883 entstand die erste Photozelle aus Selen. Und schon vor über fünfzig Jahren schossen die Amerikaner die ersten solarbetriebenen Satelliten ins Weltall. Aber jetzt geht es irgendwie nicht weiter. Die angebliche Hightech-Branche Solar ist nicht viel innovativer als eine Schraubenfabrik. Wozu auch? Mit dem Erneuerbare-Energien-Gesetz wird ja nicht die Forschung subventioniert, sondern das Massengeschäft mit dem Einbau bekannter Technik. Ein bis drei Prozent ihres Umsatzes gaben die deutschen Solarunternehmen zuletzt für Forschung und Entwicklung aus. In der deutschen Automobilindustrie sind die Forschungsausgaben etwa doppelt so hoch, in der Biotech-Medizin liegen sie sogar bei etwa 30 Prozent.

Moderne Solarzellen haben noch immer einen Wirkungsgrad von unter 25 Prozent. Das ist zu wenig, zumal in Ländern wie Deutschland, in denen das Wetter nicht mitspielt. Schon bei der Produktion der Solarmodule geht so viel Energie drauf, dass es mitunter Jahre dauert, bis sie, energetisch betrachtet, aus den roten Zahlen herauskommen und im Saldo mehr Strom erzeugen, als sie gekostet haben.

Solarlobbyisten blenden die Öffentlichkeit gerne mit beeindruckenden Zahlen über die angebliche Leistungsfähigkeit der Photovoltaik. Alle Anlagen zusammen kämen nominal auf über

20 Gigawatt Leistung. Das entspreche der Power aller noch verbliebenen Atomkraftwerke. Doch das ist Unfug. Spitzenleistung bringen die Solaranlagen nur bei optimaler Bestrahlung (1000 Watt pro Quadratmeter), perfektem Zenitwinkel (48,2 Grad) und idealer Modultemperatur (25 Grad Celsius), also unter Bedingungen, die außerhalb eines Labors so gut wie nie vorkommen. Unter realen Bedingungen erzeugt die gesamte Photovoltaik daher nicht einmal so viel Strom wie zwei Atomreaktoren. Und selbst das ist noch übertrieben, weil die Photovoltaik bei Tag und Nacht durch Backup-Kraftwerke abgesichert werden muss, was zu einer teuren, im Prinzip überflüssigen Doppelausstattung führt. Die Angabe der Spitzenleistung von Photovoltaikanlagen führe leicht zu Missverständnissen, schreibt die Deutsche Physikalische Gesellschaft in einem Gutachten. »Investitionen in einen wesentlichen Anteil der Photovoltaik an der deutschen Stromerzeugung erfordern notwendigerweise Investitionen in andere Kraftwerke mit einer Erzeugungskapazität praktisch gleicher Größenordnung«, heißt es dort: »Photovoltaik kann grundsätzlich keine anderen Kraftwerke ersetzen.«

In manchen Momenten kommt es aber auch vor, dass sogar mehr Naturstrom zur Verfügung steht, als insgesamt gebraucht wird. Die überschüssige Menge muss über die Strombörse ganz schnell ans Ausland verschenkt werden. Dann gibt es mitunter sogar noch Geld obendrauf. Bis zu 1500 Euro pro Megawattstunde haben die Deutschen schon mal bezahlt, damit jemand so nett war, ihnen den überschüssigen Strom abzunehmen. Fachleute sprechen von »negativen Preisen«, ein Phänomen, das auf der ganzen Welt seinesgleichen sucht.

Die romantische Vorstellung, der Strombedarf könne in absehbarer Zukunft durch Solardächer gedeckt werden, löst in Fachkreisen Kopfschütteln aus. Zumal die Nachfrage womöglich sogar steigen wird. Man muss sich nur das Myzel aus Computer-, Handy- und Kamerakabeln unter unseren Schreibtischen ansehen, um zu begreifen, warum unser Stromverbrauch trotz Energiesparbirnen jedes Jahr wächst. Und demnächst sollen auch noch unsere Elektroautos stundenlang an der Steckdose hängen.

Selbst wenn sämtliche Dächer Deutschlands mit Solarpaneelen eingedeckt würden, wäre es noch zu wenig, um unseren Bedarf zu decken. Fachleute am Lehrstuhl für Humangeographie und Geoinformatik der Universität Augsburg schätzen, dass mit Hilfe von Dachflächen theoretisch maximal 20 Prozent des deutschen Strombedarfs gedeckt werden könnten. Wissenschaftler der Max-Planck-Gesellschaft haben spaßeshalber ausgerechnet, was passieren müsste, um die Versorgung der Menschheit bis zum Jahr 2100 auf Solarstrom umzustellen. Gebraucht würden 850 000 solarthermische Kraftwerke von der Größe der Anlage »Andasol 3«, die kürzlich im spanischen Andalusien eröffnet wurde. »Wir müssten in den nächsten 90 Jahren also jeden Tag 25 große solarthermische Kraftwerke bauen«, sagt Peter Gruss, Präsident der Max-Planck-Gesellschaft: »Seien wir ehrlich: Unsere bisherigen Möglichkeiten greifen zu kurz.«

Am Ende stellt uns der Photovoltaikboom auch noch vor ein neues Sondermüllproblem. Wohin mit den Solarplatten, wenn sie alt oder kaputt sind? Die Hausmülltonne kommt nicht in Frage. In den Standard-Siliziummodulen steckt giftiges Blei. Dünnschichtzellen enthalten gesundheitsschädliches Kadmium. Die Experten des Fraunhofer-Instituts für Solare Energiesysteme in Freiburg fordern deshalb, dass die Hersteller so schnell wie möglich auf umweltverträgliche Materialien umstellen und giftige Schwermetalle aus der Produktion verbannen sollten.

Doch die Mehrheit der Solarindustrie macht nicht mit. Muss sie auch nicht. Ausgerechnet in der angeblichen Ökobranche spielen Ökostandards keine so große Rolle. Zwar hat die Europäische Union Ende 2010 eine Richtlinie verschärft, um die Verwendung umweltschädlicher Materialien wie Blei, Quecksilber und Kadmium in Elektronikgeräten möglichst zu verbieten. Für Solarplatten hat die EU aber eine Ausnahme gemacht; sie dienten ja dem Umweltschutz.

Untergang

Deutschland steht ein grünes Wirtschaftswunder bevor – so lautet jedenfalls der Plan der Politik. Keine Unternehmung, die sich irgendwie mit dem Thema Umweltschutz in Verbindung bringen lässt, muss ohne staatliche Hilfe auskommen. Der »Förder-Kompass« der halbstaatlichen Deutschen Energie-Agentur listet mehr als 900 verschiedene Subventionsmöglichkeiten auf. »Deutschland ist Weltmarktführer im Bereich der erneuerbaren Energie«, sagte Bundesumweltminister Röttgen: »Wenn wir diese Stellung ausbauen, dient das der Wettbewerbsfähigkeit unserer Industrie und unseres Landes.« Und die Kanzlerin preist die »Chancen für Exporte, Entwicklungen, Technologien und Arbeitsplätze«, die in der Ökobranche schlummerten.

Doch ausgerechnet jetzt, wo die Energiewende beschlossene Sache ist, geht der Green Economy die Kraft aus. Der Boom bei den erneuerbaren Energien hat sich als Subventionsblase herausgestellt. Die Fördermittel gibt es noch immer. Aber die Blase ist geplatzt. Am härtesten trifft es Produktionsstätten in Ostdeutschland, wo es neben Subventionsgräbern wie dem Lausitzring, den Spaßbädern und den menschenleeren Einkaufsparks bald auch die erste Solarfabrikruine zu betrauern gibt.

Das Solarwirtschaftswunder endete, als die chinesischen Konkurrenzfirmen die gleichen Module für weniger als das halbe Geld anbieten konnten. 2004 hatte Deutschland am weltweiten Photovoltaik-Geschäft noch einen Marktanteil von 69 Prozent. 2011 waren es weniger als 20 Prozent. Die Solon AG hat es bereits erwischt; in der Firmenzentrale in Berlin-Adlershof hat der Insolvenzverwalter das Sagen, ebenso bei Solar Millennium in Erlangen. Schott Solar stellte im fränkischen Alzenau seine Produktion von Solarzellen ein; 276 Arbeitsplätze und insgesamt 16 Millionen Euro Staatshilfe sind offenbar futsch. Q-Cells in Bitterfeld kämpft um jeden Kunden. Der Aktienkurs der Firma ist von über 50 Euro auf wenige Cent abgestürzt. 3000 Jobs stehen auf dem Spiel, ein schwerer Schlag für die Region, die schon den Zusammen-bruch der ostdeutschen Chemieindustrie nach der Wende verkraften musste. Auch Phoenix Solar aus dem bayerischen Sulzemoos hat mit Rückschlägen zu kämpfen. Asbecks Solar-world AG geht es längst nicht mehr so gut wie früher.

Einige Beobachter hatten schon länger das Gefühl, dass es in der Green Economy nicht rund läuft. Offiziell war alles super. Das Umweltministerium bejubelte ein »grünes Beschäf-tigungswunder«. Durch die erneuerbaren Energien seien mehr als 300 000 neue Jobs in Deutschland entstanden, hieß es in der Branche. Laut einem Lobbyverband kamen allein in der Sonnenenergiebranche 130 000 Stellen zusammen. Die Öko-industrie schien auf dem besten Wege zu sein, die klassischen Branchen Auto, Metall und Chemie zu überflügeln. So erzähl-ten es jedenfalls die Lobbyisten.

Doch die Zahlen stimmten offenbar vorne und hinten nicht. Die 130 000 Beschäftigten in der Solarbranche waren auch das Ergebnis trickreicher Statistik. So arbeiten in der Photovol-taikindustrie selbst nur etwa 18 000 Menschen. Hinzu kom-men knapp 40 000 Beschäftigte in Handwerksbetrieben, etwa Dachdecker. Und weitere 64 000 Arbeitsplätze entfallen laut Solarwirtschaftsverband auf sogenannte »Vorleistungen« und

»Sonstiges«, was immer damit gemeint sein könnte. Mit einer solchen Zählweise lässt sich jede Mini-Branche zur volkswirtschaftlich bedeutsamen Jobmaschine aufblasen. Wegen Mehrfachzählung kämen am Ende freilich mehr Arbeitsplätze heraus, als Deutschland Einwohner hat. Die Frage ist ja, was die Beschäftigten der Photovoltaikindustrie machen würden, wenn sie keine Solarplatten mehr zusammenschraubten. Zu Hause bleiben? Eher nicht. Vielleicht fänden sie sogar einen Job, der nicht von der Allgemeinheit subventioniert werden muss.

In der Gesamtschau ist nicht mal sicher, ob die Ökoenergie überhaupt einen positiven Effekt auf Konjunktur und Arbeitsmarkt hat, oder ob das Gegenteil stimmt und sie unterm Strich Jobs kostet. Der hohe Strompreis geht zu Lasten der Kaufkraft. Die knapp 14 Milliarden Euro, die die Stromkunden letztes Jahr zwangsweise für die Förderung erneuerbarer Energien bezahlt haben, hätten sie sonst für andere Dinge ausgegeben. Die Wirtschaft stöhnt unter den hohen Strompreisen. Die Energiekosten verteuern die Produktion und führen dazu, dass an anderer Stelle gespart wird. In den klassischen Industrien gehen Jobs verloren.

Die Metallindustrie, bislang ein wichtiger Arbeitgeber, zieht es inzwischen in Länder, in denen der Strom billiger ist. Der Bochumer Mischkonzern GEA schloss seine Zinkhütte in Datteln. Der Hamburger Metallkonzern Aurubis, Europas größter Kupferproduzent, kündigte an, wegen der Energiekosten seine Investitionen auf Asien und Südamerika zu konzentrieren. Das norwegische Unternehmen Norsk Hydro dachte über die Schließung seiner Aluminiumhütte Rheinwerk bei Neuss nach. Wegen der hohen Strompreise lief der Betrieb monatelang auf Sparflamme. »Manche Grünen glauben, Green Economy sei alles«, warnt bereits der SPD-Vorsitzende Sigmar Gabriel. »Sie vergessen aber, dass sie kein Windrad herstellen ohne Stahl, ohne Kunststoff, ohne Maschinenbau und Elektrotechnik.«

Wir können nur hoffen, dass unterm Strich die Verluste kleiner sind als die Gewinne, zumal auch der Umwelt nicht geholfen ist, wenn Unternehmen ihre Fabriken nach Übersee verlagern. Derzeit sieht es nicht so aus, als gehe unsere Rechnung auf. Im April 2011 veranstaltete das Bundesministerium für Bildung und Forschung einen Workshop, der sich mit der Frage beschäftigte, ob sich die Vorreiterrolle Deutschlands bei der Photovoltaik wirtschaftlich auszahlt. Die Antwort war eindeutig: Nein, es lohnt sich nicht. »Bezüglich der Beschäftigungseffekte lassen sich keine gesamtwirtschaftlich nennenswerten Erfolge konstatieren«, heißt es in dem anschließend veröffentlichten Tagungsbericht, den der Wirtschaftswissenschaftler André Schmidt von der Universität Witten/Herdecke verfasst hat: »So hat die Förderung der regenerierbaren Energien zu erheblichen Verdrängungseffekten der Beschäftigung in den Sektoren der konventionellen Energieerzeugung sowie in nachgelagerten, insbesondere energieintensiven Branchen geführt. Darüber hinaus darf nicht übersehen werden, dass die Förderung erneuerbarer Energien insgesamt zu höheren Energiepreisen geführt hat, was zu einer Reduktion der Kaufkraft führt.«

Pro Arbeitsplatz in der Photovoltaikbranche ergebe sich »ein durchschnittlicher Subventionsbetrag von 175 000 Euro im Jahr«, so der Ministeriumsbericht weiter. »Vergleicht man dies mit den 75 000 Euro pro Arbeitsplatz in der Steinkohleindustrie, so stellen sich doch erhebliche Zweifel ein, inwieweit es sich hier tatsächlich um eine effiziente Maßnahme zur Erhöhung der Beschäftigung handelt.«

Die Parallelen zwischen Steinkohle und Sonnenkraft sind nicht zu übersehen. Als vor einiger Zeit im sächsischen Freiberg der erste Spatenstich für eine Solarfabrik gefeiert wurde, trat schon mal ein Bergmannskorps auf und spielte: »Glückauf, Glückauf, der Steiger kommt.«

Lichtblick

Die Stromrechnung kam mit der Post: Oh je. Vattenfall berechnet uns 4035 Kilowattstunden »Berlin Basis Privatstrom« fürs vergangene Jahr, das macht 77 Kilowattstunden pro Woche, elf am Tag, 0,46 pro Stunde. Kein Wunder, dass sich das Rädchen in unserem Stromzähler schneller dreht, als man gucken kann.

Bei umweltbewussten Menschen hat Vattenfall einen schlechten Ruf, einmal wegen seiner Atommeiler in Brokdorf, Krümmel und Brunsbüttel, zum anderen wegen seiner Braunkohlekraftwerke. Nach Greenpeace-Recherchen bläst das Unternehmen pro Kilowattstunde Strom 890 Gramm CO_2 in die Luft, ein, so Greenpeace, »trauriger Spitzenwert«. Andere Energiekonzerne kämen mit 500 Gramm CO_2 pro Kilowattstunde aus, und das sei schon schlimm genug. Vattenfall müht sich, sein schlechtes Image durch die Förderung von Kultur- und Sportveranstaltungen zu verbessern. Aber Greenpeace hat das Manöver durchschaut. Vorne den Berliner Halbmarathon und eine Kinderhüpfburg sponsern, hintenrum die Luft verpesten: Mit so plumpen Methoden lässt sich die Ökoszene nicht austricksen.

Wer von Berlin über die Autobahn Richtung Cottbus fährt, sieht schon von Weitem, wo der Vattenfall-Strom für die Hauptstadt gemacht wird. Kurz vor Polen tauchen am Horizont neun Kühltürme auf, jeder einzelne so groß, dass der Kölner Dom darin verschwände. Aus den Schloten quillt weißer Dampf: Hier liegt es, das Kraftwerk Jänschwalde, in dem ein Gutteil des von uns Berlinern verursachten Treibhausgases in die Luft gejagt wird. Es gibt eine Rangliste der klimaschädlichsten Kraftwerke der Welt. Platz 1 belegt Taichung in Taiwan. Es erzeugt rund 40 Millionen Tonnen CO_2 im Jahr, bald so viel wie die gesamte Schweiz. Platz 2 geht an Belchatow in Polen. Jänschwalde liegt in der Rangliste auf Platz 8. An einem einzigen Tag werden hier bis zu 80 000 Tonnen Braunkohle verfeuert. Laut Europäischem Schadstoffemissionsregister beträgt die jährliche Menge an CO_2-Ausstoß etwa 24 Millionen Tonnen.

Wenn die Greenpeace-Recherchen stimmen, sah unsere persönliche Bilanz also folgendermaßen aus: 4035 Kilowattstunden Vattenfall-Strom à 890 Gramm CO_2, das macht 3591,15 Kilogramm CO_2 im Jahr. 3,6 Tonnen! Das Gewicht eines ausgewachsenen Elefanten. Eine Menge, die ausreicht, um eine halbe Million Luftballons aufzublasen. Allein mit unserem Verbrauch an »Berlin Basis Privatstrom« hatten wir fast zweimal mehr Kohlendioxid in die Luft gepustet, als dem durchschnittlichen Erdbewohner insgesamt zur Verfügung steht, wenn die Menschheit das Zwei-Grad-Ziel des Weltklimarats einhalten will. So ging es nicht weiter. Damit musste Schluss sein. Wir wechselten den Stromversorger.

Um sicherzugehen, dass wir künftig wirklich 100 Prozent Ökostrom beziehen, hielten wir uns an die Empfehlung der Stiftung Warentest. Demnach kamen vier Unternehmen in Frage: Lichtblick, Greenpeace Energy, Naturstrom und die Elektrizitätswerke Schönau. Alle vier bieten ausschließlich grünen Strom aus erneuerbaren Energien und gasbetriebenen Kraft-Wärme-Kopplungsanlagen an. Keines der Unternehmen steht eigentumsrechtlich mit einem Konzern in Verbindung, der Atom- oder Kohlekraftwerke betreibt oder mit Strom aus diesen Quellen handelt.

Marktführer in Deutschland ist die Lichtblick AG. Der Ingenieur Heiko von Tschischwitz und der Unternehmer Michael Saalfeld haben die Firma 1998 in Hamburg gegründet. Heute versorgt Lichtblick bundesweit mehr als 600 000 Kunden, darunter auch den Deutschen Bundestag. 98 Prozent des Lichtblick-Stroms stammen aus Wasserkraftwerken in Norwegen und Österreich, zwei Prozent aus einem Biomassekraftwerk in Finnland. Die Orte, an denen der Strom erzeugt wird, klingen wie Möbel von Ikea: Gjerde, Kvale, Uleberg, Stokkelandsana.

»Einfach das Formular ausfüllen und abschicken«, heißt es auf der Homepage von Lichtblick. Wir waren sofort überzeugt. Ein paar Tage später lag ein Päckchen vor unserer Tür, darin unser Begrüßungsgeschenk, eine Jutetasche.

Der eigentliche Wechsel verlief denkbar unspektakulär. Ich musste noch bei Vattenfall anrufen und den Zählerstand für die Schlussabrechnung durchgeben, damit waren alle Formalitäten erledigt. Zum Monatsersten trat unser neuer Vertrag in Kraft. Eine Sekunde nach Mitternacht endete für meine Familie und mich das fossil-nukleare Zeitalter; das soll uns die Bundesregierung erst mal nachmachen.

Auf den ersten Blick ist in unserem Haushalt alles gleich geblieben, sogar die Höhe unserer Stromrechnung. Die Mikrowelle brummt wie immer, im Fernsehen das gleiche Programm. Selbst der schäbige Zählerkasten neben der Kellertreppe blieb uns erhalten. Wir waren fast ein bisschen enttäuscht, dass niemand vorbeikam, um unsere Leitungen zu erneuern, einen Schalter umzulegen oder wenigstens einen Atom- und Kohlestromfilter in unsere Steckdosen einzubauen. Lichtblick hatte uns in einer Broschüre schon vorgewarnt, dass man dem Strom physikalisch leider nicht anmerke, wo er herkommt. Man müsse sich das Stromnetz wie eine Badewanne vorstellen, in die alle Kraftwerke ihren Strom hineinkippen. Unser Wechsel von Vattenfall zu Lichtblick führe dazu, dass sich das Mischungsverhältnis ändert. In der Badewanne schwappen demnach jetzt zusätzlich 4035 Kilowattstunden Ökostrom und dementsprechend weniger Kohle- und Atomstrom. »Je mehr sauber erzeugter Strom verlangt wird, umso größer wird der Anteil an regenerativen Energien«, heißt es in der Lichtblick-Broschüre.

Die Frage ist, wie sich unser Wechsel auf die Umwelt auswirkt. Man sollte glauben, dass es für das Klima von Vorteil ist, wenn unser Strom jetzt mit Wasserkraft erzeugt wird, anstatt im Braunkohlekraftwerk Jänschwalde. 3,6 Tonnen CO_2 rauchten dort bislang Jahr für Jahr zum Kamin hinaus, nur um unseren Strombedarf zu decken. In den skandinavischen Wasserkraftwerken von Lichtblick hingegen fällt nicht ein einziges Gramm CO_2 an. So verspricht es die Firmenbroschüre:. »Ihr Wechsel zu Lichtblick-Strom ist ein persönlicher Beitrag zur CO_2-Reduzierung.« Mein globaler Fußabdruck kam mir auch gleich viel schlanker vor.

So kann man sich irren.

Schmutzgutscheine

Im Dezember 1997 kamen die Teilnehmer des Weltklimagipfels im japanischen Kyoto überein, dass der Himmel nicht länger als Gratis-Deponie missbraucht werden darf. Wer in der Atmosphäre seinen Dreck hinterlässt, solle gefälligst Abfallgebühren zahlen.

Fachleute sprechen von »Cap and Trade«: Die Staatengemeinschaft legt eine Obergrenze (»Cap«) fest, bis zu der das Treibhausgas CO_2 ausgestoßen werden darf. Dann verteilt sie die entsprechende Menge an Verschmutzungsgutscheinen an die Unternehmen. Wer Kohlendioxid einspart, darf die überzähligen Zertifikate verkaufen (»Trade«). Wer mehr CO_2 ausstößt, als ihm eigentlich zusteht, muss Zertifikate zukaufen. Im Prinzip kann man sich Verschmutzungsrechte wie die Extra-Müllsäcke vorstellen, die man in manchen Städten kaufen muss, wenn einmal die normale Mülltonne nicht ausreicht.

Zu welchem Preis die Verschmutzungsrechte gehandelt werden, entscheidet sich nach Angebot und Nachfrage. An der von der Politik vorgegebenen Gesamtmenge der Emissionen ändert sich durch den Handel nichts. Wenn die Politiker wollen, dass weniger CO_2 ausgestoßen wird, müssen sie nur die Obergrenze, den »Cap«, herabsetzen und dementsprechend weniger Zertifikate in den Handel geben.

Ende der sechziger Jahre schlug der kanadische Wirtschaftswissenschaftler John Harkness Dales vor, das Problem der Luftverschmutzung mit handelbaren Zertifikaten zu bekämpfen, eine, wie es zunächst schien, völlig utopische Idee. Doch Mitte der neunziger Jahre gelang es den Amerikanern, ihren Ausstoß von Schwefeldioxid mit Hilfe eines Zertifikatesystems deutlich zu senken. Anstatt die Grenzwerte zu verschärfen und damit alle Unternehmen pauschal in die Pflicht zu nehmen, gab die US-Regierung damals Verschmutzungsgutscheine aus, die über die Börse gehandelt werden konnten. Einige Unternehmen investierten daraufhin lieber in Entschwefelungsanlagen, anstatt Geld für Verschmutzungszertifikate auszugeben. Andere kauften sich noch eine Zeitlang mit Hilfe von Verschmutzungsrechten frei. Unterm Strich ging der Ausstoß von Schwefeldioxid genau in dem Maße zurück, wie es die Politik vorgesehen hatte, und das zu vergleichsweise niedrigen Kosten für die Unternehmen. Die amerikanische Umweltschutzbehörde EPA hat ausgerechnet, dass der Zertifikatehandel die US-Wirtschaft etwa ein Drittel weniger gekostet hat, als es bei einem unflexiblen System aus Verboten und Grenzwerten der Fall gewesen wäre.

Ein Preisschild für die Umwelt: Welch faszinierende Idee! Klimaschädliche Produkte und Herstellungsverfahren werden teurer, klimaschonende hingegen billiger. Die Zertifikate schaffen einen finanziellen Anreiz für die Unternehmen, möglichst klimaschonend zu produzieren. Umweltschutz nutzt der Rendite, Gemeinwohl und Gewinnstreben gehen Hand in Hand.

Vor allem aber sorgt der Zertifikatehandel dafür, dass möglichst viel Klimaschutz möglichst wenig kostet. Solange es für ein Unternehmen günstiger ist, CO_2 einzusparen, etwa durch eine verbrauchsärmere Maschine, wird es seine Zertifikate nicht selbst einsetzen, sondern lieber verkaufen. Der Marktpreis für die Verschmutzungsrechte zeigt die sogenannten Grenzkosten der CO_2-Vermeidung an, was bedeutet: Eleganterweise wird das Klimagas immer dort eingespart, wo es sich am meisten lohnt.

In der Europäischen Union hat die Idee mit den Schmutzgutscheinen seit der Klimakonferenz in Kyoto beachtliche Fortschritte gemacht. 2005 startete der Handel mit Emissionszertifikaten. Die EU teilte jedem Mitgliedsstaat ein CO_2-Kontingent zu. Deutschland bekam Verschmutzungsrechte für fast 500 Millionen Tonnen CO_2. Diese Zertifikate gingen an insgesamt 1850 Industrieanlagen, darunter alle Kraftwerke, die Kalk- und Zementindustrie, die Raffinerien, Stahlhütten, Kokereien, Glasfabriken und die Papier- und Zellstoffproduktion. Organisiert wurde das Ganze von der Deutschen Emissionshandelsstelle, einer Außenstelle des Umweltbundesamtes. Sie residiert in einem sanierungsbedürftigen Gebäude in Berlin-Charlottenburg. Insgesamt arbeiten hier etwa 120 Leute.

Anfangs bekamen die Unternehmen die Verschmutzungsgutscheine kostenlos zugeteilt. Es galt, das System in Gang zu bringen. Das freute die Energiekonzerne. Obwohl sie für die Zertifikate nichts bezahlt hatten, legten sie den theoretischen Preis schon mal auf ihre Stromkunden um. So leicht hatten Vattenfall, RWE und E.on ihr Geld noch nie verdient.

Die zweite Stufe des Emissionshandels begann 2008 und dauert noch bis Ende 2012. Die Unternehmen bekommen nur noch einen Teil der Zertifikate geschenkt. Den Rest müssen sie sich auf dem Markt beschaffen, etwa an der Leipziger Strombörse. Der Preis für eine Tonne CO_2 pendelte in den letzten Jahren zwischen zehn und 20 Euro, ist zuletzt aber deutlich auf unter zehn Euro gefallen.

Ab 2013, in der dritten Phase, soll es noch weniger Gratis-Zertifikate geben. Die EU will die CO_2-Obergrenze für ganz Europa zunächst bei knapp zwei Milliarden Tonnen festlegen und den Deckel dann Jahr für Jahr fester zuschrauben. Auch der Flugverkehr wird in den Handel einbezogen. 2020 soll das Limit bei dann nur noch 1,72 Milliarden Tonnen CO_2 liegen. Der Marktpreis für die Verschmutzungszertifikate dürfte deshalb deutlich steigen, und genau das ist von der Politik ja auch gewünscht. Unternehmen, die weiter CO_2 in die Luft blasen, sollen immer stärker belastet werden – so der Plan.

Null

Der Emissionsrechtehandel ist eine gute Idee. Kein anderes Instrument ist besser geeignet, den Ausstoß von Treibhausgasen wirkungsvoll und effizient zu begrenzen. Die Politik gibt vor, wie viel Kohlendioxid insgesamt eingespart werden soll; um das Wie und Wo kümmert sich der Markt. Der Staat hat nichts weiter zu tun, als darauf zu achten, dass sich alle an die Regeln halten.

Doch die Umweltpolitiker trauen der Sache offenbar nicht. Anstatt den Emissionsrechtehandel wirken zu lassen, überfrachten sie das System mit zusätzlichen Vorschriften, Planvorgaben und konkurrierenden Förderinstrumenten: ein Aktionismus, der der Sache nicht dient, sondern schadet. »Die Regierungen können der Versuchung nicht widerstehen, durch symbolische Politik den Wählern vorzugaukeln, das Klima im Alleingang zu retten«, sagt der Magdeburger Umweltökonom Joachim Weimann. »Die Folge sind extrem kostspielige Maßnahmen, die Fehlanreize schaffen und die technologische Entwicklung einer CO_2-armen Energiegewinnung ebenso massiv behindern.«

Welche Fallstricke lauern, zeigt unser Wechsel von Vattenfall zu Lichtblick. Früher wurde unser Strom mit dreckiger Braunkohle aus Brandenburg erzeugt, heute mit sauberer Wasserkraft aus Norwegen; ein Unterschied von 3,6 Tonnen CO_2.

Doch wer glaubt, dass diese 3,6 Tonnen nun auch wirklich eingespart werden, irrt. In Wahrheit beträgt die CO_2-Ersparnis durch unseren Wechsel genau Null. Nicht ein einziges Gramm CO_2 wird jetzt weniger erzeugt. Unser vorbildliches Verhalten: für die Katz, jedenfalls, was den Klimaschutz betrifft.

Der Grund dafür ist, dass das Braunkohlekraftwerk Jänschwalde, so wie jedes Kraftwerk, in das System der Verschmutzungsrechte eingebunden ist. Etwa 23,5 Millionen Tonnen CO_2 rauchten in Jänschwalde im Jahr 2010 zum Schornstein hinaus. Für 12,3 Millionen Tonnen, also gut die Hälfte, bekam Vattenfall die Zertifikate noch kostenlos zugeteilt. Für die restlichen 11,2 Millionen Tonnen CO_2 musste das Unternehmen die entsprechenden Verschmutzungsrechte hinzukaufen. Bei Vattenfall ist dafür eine eigene Zertifikateabteilung zuständig. Seit wir unseren Stromvertrag mit Vattenfall gekündigt haben, wird im Kraftwerk Jänschwalde etwas weniger Braunkohle verbrannt. Dementsprechend geringer ist dort der Ausstoß an CO_2 – und dementsprechend weniger Verschmutzungsgutscheine muss Vattenfall einsetzen. Durch unseren Weggang sind es genau 3,8 Tonnen weniger, um die sich die Zertifikateabteilung kümmern muss.

Doch was geschieht mit unseren Verschmutzungsgutscheinen? Bedauerlicherweise werden die Vattenfall-Leute sie nicht wegwerfen, sondern weiterverkaufen. Das ist ein Routinevorgang. Zigtausende Emissionsrechte wechseln an den europäischen Energie- und Rohstoffbörsen jeden Tag den Besitzer. Es gibt CO_2-Spotmärkte, CO_2-Optionsgeschäfte und CO_2-Derivate aller Art. Der wichtigste Handelsplatz in Deutschland ist die Strombörse European Energy Exchange am Augustusplatz in Leipzig, keine 200 Kilometer Luftlinie vom Kraftwerk Jänschwalde entfernt.

An der Strombörse verliert sich die Spur unserer Zertifikate. Vielleicht hat ein Zementhersteller sie gekauft. Vielleicht ein anderer Energiekonzern. Womöglich sind sie bei einem Braunkohlekraftwerk im Ausland gelandet, etwa im polnischen Belchatow. Der Bedarf an Verschmutzungsrechten in Europa ist groß. Zertifikate werden überall gebraucht. Niemand würde auf die Idee kommen, sie verfallen zu lassen. Jedes Gramm CO_2, das wir eingespart haben, pustet jetzt ein anderer in die Luft; so funktioniert das System.

Besonders bitter für uns ist, dass wir den Marktpreis der Verschmutzungsrechte sogar gedrückt haben. Je mehr Leute in Deutschland auf Ökostrom umsteigen, desto stärker sinkt der Preis der Emissionszertifikate. Der Anreiz für die Industrie, in klimaschonende und kostensparende Technik zu investieren, nimmt dadurch ab. Warum sollte das Braunkohlekraftwerk Belchatow CO_2 einsparen, so lange die Verschmutzungsrechte billig sind, uns deutschen Ökostromkunden sei Dank?

Das Erneuerbare-Energien-Gesetz, mit dem die Politik den Ausbau von Wind- und Solarstrom vorantreibt, erweist sich in der Kombination mit dem Emissionsrechtehandel als sinnlos und letztlich sogar klimaschädlich. Die von der EU festgelegte Menge an CO_2-Emissionen ist unveränderlich, egal, wie viele Photovoltaikdächer wir installieren. Die zusätzlichen Subventionen für Solar- und Windkraftanlagen sparen also kein einziges zusätzliches Gramm CO_2 ein. Wohl aber verzerren sie die Preise. Ohne die üppigen Photovoltaik-Fördergelder käme kein vernünftiger Mensch auf die Idee, in eine Technik zu investieren, die vergleichsweise wenig Strom abwirft. Die dem Zertifikatehandel zugrundeliegende Überlegung, dass CO_2-Emissionen auf die volkswirtschaftlich möglichst günstigste Weise eingespart werden sollten, wird durch die Subventionen auf den Kopf gestellt.

Der Wissenschaftliche Beirat beim Bundeswirtschaftsministerium weist seit Jahren darauf hin, dass die Kombination aus Emissionshandel und Erneuerbare-Energien-Gesetz schädlicher Unfug ist. Durch die Subventionierung erneuerbarer Energien in Deutschland sinke der Preis für CO_2-Emissionslizenzen, »wodurch andere Emittenten in Europa geringere Anreize bekämen, ihre eigenen Emissionen zu reduzieren«, schrieb der stellvertretende Beiratsvorsitzende Achim Wambach im Mai 2011 an den damaligen Bundeswirtschaftsminister Rainer Brüderle (FDP), im Klartext: Die deutsche Ökostromförderung sorgt nur dafür, dass im Ausland umso mehr Treibhausgase in die Luft geblasen werden.

Ein Verschmutzungszertifikat für eine Tonne Kohlendioxid kostete Ende 2011 nur noch wenig mehr als sieben Euro. Bei einem so niedrigen Preis ist der Anreiz für die Unternehmen gering, CO_2 einzusparen. Wir müssen davon ausgehen, dass der Preis der Emissionsrechte deutlich höher wäre, gäbe es die Subventionen und Förderprogramme wie das Erneuerbare-Energien-Gesetz nicht. Der Ökonom Christoph Böhringer von der Universität Oldenburg und der norwegische Statistiker Knut Einar Rosendahl haben berechnet, dass ein Anteil von zehn Prozent Ökostrom am Gesamtmarkt dazu führt, dass der Preis für CO_2-Zertifikate um 50 Prozent niedriger ausfällt, als es ohne Ökostrom der Fall wäre.

Ohne das Erneuerbare-Energien-Gesetz würde eine Tonne CO_2 demnach beim Doppelten des heutigen Kurses liegen. Das käme dem »ehrlichen« CO_2-Preis, den der frühere Weltbank-Chefökonom Nicholas Stern in seinem Bericht über die wirtschaftlichen Folgen des Klimawandels berechnet hat, schon näher. Der Betrieb von Braunkohlekraftwerken würde sich in ganz Europa deutlich verteuern. »Die Stromanbieter kämen ganz anders auf Trab, als das heute der Fall ist«, sagt Umweltexperte Weimann von der Universität Magdeburg: »Dann würden sie ernsthaft an die Aufgabe gehen, unseren Strom möglichst bald CO_2-arm und dennoch zu möglichst geringen Kosten zu produzieren.«

So aber haben sich die Stromkonzerne im deutschen Subventions-Eldorado komfortabel eingerichtet. Die Verbindung aus Erneuerbare-Energien-Gesetz und Zertifikatehandel ist das Beste, was Vattenfall und Co. passieren konnte. »Die grüne Quote dient dem schwärzesten Strom«, sagt Christoph Böhringer. »Weil wir die erneuerbaren Energien zu viel subventionieren, sinkt der CO_2-Preis so stark, dass davon ausgerechnet die schmutzigsten Kraftwerke profitieren.«

Hans-Werner Sinn, Chef des Münchner ifo Instituts, spricht vom »grünen Paradoxon«. »Jeder weitere Windflügel, der auf deutschen Auen errichtet wird, und jede neue Solaranlage, die auf den Häusern glitzert, kurbelt im gleichen Umfang, wie hier Strom erzeugt und die Emission von Treibhausgasen vermieden wird, die Produktion entsprechender Treibhausgase im Rest Europas an«, sagt er. Es hilft dem Klima nicht, den Stand-by-Schalter auszumachen. Es bringt auch nichts, die Glühbirne durch eine Energiesparleuchte zu ersetzen. »All diese Maßnahmen führen zu gegenteiligen Maßnahmen der Energieverbraucher im Rest Europas«, so Sinn. »Das spanische Solarkraftwerk wird dann eben nicht gebaut, die Italiener kaufen noch mehr konventionell erzeugten Strom, und die Polen verzichten auf die Modernisierung ihrer Kohlekraftwerke.«

Vom Naturschutzbund Deutschland (Nabu) wurde Sinn wegen seiner angeblich umweltfeindlichen Thesen übrigens zum »Dinosaurier des Jahres 2009« gekürt. Persönlich wollte man ihm die Schmäh-Trophäe allerdings nicht überreichen. Vielleicht war dem Nabu die Sache peinlich, nachdem man noch mal in Ruhe über alles nachgedacht hatte. Tatsächlich gibt es nicht viele Ökonomen, die sich mehr Gedanken über den Schutz von Klima und Umwelt machen als der ifo-Chef.

Sinns These lautet, dass es die Ölscheichs und Kohlebarone sind, die bei der Entwicklung der Treibhausgasemissionen die entscheidende Rolle spielen. Sie haben es in der Hand, wie viel fossiler Brennstoff zu welchem Preis auf den Weltmarkt gelangt. Für die Ressourcenbesitzer kommt die Klimaschutzdebatte einer Drohung gleich. Sie müssen damit rechnen, dass ihre Bodenschätze an Wert verlieren, dass ihre Märkte vernichtet werden. Sie reagieren, indem sie ihre Reserven möglichst schnell zu Geld zu machen und ihre Fördermengen erhöhen. Dadurch sinken die Preise der fossilen Brennstoffe, was wiederum alle Länder, die sich nicht an CO_2-Einsparziele gebunden fühlen, dazu verführt, die Schornsteine umso stärker rauchen zu lassen.

Die grüne Politik in Europa ist demnach nicht nur wirkungslos, sondern unterm Strich sogar schädlich für das Weltklima, denn sie dämpft den Preisanstieg bei den fossilen Brennstoffen. Für Chinesen und Amerikaner werden Öl, Gas und Kohle tendenziell günstiger, weshalb sie umso ungenierter zulangen. Die Klimaschutzpolitik der Vorzeige-Europäer führt also dazu, dass auf der Welt heute weit mehr fossile Brennstoffe verfeuert werden, als es sonst der Fall wäre. »Deshalb ist trotz der ganzen Anstrengungen in Europa nicht die geringste Delle in der Kurve des weltweiten CO_2-Ausstoßes zu sehen«, sagt Sinn: »Je mehr Schlote die Europäer außer Betrieb nehmen, desto niedriger ist der Preis der fossilen Brennstoffe, und desto mehr Schlote werden im Rest der Welt neu errichtet.«

Sinn glaubt, dass sich alle bedeutenden Volkswirtschaften einschließlich der großen Entwicklungsländer zusammenschließen müssen, um eine CO_2-Diät zu verabreden, ein »Super-Kyoto-Abkommen«. Der europäische Emissionsrechtehandel sollte auf die ganze Welt ausgedehnt, eine globale Obergrenze für den Verbrauch von Öl, Gas und Kohle festgelegt werden. Die »zentralplanerische Mengensteuerung«, so Sinn, könne die Uno übernehmen: »Letztlich ist das Ganze ein Stück Kommunismus.« Man ahnt, wie groß die Verzweiflung ist, wenn ein liberaler Ökonom der Zentralplanung das Wort redet und »ein Stück Kommunismus« zu tolerieren bereit wäre.

Klimagangster

Deutschland kann den Treibhauseffekt alleine nicht stoppen. Unser Anteil am globalen CO_2-Ausstoß beträgt keine 3,5 Prozent. Ob es Deutschland gibt oder nicht, ist für das Klima ohne große Bedeutung.

Insofern hat Sinn vollkommen Recht: Nur ein weltweites Staatenbündnis wird in der Lage sein, den Klimawandel zu bremsen. Bedauerlicherweise sind die Aussichten für eine solche Allianz in jüngster Zeit nicht besser geworden. Der weltweite Ausstoß von Treibhausgasen steigt und steigt. Schätzungen gehen von mehr als 31 Milliarden Tonnen im Jahr 2010 aus, ein Plus von 5,5 Prozent gegenüber dem Vorjahr. Die Schwellen- und Entwicklungsländer haben um acht Prozent zugelegt, die Industrieländer um drei Prozent. Im Länderranking führt jetzt China mit 7,6 Milliarden Tonnen vor den USA

Weltklimaretter Deutschland?
Von Menschen verursachte Treibhausgasemissionen (CO_2-Äquivalente) weltweit im Jahr 2004 (Top-12-Länder)

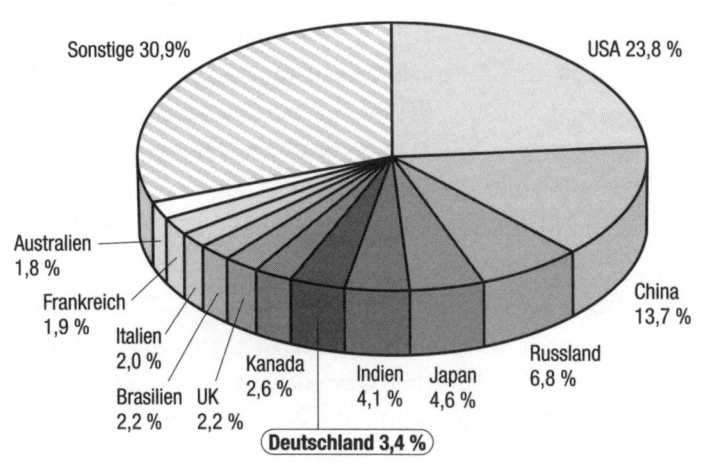

Sonstige 30,9% · USA 23,8 % · Australien 1,8 % · Frankreich 1,9 % · Italien 2,0 % · Brasilien 2,2 % · UK 2,2 % · Kanada 2,6 % · Deutschland 3,4 % · Indien 4,1 % · Japan 4,6 % · Russland 6,8 % · China 13,7 %

Quelle: UNFCCC

mit 5,7 Milliarden Tonnen. Auch Kanada, Brasilien, Indien und Russland haben ihren Ausstoß erhöht. Was Europa an Emissionen einspart, wird jetzt anderswo in die Luft geblasen. Spaniens Zementindustrie ist bereits nach Marokko abgewandert; Experten sprechen von »carbon leakage«, einem Kohlenstoff-Leck.

Der Plan, das europäische Emissionshandelssystem nach und nach auf die ganze Welt auszudehnen, geht derzeit nicht auf. Auch Umweltminister Röttgen träumt von einem »Super-Kyoto«, doch die anderen Staaten denken gar nicht daran, unserem Beispiel zu folgen. Die amerikanische Klimabörse in Chicago stellte wegen zu geringer Umsätze Ende 2010 den Handel ein. Japan hat die Einführung eines CO_2-Handelssystems bis auf weiteres verschoben.

Deshalb schlägt nun die Stunde der Klimaentwicklungshilfe, im Fachjargon »Clean Development Mechanism« (CDM) genannt. Waren die Deutschen in der Dritten Welt bislang für ihren Brunnenbau berühmt, bringen sie jetzt ihre Solaranlagen mit. Die Politik ermuntert die deutsche Wirtschaft, sich international beim Klimaschutz zu engagieren, und die Unternehmen investieren gerne in Klimaschutzprojekte in der Dritten Welt. Im Gegenzug bekommen sie zusätzliche Verschmutzungszertifikate, die sie zu Hause einsetzen können, um CO_2-Emissionen auszugleichen und ihre Fabriken am Laufen zu halten. So lautet der Deal.

Es handelt sich um ein Ablassgeschäft. Die europäischen Konzerne befreien sich von ihren eigenen Einsparverpflichtungen beim Klimaschutz, indem sie die Schwellen- und Entwicklungsländer fürs CO_2-Einsparen bezahlen. In Peru entsteht mit deutscher Hilfe ein Wasserkraftwerk, in Thailand eine Biogasanlage, in Kenia wird ein Geothermiekraftwerk erweitert. Vattenfall finanziert ein Projekt in Nigeria, mit dem das Abfackeln von Erdgas an einem Ölfeld verhindert werden soll.

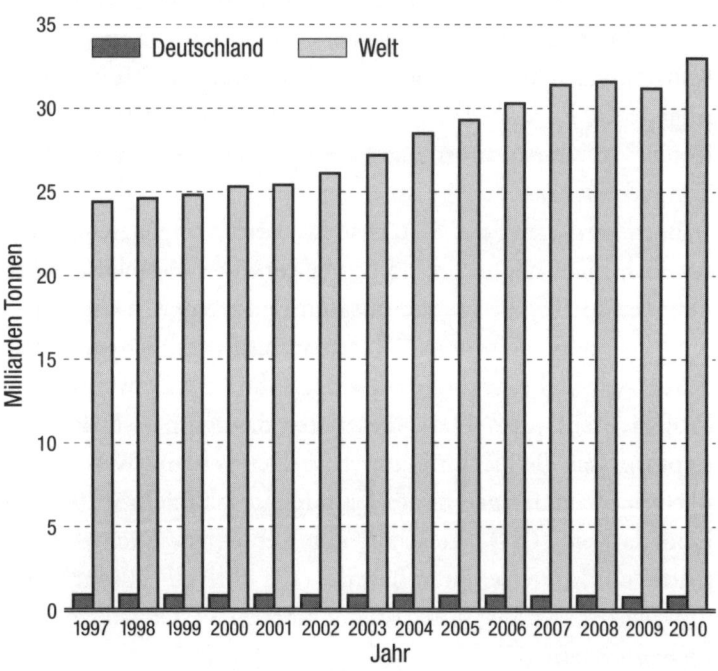

Quelle: EU-Kommission

RWE bezahlt die Nachrüstung einer Salpetersäureanlage in Ägypten, damit dort weniger Lachgas entweicht. Mal werden Hausfrauen in Sambia mit energiesparenden Holzkochern ausgestattet, mal Windpropeller auf den Galapagos-Inseln gebaut. Es gibt bereits eine Welthandelsmesse, die »Carbon-Expo«, wo wilde Müllkippen in Afrika und defekte Kühlschränke in Brasilien als Investments verkauft werden.

Die Uno schätzt, dass in Zukunft etwa 100 Milliarden Dollar in die Klimaentwicklungshilfe fließen könnten. Mehr als 2000 solcher Projekte sind inzwischen offiziell registriert. Das Uno-Klimasekretariat in Bonn, das die Projekte beaufsichtigen soll, kommt mit der Arbeit kaum nach. Und hier liegt das Problem.

Kaum jemand glaubt, dass es beim Ablasshandel mit rechten Dingen zugeht. Transparency International befürchtet, dass ein Teil der angeblichen Klimaentwicklungshilfe in dunklen Kanälen versickert. »Wo große Geldsummen durch neue und ungeprüfte Finanzmärkte und Mechanismen fließen, herrscht immer ein Korruptionsrisiko«, heißt es in einem Transparency-Sonderbericht.

Betrügern bietet das System ideale Bedingungen. Es kommt nämlich nicht darauf an, ob durch die CDM-Projekte tatsächlich weniger Treibhausgase ausgestoßen werden. Das Projekt wird vielmehr mit einem Referenzszenario verglichen. Dieses besagt, wie viel Kohlendioxid ausgestoßen *würde*, wenn es das Projekt nicht *gäbe*. Der Nutzen für das Klima ist also rein hypothetisch. Reale Emissionen in Deutschland werden mit fiktiven Einsparungen in den Entwicklungsländern verrechnet. Und da beim CDM-Geschäft der Käufer wie auch der Verkäufer ein Interesse daran hat, dass die fiktiven Einsparungen möglichst groß ausfallen, ist mit unterbewerteten Projekten nicht zu rechnen.

Chinesische Kühlmittelhersteller und europäische Energiekonzerne haben vorgemacht, wie der Ablasshandel zum beiderseitigen Nutzen optimiert werden kann. Im Mittelpunkt ihres Geschäftsmodells steht ein farbloses Gas, das schwach nach Äther riecht. Seine wissenschaftliche Bezeichnung lautet Trifluormethan, kurz HFC-23. Früher hat man es gern für Kühlschränke und Feuerlöscher verwendet. Doch seit sich herumgesprochen hat, dass HFC-23 in der Atmosphäre einen über 10 000 Mal größeren Schaden anrichtet als Kohlendioxid, geht die Nachfrage weltweit zurück.

In China jedoch ging die Produktion des Gases einfach weiter. Westliche Beobachter wunderten sich: Für wen mochte das klimaschädliche Kühlmittel wohl bestimmt sein? Und die Sache wurde immer mysteriöser. Alte Fabriken, die längst abgeschaltet werden sollten, liefen wieder auf Hochtouren. Mancherorts verdoppelte sich die Produktion. Und dann wieder kam es plötzlich vor, dass eine Fabrik stoppte und wochenlang kein einziges Gramm HFC-23 erzeugte.

Des Rätsels Lösung steckt im System der Klimaentwicklungshilfe. Die chinesischen Kühlmittelfabrikanten wurden von europäischen Zertifikatehändlern dafür bezahlt, das Treibhausgas zu beseitigen. Doch um es vernichten zu können, mussten die Chinesen es erst einmal produzieren. Einige Fabriken dienten einzig dem Zweck, das HFC-23 erst herzustellen, um es gleich anschließend wieder unschädlich zu machen.

Hinter den Zertifikatehändlern steckten europäische Energiekonzerne, die auf diese Weise ihre CO_2-Bilanz aufpolierten. Durch das Geschäft konnten sie ihr Kontingent an Emissionszertifikaten aufstocken, und sie bezahlten ihre Geschäftspartner gut. Den Chinesen brachte jede Tonne HFC-23 etwa 40 Dollar Gewinn. Auch die chinesische Regierung, die das

Ablasshandel mit CDM-Zertifikaten (2008 und 2009)
Marktanteile in Prozent

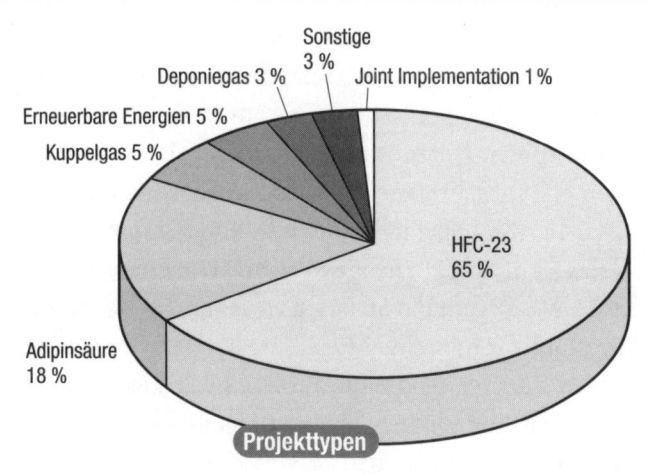

Quelle: CITL, UNFCCC, zitiert nach Öko-Institut

Geschäft mit Steuern belegte, kassierte mit. Immer wenn das Budget der Verschmutzungszertifikate aufgebraucht war, stellten die Fabriken vorübergehend die Arbeit ein. So erklärten sich die geheimnisvollen Produktionsstopps.

Der Goldesel-Trick mit dem Kühlgas machte zeitweise mehr als die Hälfte des gesamten CDM-Zertifikatehandels aus. RWE war an den Geschäften beteiligt; auch Vattenfall besaß derartige Zertifikate. Die Deutsche Bank betätigte sich als Zwischenhändler. Als die Sache Ende 2010 aufflog, bezifferten Abgeordnete des Europäischen Parlaments den Schaden für die Verbraucher auf drei Milliarden Euro. EU-Klimakommissarin Connie Hedegaard zeigte sich zerknirscht. Die Uno untersuchte den Vorgang und kam zu dem Schluss, dass womöglich kein einziges Gramm Treibhausgas eingespart worden war. Die chinesischen Fabriken hätten primär dem Ziel gedient, den Zertifikatemarkt zu bedienen. Und alle Beteiligten hatten von dem Schwindel profitiert: die chinesischen Fabriken, die deutschen Kraftwerksbetreiber, die Banken und sogar der deutsche TÜV, der einigen Projekten ein Gütesiegel verpasst hatte.

Übrigens laufen die Geschäfte mit HFC-23 bis heute weiter. Auf ein Verbot konnte man sich bei den Klimaverhandlungen Ende 2010 im mexikanischen Cancun leider nicht einigen. China und Indien legten ihr Veto ein. Es gab sogar noch einmal 13,7 Millionen Emissionszertifikate extra obendrauf. Erst am 1. Mai 2013, so der Plan, soll endgültig Schluss sein.

Und das ist nicht der einzige Skandal. Die Umweltorganisation CDM Watch geht davon aus, dass es sich bei der Klimaentwicklungshilfe oft um reine Mitnahme handelt. Viele Projekte würden mit Zertifikaten belohnt, obwohl sie auch ganz ohne Hilfsgelder zustande kämen. Das ist eigentlich illegal. Wenn ein Projekt keinen zusätzlichen Nutzen bringt, verdient es auch keine Förderung, so sehen es die Regeln vor.

Doch in der Realität fällt es schwer, zwischen förderwürdigen Projekten und Mitnahmeprojekten zu unterscheiden. RWE hat fast eine halbe Million Zertifikate für die Beteiligung an einem Wasserkraftwerk am chinesischen Bala-Fluss kassiert, das nach Ansicht von CDM Watch auch ohne deutsche Hilfe gebaut worden wäre. China bietet auch an, in Maschinen zu investieren, die methanhaltiges Gas aus Kohlegruben absaugen sollen. Einige dieser Projekte sind bei der Uno bereits als förderwürdig registriert. Als Gegenleistung winken wieder einmal Verschmutzungszertifikate – dabei sind solche Anlagen zur Methanabsaugung in chinesischen Kohlegruben längst gesetzlich vorgeschrieben. Doch warum sollten die Chinesen die Anlagen selbst bezahlen, wenn sie doch den Klimaentwicklungshelfern aus Deutschland damit eine Freude machen können?

»Der Ablasshandel schafft keinen Anreiz dafür, den CO_2-Ausstoß zu verringern, sondern für die Drohung, ihn so weit wie möglich zu erhöhen«, sagt der britische Ökonom und Entwicklungsexperte Paul Collier. Theoretisch könne sich ein Land immer und immer wieder für das Vermeiden bestimmter Emissionen bezahlen lassen, während es seine Gesamtemissionen ins Grenzenlose steigert.

Es wäre deshalb am besten, den ganzen CDM-Schmu abzuschaffen, zumal nach dem CO_2-Schwindler inzwischen noch ein zweiter Schurke aufgetaucht ist: der CO_2-Erpresser. Dieser Typ Klimagangster ist auf einen Trick gestoßen, wie man die Umwelt als Geisel nehmen kann.

Die Rede ist von Rafael Correa, dem Präsidenten Ecuadors. Seine Geisel ist der Yasuní-Nationalpark im Nordosten Ecuadors. Der Regenwald dort gilt als besonders schützenswertes Biotop. Seltene Tier- und Insektenarten leben hier, ebenso ein Indianerstamm, der bislang nur selten mit der Zivilisation in Berührung gekommen ist. Doch der Nationalpark birgt auch materiellen Reichtum. Experten vermuten, dass mehr als 800 Millionen Barrel Öl in der Erde stecken. Würden die Indianer vertrieben und der Regenwald abgeholzt, könnte Ecuador demnach mehr als sieben Milliarden Dollar einnehmen.

Bei einer Rede vor der Uno-Vollversammlung im September 2007 machte Präsident Correa der Weltgemeinschaft ein Angebot, von dem er glaubte, dass man es nicht ablehnen könne. Er sagte, er wäre bereit, den Regenwald, die Tierwelt und die Indianer zu verschonen und auf das Öl zu verzichten, unter einer Bedingung: Die Staatengemeinschaft müsse ihm die Hälfte der zu erwartenden Öleinnahmen ersetzen. Es gehe um 3,6 Milliarden Dollar. Er akzeptiere Ratenzahlung. Fürs Erste, so Correa, reiche ihm ein Vorschuss von 100 Millionen Euro, sozusagen als Zeichen des guten Willens.

Geld oder Leben: Zu früheren Zeiten wäre ein solcher Erpressungsversuch bei der Uno nicht gut angekommen. Doch in Zeiten der Erderwärmung haben sich die Maßstäbe verschoben. Als Correa seine Rede vor der Uno-Vollversammlung beendet hatte, war es zunächst ganz still im Saal. Die Delegierten schienen einen Augenblick lang sprachlos zu sein. Doch dann brandete Beifall auf. Die Vertreter aus Europa bekamen sich vor lauter Begeisterung kaum noch ein. Endlich bot sich ihnen die Gelegenheit, dem Klima im ganz großen Stil aus der Patsche zu helfen. Genial! Die damalige deutsche Entwicklungshilfeministerin Heidemarie Wieczorek-Zeul (SPD) setzte sich an die Spitze der Bewegung. Die Große Koalition aus Union und SPD im Bundestag fasste den Beschluss, sich generös am Freikauf des Yasuní-Nationalparks und seiner Bewohner zu beteiligen. Auch die EU zeigte sich aufgeschlossen. Brüssel hat ja bereits Erfahrung darin, Leute dafür zu bezahlen, dass sie nichts tun, Stichwort Stilllegungsprämien und Sofamelker in der EU-Landwirtschaft.

Präsident Correa schlug eine Welle der Sympathie entgegen. Dass er einen aggressiven Nationalismus vertritt, ausländische Investoren kurzerhand enteignet und sein Volk via Staatsfernsehen mit stundenlangen Ansprachen traktiert, wie er es von seinen Vorbildern Hugo Chavez und Fidel Castro gelernt hat, tut der Begeisterung für seine Person keinen Abbruch. Während die Zeitungen in Ecuador darüber klagen, wie Correa die Presse- und Meinungsfreiheit mit Füßen tritt, finden viele deutsche Blätter den »maßvoll linken Präsidenten« (»Die Zeit«) und dessen »visionäres Projekt« (»taz«) richtig gut. Allenfalls die »Financial Times Deutschland« (»Geld her – oder der Regenwald stirbt«) äußerte Zweifel an den edlen Motiven Correas.

Folgt man der Logik der Klimaentwicklungshilfe, spricht ja auch alles dafür, auf die Lösegeldforderung einzugehen. Wenn der Emissionshandel sonst Länder dafür belohnt, dass sie einen Wald wieder aufforsten – warum sollten dann nicht auch jene belohnt werden, die ihren Wald stehen lassen? Der hypothetische Nutzen des Projekts ist zweifellos sehr groß. Ohne das Öl aus dem Yasuní-Nationalpark blieben der Atmosphäre etwa 400 Millionen Tonnen CO_2 erspart. Hinzuzurechnen wäre das CO_2, das beim Abholzen des Regenwaldes aus dem Boden entweichen würde. Und auch der Erhalt der Bäume als Kohlenstoffspeicher schlüge gegenüber dem Referenzszenario positiv zu Buche. Alle fiktiven Einsparungen zusammengenommen reichten vermutlich locker aus, um sämtliche deutsche CO_2-Emissionen für mehrere Jahre auf einen Schlag zu neutralisieren.

Spinnt man diesen Gedanken weiter, tun sich ganz neue Möglichkeiten auf. Warum nicht auch Brasilien dafür bezahlen, dass der Regenwald am Amazonas noch steht? Auch der Kongo verfügt über ansehnliche Urwälder. Oder Finnland: Bäume, so weit das Auge reicht. Die Emissionen der gesamten industrialisierten Welt plus China und Indien lösten sich im Handumdrehen in Wohlgefallen auf, wenn wir nur genug Geld aufbrächten. Vielleicht gäbe es Mengenrabatt. Oder, noch besser: Wir bezahlten uns einfach selbst dafür, dass wir nicht alle Bäume in unseren Mittelgebirgen umhacken.

Aber im Ernst. Wie die Verhandlungen weitergehen, hängt jetzt von Entwicklungshilfeminister Dirk Niebel ab. Der FDP-Politiker ziert sich, die erste Rate für Ecuador zu überweisen. Und solange Deutschland nicht zahlt, halten sich auch die anderen EU-Staaten zurück. Bei den Umweltpolitikern ist Niebel deshalb unten durch. Die Grünen-Fraktion im Bundestag spricht von einem »Desaster für den Regenwald«. Die SPD-Vertreter im Umweltausschuss des Bundestages rügten Niebel dafür, dass das Projekt nicht vorangehe. Wären sie noch an der Macht, würde es ganz anders laufen. Die Greenpeace-Jugend Bonn schrieb Niebel in einem Brief, er solle sich der Klimagerechtigkeit nicht länger in den Weg stellen.

Die Entwicklungsländer beobachten genau, was passiert. Mit Nachahmern ist zu rechnen, sollte Correa mit seiner Erpressung erfolgreich sein. Ugandas Präsident Yoweri Museveni hält sich schon bereit. Er verlangt von den industrialisierten Staaten Entschädigung dafür, dass sein Land unter dem Klimawandel leiden könnte, obwohl es am CO_2-Überschuss in der Atmosphäre selbst keine Schuld hat. »Wir haben eine Botschaft für euch«, sagt Museveni: »Die von euch verursachte Erderwärmung ist ein Akt der Aggression uns gegenüber.« Auf den Westen ist er sowieso schlecht zu sprechen. Seit er Demonstranten zusammenschießen ließ und Homosexuelle mit der Todesstrafe bedrohte, haben ihm viele Staaten die Entwicklungshilfe gestrichen.

Leute wie Museveni sehen die Gelegenheit, »den schuldgetriebenen kolonialistischen Kater aufzufrischen«, sagt der britische Ökonom Collier. »Der Westen ist für ihre Armut verantwortlich. Die Erderwärmung verleiht der kolonialen Schuld neues Leben.« Die Opferrolle kommt wieder in Mode.

Kosten und Nutzen

Einige Länder freuen sich auf den Klimawandel. Die Menschen in Grönland träumen davon, dass ihre Insel wieder so grün werden könnte wie vor der kleinen Eiszeit im Mittelalter, als sie von den Wikingern ihren Namen bekam. China bereitet sich darauf vor, dass es im Nordpolarmeer taut. Neue Handelswege täten sich auf. Alle sind gespannt, welche Rohstoffreserven frei werden, wenn das Eis weg ist. Die Landwirtschaftsorganisation der Vereinten Nationen FAO geht davon aus, dass die Bauern in nördlichen Breitengraden von der Erderwärmung profitieren werden. Russland kann demnach darauf hoffen, Ackerbau in Gegenden betreiben zu können, in denen es sich wegen der Kälte bislang kaum lohnte; gleiches gilt für Kanada, USA, Island, Norwegen, Finnland, Dänemark und Schweden. Der amerikanische Geowissenschaftler Laurence Smith vertritt die These, dass alle Anrainerstaaten rund ums arktische Meer bereits bis zum Jahr 2050 einen enormen Aufschwung erfahren werden. Und tatsächlich hielt schon der Schwede Svante Arrhenius, der vor über hundert Jahren als erster den Zusammenhang zwischen Kohlefeuer und Treibhauseffekt erkannte, ein bisschen Erderwärmung für vorteilhaft: »Der Anstieg des CO_2 wird zukünftigen Menschen erlauben, unter einem wärmeren Himmel zu leben«, schrieb Arrhenius damals.

Was bedeutet das für ein internationales Klimaschutzabkommen? Leider nichts Gutes. Wegen der unübersichtlichen Interessenlage der verschiedenen Staaten ist so bald nicht damit zu rechnen, dass sich die Weltgemeinschaft auf ein ambitioniertes CO_2-Einsparziel verständigt. Das deutsche Modell mit Solarförderung, Energiesparbirnen und Vermeidungskosten von mehreren hundert Euro pro Tonne CO_2 lädt ja auch nicht wirklich zum Mitmachen ein.

Der Stern-Report, auf den sich die Bundesregierung und die EU-Kommission gerne beziehen, hat gezeigt, dass der Preis für eine Tonne CO_2 perspektivisch bei etwa 50 Euro liegen müsste, um einen massiven Klimawandel mit dementsprechend großen Schäden zu vermeiden. Wenn diese Zahl stimmt, sind Klimaschutzmaßnahmen, die pro eingesparter Tonne weniger als 50 Euro kosten, vernünftig. Maßnahmen, die mehr kosten als 50 Euro pro Tonne, sind hingegen nicht vernünftig. Mancher wird es zynisch finden, die Schäden des Klimawandels in Euro und Cent umzurechnen und mit den Vermeidungskosten zu vergleichen; immerhin geht es um Menschenleben. Doch um die richtigen Entscheidungen zu treffen ist es nötig, mit kühlem Verstand Aufwand und Ertrag ins Verhältnis zu setzen.

Unsere finanziellen Mittel sind leider begrenzt, und es gibt noch andere Probleme, um die wir uns kümmern sollten. Viele Menschen haben keinen Zugang zu Bildung. Die Rechte von Frauen werden in einigen Teilen der Welt missachtet. Jedes Jahr verhungern mehr als acht Millionen Menschen, die meisten davon sind Kinder. Die Zahl der Aids-Toten liegt bei knapp zwei Millionen im Jahr. Etwa genauso viele Menschen sterben an Durchfallerkrankungen wie Cholera, Typhus und Ruhr; fast immer ist verseuchtes Trinkwasser die Ursache. Dann gibt es noch Tetanus (210 000 Tote), Masern (160 000 Tote) und die Schlafkrankheit (50 000), um nur einige Beispiele zu nennen. Und obwohl sich ein Teil dieser Menschheitsgeißeln mit Geld durchaus abmildern ließe, haben es die Industriestaaten in den letzten 40 Jahren kein einziges Mal geschafft, ihre finanziellen Hilfszusagen einzuhalten. Der britische Ökonom Wilfred Beckerman schreibt, dass die globale Erwärmung kein Vorwand sein darf, das Geld bei den mindestens ebenso dringlichen anderen Problemen einzusparen, »auch wenn der Kampf gegen den Klimawandel natürlich viel glamouröser und telegener ist, als in der Dritten Welt Abwasserkanäle auszuheben«.

Wie man aus dem Bauch heraus die falschen Entscheidungen trifft, zeigt die deutsche und europäische Klimaschutzpolitik. Milliarden werden für CO_2-Einsparungen ausgegeben mit der Begründung, dass sich sonst im Zuge des Klimawandels die Malaria ausbreiten würde. Das klingt ganz plausibel. Bis einem wieder einfällt, dass ja schon heute Hunderttausende Menschen an der Fieberseuche sterben. Ein Bruchteil der Klimamilliarden würde reichen, um die medizinische Versorgung in den betroffenen Gebieten in kurzer Zeit zu verbessern. Es könnten Abwasserkanäle gebaut werden, um die Brutstätten der Malaria-Überträger trockenzulegen. Doch stattdessen schaffen wir uns mit dem Geld lieber Energiesparbirnen an. Insgesamt 1,8 Milliarden Dollar standen der Weltgesundheitsorganisation WHO für ihr gesamtes Malaria-Bekämpfungsprogramm des Jahres 2011 zur Verfügung. Das entspricht etwa der Summe, die die deutschen Stromkunden für die Subventionierung von Solaranlagen und anderen erneuerbaren Energien bezahlt haben – allerdings nicht pro Jahr, sondern pro Monat.

Das Beispiel Malaria zeigt, wie in der Klimaschutzdebatte jedes vernünftige Maß verloren gegangen ist. Statistiker Lomborg hat ausgerechnet, dass durch die Einsparung von CO_2-Emissionen gemäß des Kyoto-Protokolls in diesem Jahrhundert etwa 140 000 Malaria-Todesfälle verhindern werden können. Doch würden wir die Malaria direkt bekämpfen, ließen sich insgesamt 85 Millionen Todesfälle verhindern, und das zu einem Sechzigstel der Kosten. »Jedes Mal, wenn wir durch eine geeignete Klimapolitik einen Menschen retten, hätten wir mit einer besseren Anti-Malaria-Politik für die gleiche Summe 36 000 Menschen retten können«, so Lomborg.

Anpassung

»Wenn die Hoffnung schwindet, den Klimawandel stoppen zu können, dann sollte man nicht mehr in Windkraftanlagen, sondern in höhere Deiche investieren«, sagt der Umweltökonom Weimann. Spätestens nach dem Scheitern der jüngsten Klimakonferenz im südafrikanischen Durban sollten wir diese Option in Betracht ziehen. Selbst wenn es in einigen Jahren doch noch gelingt, den Ausstoß von Treibhausgasen weltweit drastisch zu senken, würde die Erderwärmung zunächst weiter voranschreiten. Bis sich das überschüssige CO_2 in der Atmosphäre abgebaut hat, vergehen mehrere Jahrhunderte.

Klimaforscher von Storch und der Kulturwissenschaftler Nico Stehr kritisieren, dass die Politik einseitig auf CO_2-Einsparziele fixiert sei. »Eine Konzentration der Klimapolitik auf die Reduktion von Treibhausgasen ist nicht zielführend, wenn

Mehr Naturkatastrophen*, weniger Opfer (* Dürren, Überschwemmungen, Stürme, Erdrutsche, extreme Temperaturen, Flächenbrände)

Zeitraum	Extreme Wetterereignisse weltweit pro Jahr	Todesopfer durch Naturkatastrophen* pro Jahr	Todesrate (auf eine Million Menschen
1920–1929	5,2	485 000	241
1930–1939	5,9	446 000	208
1940–1949	8,5	370 000	156
1950–1959	23,0	210 000	71
1960–1969	45,6	168 000	50
1970–1979	71,3	54 000	14
1980–1989	140,8	66 000	14
1990–1999	224,1	33 000	6
2000–2010	350,4	36 000	5

Quelle: Goklany

sie gleichzeitig dazu führt, die Vorsorge zu unterdrücken«, so die Wissenschaftler. »Eine derart einseitige Forschungsperspektive und Klimaschutzpolitik wird in den kommenden Jahrzehnten weder das Klima vor der Gesellschaft schützen noch die Gesellschaft vor dem Klima.«

Der Mensch ist der Natur nicht schutzlos ausgeliefert. Wir können am Polarkreis leben und in den Tropen; wir kommen fast überall zurecht. Schon im Laufe der letzten hundert Jahre waren immer mehr Menschen von extremen Wetterereignissen wie Dürren, Fluten, Stürmen, Erdrutschen oder Flächenbränden betroffen. Doch die Zahl der Opfer von Naturkatastrophen geht kontinuierlich zurück, weil wir uns den Verhältnissen anpassen.

Der Vorteil einer Anpassungsstrategie gegen den Klimawandel ist, dass es keine weltweite Übereinkunft braucht, anders als bei der Vermeidungsstrategie. Die CO_2-Einsparverhandlungen sind deshalb so kompliziert, weil alle relevanten Staaten mitziehen müssten. Ob das Treibhausgas in Europa, China oder Amerika eingespart wird, ist für das Klima egal. Den Nutzen haben alle. Die Kosten trägt aber jeweils nur derjenige, der CO_2 spart. Wer mit gutem Beispiel vorangeht, ist womöglich der Dumme, falls ihm niemand folgt. Die Gefahr, dass das passiert, ist groß, denn Trittbrettfahrer werden belohnt. Es handelt sich um ein typisches Gefangenendilemma.

Regionale Anpassungsmaßnahmen wie der Bau von Deichen und Flutrinnen sind hingegen auch ohne internationale Absprachen umsetzbar. Die Menschen, die an der Küste leben, sind gerne bereit, dafür Geld auszugeben, denn sie haben davon auch einen direkten Nutzen. Was anderswo auf der Welt geschieht, kann ihnen egal sein. Wenn andere meinen, der Klimawandel werde schon nicht so schlimm ausfallen: bitte. Jeder ist für sich selbst verantwortlich. Aber keine Klagen, wenn die Flut kommt.

Das klingt brutal und egoistisch. Trotzdem schlägt der Wissenschaftliche Beirat beim Bundesfinanzministerium genau diese Strategie vor. Die Berater von Finanzminister Wolfgang Schäuble glauben, demonstrativer Egoismus sei die einzige Möglichkeit, um die globalen Verhandlungen zum Klimaschutz wieder in Gang zu bringen. »Paradoxerweise kann die scheinbar egoistische Fokussierung auf die Anpassungsstrategie sogar helfen, bei der globalen Vermeidung von CO_2-Emissionen Fortschritte zu erzielen«, heißt es in einer Expertise. »Andere Länder werden reagieren und freiwillig mehr vermeiden. Ein Land, das aktiv eine Anpassungsstrategie verfolgt, kann daher seine Verteilungsposition verbessern, ohne dem globalen Klima nennenswert zu schaden.«

Deutschlands Drohung, aus der CO_2-Vermeidung auszusteigen, wäre durchaus glaubwürdig. Der Klimawandel wird uns aller Voraussicht nach weniger hart treffen als die Menschen in anderen Regionen der Welt. Isoliert betrachtet könnten für uns sogar die Vorteile überwiegen, wenn in Brandenburg die Orangenbäume blühen. Unsere Sommer würden trockener, die Winter feuchter. An der Nordseeküste herrschten womöglich Temperaturen wie heute an der Costa Brava. Mit Tourismus und Landwirtschaft ginge es voran. Die Heizperiode dauerte nur noch halb so lange.

Doch bislang deutet nichts darauf hin, dass der Wissenschaftliche Beirat des Finanzministeriums mit seiner Strategieempfehlung Gehör finden könnte. Die Vorbereitungen für den nächsten Weltgipfel in Rio zeigen, dass alle Verhandlungen sich weiter um die Frage drehen werden, welches Land wie viel Gramm CO_2 einsparen muss. Unter den Delegierten gilt es geradezu als obszön, statt über Vermeidung (»mitigation«) auch mal über Anpassung (»adaptation«) zu sprechen. Deichbau? Das käme doch einer Kapitulation gleich. Und von Kosten-Nutzen-Bewertung hält man in der Szene sowieso nicht viel. Es dürfe nicht alles »auf dem Altar der Weltsozialpro-duktmaximierung geopfert werden«, schreiben Merkels ober-ste Klimaberater vom Potsdam-Institut. Die deutsche Wieder-vereinigung sei auch nicht auf der Grundlage einer präzisen Kosten-Nutzen-Analyse vorangetrieben worden, sondern »weil es ethisch, historisch, emotional etc. richtig erschien«.

Man merkt: Die Rituale und Phrasen der Politik haben die Ökofunktionäre eindeutig besser drauf als die Berater des Finanzministers.

Ökotechno

Schon immer hat der Mensch davon geträumt, das Wetter zu beeinflussen, sei es durch Regentänze oder durch rituelle Beschwörungsformeln. Heute denkt ein Teil der Umweltbewe-gung darüber nach, gleich das ganze Weltklima umzudesignen. Im Gegensatz zur Jutebeutelfraktion zeichnet sich die Tech-noszene durch einen stählernen Hightech-Optimismus aus.

Ein Vorschlag lautet, gigantische Spiegel im Weltall zu installieren, um das Sonnenlicht in optimale Bahnen zu lenken. Microsoft-Gründer Bill Gates unterstützt das Projekt »Silver Lining«, bei dem es darum geht, künstliche Nebelschwaden zu erzeugen, um die Erde abzukühlen. Die Sahara und andere große Wüstengebiete könnten mit weißer Folie zugedeckt wer-den, um die Sonnenstrahlen zu reflektieren. Sogar ein künst-licher Planetengürtel aus Mondstaub oder Asteroidentrüm-mern war schon im Gespräch. Dieser würde aus dem Weltall seinen kühlenden Schatten auf die Erde werfen, praktischer-weise genau zur Mittagszeit, wenn es besonders heiß ist.

Der Nobelpreisträger Paul Crutzen hält es für möglich, der Erderwärmung mit künstlichen Schwefelinjektionen in der Stratosphäre entgegenzuwirken. Dabei würde Schwefeldioxid entstehen, das sich wiederum in Sulfat umwandelt, feinste Teilchen, die das Sonnenlicht blockieren und in den Weltraum zurückspiegeln. Auf der Erde, so Crutzen, würde es dadurch kühler. Er stützt sich auf Daten, die er 1991 beim jüngsten Ausbruch des Pinatubo auf den Philippinen gesammelt hat. Damals spuckte der Vulkan große Mengen Schwefel in den Himmel, was einen globalen Temperaturrückgang von 0,5 Grad Celsius zur Folge hatte. Es liegen auch schon Pläne vor, wie der Schwefel in die Atmosphäre gelangen könnte, nämlich durch eine Art Feuerwehrschlauch, der mit Hilfe von Fesselballons in den Himmel steigt. Fachleute taxieren die Kosten des Projekts auf bis zu 50 Milliarden Dollar pro Jahr, ein Schnäppchenpreis für die Rettung der Welt. Andere warnen indes davor, dass bei der Klimaklempnerei etwas schiefgehen könnte. Was, wenn der künstliche Vulkanausbruch nicht nur die Erderwärmung beseitigt, sondern den blauen Himmel aus Versehen gleich mit?

Wie groß die Gefahr ist, die Komplexität von Ökosystemen zu unterschätzen, zeigt das Projekt »Lohafex«. Anfang 2009 waren Wissenschaftler des Alfred-Wegener-Instituts mit dem Schiff »Polarstern« in die Antarktis aufgebrochen. Der Plan war, das Meer mit Eisen zu düngen und dadurch das Wachstum von Algen zu fördern, die CO_2 binden, auf den Meeresboden sinken und so dem Treibhauseffekt entgegenwirken sollten. Auf einer Fläche von 300 Quadratkilometern kippten die Forscher insgesamt 20 Tonnen Eisensulfat ins Meer. Tatsächlich löste es zunächst wie geplant eine Blüte von Grün- und Schaum-Algen aus. Doch dann waren Ruderfußkrebse zur Stelle, die die Algen auffraßen. Die Ruderfußkrebse wiederum wurden von Flohkrebsen verspeist. Und die Flohkrebse schließlich wurden von den Walen gefressen. Dem Klima half die Schlemmerorgie nicht, denn die Fresser schieden fast das ganze CO_2, das kurzeitig in den Algen gebunden war, einfach wieder aus.

Wunder

Wenn alle Hoffnung schwindet, den Klimawandel stoppen zu können, bleibt am Ende das Vertrauen in die Selbstheilungskräfte der Natur. Die Erde scheint ja allerhand zu verkraften. Wenige Monate nach der Explosion der »Deepwater Horizon«-Plattform im Golf von Mexiko fragte sich jeder, wo das ganze Öl wohl geblieben war. Über unsere Mülldeponien wächst Gras. Ehemalige Tagebaugebiete sehen nach ein paar Jahren fast wieder wie neu aus. Und wir haben auch schon vor dem Klimawandel schlimme Hochwasser überstanden, wie sich an den mittelalterlichen Pegelmarkierungen an Rhein und Donau ablesen lässt.

Ausgerechnet Berlin, diese von Hunderttausenden Autos, drei Millionen Bewohnern und zehn Millionen Touristen bedrängte Stadt, hat sich zu einem ökologischen Kleinod entwickelt. Es gibt mehr seltene Vogelarten als anderswo in Deutschland. Nachts streichen Füchse und Wildschweine durch die Stadt. Über dem Alexanderplatz kreisen Raubvögel. Das liegt nicht an den Berliner Guerilla-Gärtnern, die jeden Kübel am Straßenrand mit Blumen und Kräutern bestücken, sondern an den erstaunlichen Kräften der Natur.

Ein kleines Wunder hat sich im Südpazifik ereignet. Tuvalu, die Inselgruppe, von der es immer hieß, sie werde bald vom Meer verschluckt, geht wohl gar nicht vollständig unter, im Gegenteil, sie wächst. Damit hat nun wirklich niemand gerechnet. Eine Juristin der Freien Universität Berlin hatte sich bereits mit der Frage befasst, wie ein Staat, der durch den Klimawandel sein Territorium verloren hat, aus völkerrechtlicher Sicht zu behandeln wäre.

Paul Kench von der Universität Auckland und Arthur Webb von der Geowissenschaftskommission der Fidschi-Inseln verglichen 50 Jahre alte Luftaufnahmen mit aktuellen Satellitenbildern. Dabei kam heraus, dass von 27 Inseln insgesamt 23 gleich groß geblieben oder gewachsen waren. Von den neun Atollen des besonders gefährdeten Inselstaats Tuvalu sind sieben in den letzten Jahrzehnten größer geworden. Ursache sind die Korallen, die das Fundament der Inselgruppe bilden. Wenn das Wasser steigt, wachsen sie kurzerhand mit. Manche Insel legte auch wegen angespülter Sedimente in kurzer Zeit um zehn Prozent zu. »Der Meeresspiegel steigt und die Inseln reagieren darauf«, sagt Webb.

Bei der Regierung von Tuvalu scheint sich die Freude darüber allerdings in Grenzen zu halten. Als Klimaopfer hat man es auf die große Bühne geschafft. »Wir sensationalisieren das Thema«, wird ein führender Regierungsvertreter Tuvalus im »Amnesty Journal« von Amnesty International zitiert. In Wahrheit gehe es der Regierung um »Geld und Pässe«. Jetzt sind viele Menschen erst einmal enttäuscht, auch die Touristen, die in der Erwartung angereist sind, Zeuge eines spektakulären Untergangs zu werden.

Ausstieg

Das tschechische Atomkraftwerk Temelin, keine 100 Kilometer Luftlinie vom bayerischen Passau entfernt, gilt als besonders pannenträchtiger Meiler. Mehr als 130 Störfälle hat es hier in den letzten Jahren gegeben. Immer mal wieder kommt es vor, dass ein Generator ausfällt oder ein paar Tausend Liter radioaktive Flüssigkeit austreten. »Die ganze Anlage müsste sofort abgeschaltet werden«, sagt die grüne Europaabgeordnete Rebecca Harms.

Doch der Pannenreaktor ist gut ausgelastet, der starken Stromnachfrage aus Deutschland sei Dank. Seit im Frühjahr 2011 ein Teil der deutschen Kernkraftwerke vom Netz ging, ist Tschechiens Atomwirtschaft ins Exportgeschäft eingestiegen.

Etwa 1,2 Gigawattstunden Strom liefert Temelín jeden Tag über die Grenze nach Bayern. Für die Deutschen ist das eine neue Erfahrung. Früher fühlten sie sich vom nahen Reaktor bedroht. Heute müssen sie ihm dankbar dafür sein, dass bei ihnen das Licht brennt.

Die von der Bundesregierung im Frühjahr 2011 vollzogene Wende in der Atompolitik befeuert das europäische Energiegeschäft – allerdings nicht zugunsten der Bundesrepublik. Praktisch über Nacht ist aus dem Stromexportland Deutschland ein Stromimportland geworden, mit allen nachteiligen Konsequenzen für Wirtschaft, Verbraucher und letztlich auch den Umweltschutz. An der Energiebörse in Leipzig wurde der Strom um etwa zehn Prozent teurer. »Die Kosten sind schon jetzt auf einem bedenklich hohen Niveau«, warnte der für Energiefragen zuständige EU-Kommissar Günther Oettinger. Die Konjunktur verlor an Schwung. »Strom musste, um die Nachfrage zu befriedigen, verstärkt importiert werden«, erklärte das Statistische Bundesamt. Der Atomausstieg verschlechtere die Handelsbilanz und dämpfe das Wirtschaftswachstum. Die OECD warnte Deutschland vor den »ungewissen Folgen des Atomausstiegs«.

Die Nutznießer der deutschen Atomwende sind die Kraftwerksbetreiber in den Nachbarländern, wie sich auf den Monitoren des europäischen Netzwerks der Fernleitungsnetzbetreiber in Brüssel nachvollziehen lässt. Produziert ein Land mehr Strom, als es selbst braucht, wird es auf dem Bildschirm gelb dargestellt. Bezieht es hingegen mehr Strom aus dem Ausland, ist es blau – inzwischen die typische Farbe für Deutschland. Das Computerprogramm verdeutlicht auch, woher unser Strom kommt. Ein dicker Pfeil zeigt von Frankreich nach Deutschland. Das ist Nuklearstrom aus den französischen Atomkraftwerken. Ein zweiter dicker Pfeil kommt aus Tschechien, dahinter steckt das Atomkraftwerk Temelín.

Weil die Bundesregierung die eigenen Atommeiler für nicht mehr sicher genug hält, springen also jetzt ausländische Atomkraftwerke in die Bresche, die wir immer für noch viel unsicherer gehalten hatten. Unser angeblicher Atomausstieg erweist sich bei genauer Betrachtung als Umstieg, Atom ersetzt Atom. »Der Unterschied ist nur, dass die anderen Länder jetzt das Risiko tragen«, sagt Konrad Kleinknecht, ehemaliger Klimabeauftragter der Deutschen Physikalischen Gesellschaft. Er spricht von »deutscher Heuchelei«.

Besonders eklatant ist die Doppelmoral im Südwesten. Die vom grünen Ministerpräsidenten Winfried Kretschmann geführte Landesregierung Baden-Württembergs bedrängt den Energiekonzern EnBW, auch seine letzten Reaktoren besser heute als morgen abzuschalten. Gleichzeitig ist das Land aber am als »Schrottmeiler« (Kretschmann) verrufenen Kraftwerk Fessenheim beteiligt, das gleich auf der anderen Seite des Rheins in Frankreich steht.

Sogar Österreich liefert neuerdings Strom nach Deutschland. Das gab es früher selten. Weil sie Atomkraftwerke im eigenen Land ablehnen, sind die Österreicher seit Jahren selbst auf Importe angewiesen, etwa auf Atomstrom aus Tschechien. Doch jetzt steht Wolfgang Anzengruber, der Vorstandsvorsitzende des größten österreichischen Stromkonzerns Verbund AG, bei Föhnwetter vor einem klaren Alpenpanorama und sagt: »Deutschland ist ein guter Kunde. Und wir wollen in Zukunft noch enger mit Deutschland und den anderen europäischen Ländern zusammenarbeiten.«

Es geht um zwei Stauseen: den Mooserboden und den Wasserfallboden. Sie liegen auf über 1500 Metern Höhe unter dem Hang des Geierkogel mitten in den Alpen. Ihr kaltes, klares Wasser glitzert in der Sonne. Nebenan grasen Kühe. Aus dem nahen Örtchen Kaprun kommen Wanderer vorbei und bewundern die Aussicht auf das Kitzsteinhorn. Derweil arbeiten im

Berginnern die Maschinen. Die beiden Seen sind über Röhren miteinander verbunden. Der Höhenunterschied von über 300 Metern ist groß genug, um Turbinen anzutreiben, die die Kraft des Wassers in elektrischen Strom verwandeln.

Wichtiger für die Energieversorgung ist, dass das Wasser auch den umgekehrten Weg gehen kann, vom tiefer gelegenen Wasserfallboden hoch zum Mooserboden. Die dazu nötigen Anlagen wurden gerade wieder erweitert. Gigantische Pumpen pressen pro Sekunde bis zu 144 Kubikmeter Wasser den Berg hinauf. Das entspricht dem Inhalt von 900 Badewannen.

Auf den ersten Blick scheint es sich um ein schlechtes Geschäft zu handeln. Um Wasser den Berg hinaufzupumpen, braucht es mehr Energie, als talwärts erzeugt wird. Doch die Stauseen dienen als Stromspeicher. Zu Zeiten, in denen Strom im Überfluss vorhanden und dementsprechend billig ist, etwa nachts oder an windreichen Tagen, pumpt man das Wasser von unten nach oben. Wenn der Strom knapp wird und der Preis steigt, werden die Schleusen geöffnet und das Wasser rauscht wieder zu Tal.

Die Stauseen sind so ein Puffer gegen Angebots- und Nachfragespitzen im Stromnetz und ein Bombengeschäft für die österreichische Verbund AG: Zunächst importiert Österreich aus Tschechien preiswerte Kernkraft, um damit das Wasser hinaufzupumpen. Den kostbaren Strom, der beim Ablassen des Wassers erzeugt wird, speist das Unternehmen dann für viel Geld ins internationale Stromnetz – fertig ist die Atomwaschanlage. Noch bezieht Österreich im Saldo mehr Strom aus Deutschland. Doch bis etwa 2015, so der Plan, soll sich auch hier das Verhältnis umkehren.

Bei den deutschen Energieversorgern ist die Stimmung entsprechend gedämpft. Während ihre ausländischen Konkurrenten Rekordgewinne einfahren, geht es ihnen plötzlich schlechter. E.on und RWE haben Sparprogramme und Stellenabbau angekündigt. Die Gewerkschaften sind alarmiert. Vertreter aller Parteien zeigen sich besorgt. Atomstromimporte aus dem Ausland? Entlassungen in Deutschland? So haben sie sich den Aufbruch in das postnukleare Energiezeitalter nicht vorgestellt.

Es ist ja auch schwer zu begreifen. Jahrelang hatte Angela Merkel öffentlich dafür geworben, die deutschen Atomkraftwerke möglichst lange laufen zu lassen: »Wir können nicht aus der Kernenergie und aus der Kohle aussteigen und zugleich keine Hochleitungskapazitäten haben, um die Offshore-Windenergie in den Süden zu leiten, wo die industrielle Basis ist. Das würde nicht klappen und den Industriestandort Deutschland schwer, schwer schädigen. Das will ich nicht. Das wird mit mir nicht zu machen sein«, erklärte Merkel noch im Juni 2009. Atomausstieg? Nicht mir ihr. »Ich will die Verlängerung der Laufzeit der Kernkraftwerke, und zwar auf dem besten technischen Niveau«, so die Kanzlerin damals. Der Klimaschutz spielte in ihrer Argumentation eine wichtige Rolle. Weil Atomkraftwerke kein klimaschädliches Kohlendioxid in die Luft pusteten, seien sie eine saubere Lösung.

Doch dann kam Freitag, der 12. März 2011. Eine von einem Seebeben ausgelöste Monsterwelle überspülte die japanische Küste und beschädigte das Atomkraftwerk Fukushima. Eine Kettenreaktion kam in Gang, die zur Kernschmelze führte. Erst nach Wochen gelang es den japanischen Kräften, die Lage halbwegs unter Kontrolle zu bringen. Teile der Region werden noch lange unbewohnbar sein. Die Fernsehbilder der Katastrophe machten auf die Bundeskanzlerin großen Eindruck. Sie veränderte ihre Haltung zur Atomkraft binnen weniger Tage um 180 Grad. »Das ist ein Einschnitt für die Welt und für mich persönlich«, erklärte Merkel. »Deshalb sage ich für mich: Ich habe eine neue Bewertung vorgenommen.« Sieben deutsche Atomkraftwerke mussten sofort abgeschaltet werden.

Spätestens 2022 geht der letzte Meiler vom Netz, so hat es die schwarz-gelbe Koalition beschlossen.

Nun hat die Kanzlerin wie jeder Mensch das Recht, ihre Meinung zu korrigieren. Es gibt ja auch gute Gründe, die Atomkraft abzulehnen, vom Strahlenrisiko über die Terrorgefahr bis zur ungelösten Frage, wohin mit dem Müll. Doch Merkel kannte ja längst alle Argumente gegen die Atomkraft, hatte diese aber nach sicherlich genauer Prüfung für sich verworfen. Die Erdbeben- und Tsunamigefahr für deutsche Kraftwerke musste im Lichte der Ereignisse von Japan nicht neu berechnet werden. Das Risiko, von einer Monsterwelle überspült zu werden, war für Isar 2, Krümmel und die anderen Meiler nicht größer oder kleiner geworden. Die japanische Katastrophe mochte Merkels Gefühlslage verändert haben. Aber die Fakten hatten sich nicht geändert.

Unsere französischen Nachbarn, deren Lebensart wir sonst so bewundern, denken gar nicht daran, ihre Kraftwerke abzuschalten, Fukushima hin oder her. Große Heiterkeit beim Treffen der EU-Regierungschefs: Frankreichs Staatspräsident Nicolas Sarkozy hatte feixend in die Runde gefragt, ob jemand in Bayern schon einmal ein Erdbeben und einen Tsunami erlebt habe. Auch in Polen, Ungarn, Tschechien und der Slowakei herrscht eine ganz andere Stimmung vor als in Deutschland. Um wirtschaftlich aufholen zu können, brauchen die osteuropäischen Länder preiswerten Strom. Wegen der Klimaschutzziele der EU stehen sie aber gleichzeitig unter Druck, ihre alten Kohlekraftwerke abzuschalten, um ihren CO_2-Ausstoß zu verringern. Die Atomkraft erscheint ihnen als Ausweg aus diesem Dilemma. Von Gasimporten aus Russland wollen sie sich nicht abhängig machen. Als ehemalige Satellitenstaaten im Warschauer Pakt stehen sie den Russen skeptischer gegenüber als offenbar die Deutschen, die jetzt einen Teil ihrer Energieversorgung in die Hände russischer Energiekonzerne legen.

Weltweit sind mehr als hundert neue Atommeiler im Bau oder in Planung. Russland, Türkei, Tschechien, Indien, Pakistan, China, Südkorea und Vietnam verfolgen ehrgeizige Ausbauziele. Sogar die Japaner halten trotz Fukushima einstweilen an ihrer Atomkraft fest.

Öko gegen Öko

Was an Atomkraft fehlt, muss durch andere Kraftwerke ausgeglichen werden – keine leichte Aufgabe für die Energieversorger, zumal bei dem Hauruck-Tempo, das die Bundesregierung vorgibt. Dass es möglich sein könnte, bereits 2022 den letzten Meiler abzuschalten, hätte bis zur Katastrophe von Fukushima niemand für möglich gehalten. Die rot-grüne Bundesregierung war von einer längeren Übergangszeit ausgegangen.

Nicht wenige Experten haben auch jetzt noch Zweifel, dass der Ausstieg so schnell gelingen kann. Es fehlt an Kraftwerken. Das Leitungsnetz zwischen Norddeutschland, wo viel Windstrom erzeugt werden kann, und Süddeutschland, wo viel Strom gebraucht wird, hat große Löcher. Die Deutsche Energie-Agentur beziffert den Bedarf an zusätzlichen Übertragungsnetzen auf bis zu 4500 Kilometer. Und auch die Verteilnetze vor Ort, die jetzt immer öfter in beide Richtungen funktionieren müssen, weil die solargedeckten Häuser nicht nur Strom abnehmen, sondern auch einspeisen, sind der Anforderung nicht gewachsen. Es wäre wohl besser gewesen, die Bundeskanzlerin hätte sich bei ihrer Energiewende von Energiefachleuten beraten lassen statt von einer »Ethikkommission«, die auch mit Bischöfen und einem Soziologie-Professor besetzt war, der statt von Fukushima ständig von »Fukuyama« sprach.

Georg Erdmann, Leiter des Fachgebiets Energiesysteme der Technischen Universität Berlin und Mitglied der neuen Monitoring-Gruppe für die Energiewende, hat ausgerechnet, welche Kosten der Ausbau der erneuerbaren Energien in den nächsten Jahren verursachen könnte. Demnach steigt die EEG-Umlage für die Stromverbraucher von jetzt fast 14 Milliarden Euro auf weit über 20 Milliarden Euro im Jahr 2025 an. Preistreiber sind die Photovoltaik und die Offshore-Windkraft. Bis 2030 summieren sich die direkten EEG-Kosten auf 250 Milliarden Euro. Hinzu kommen weitere Ausgaben etwa für den Netzausbau von 85 Milliarden Euro. Die Gesamtkosten in den nächsten Jahren liegen demnach bei 335 Milliarden Euro, ein Betrag, so groß wie der Bundeshaushalt. Und darin sind die notwendigen Investitionen in zusätzliche Gaskraftwerke noch nicht einmal berücksichtigt.

Auch die Stromspeicher tauchen bislang in keiner Rechnung auf, dabei werden sie dringend benötigt, weil Wind und Sonne nicht immer da sind, wenn man sie braucht. Florian Schlögl, Leiter Regenerativkraftwerke am Fraunhofer Institut für Windenergie und Energiesystemtechnik in Kassel, war so freundlich, sich auf ein Gedankenspiel einzulassen. Es geht um die Frage, wie groß eine Batterie sein muss, um eine Stadt wie München für zwei bis drei Tage mit Strom versorgen zu können.

Die Antwort, so Schlögl, hängt davon ab, welche Batterietechnik zur Verfügung steht. Ein Lithium-Ionen-Akku, wie er in Handys und Laptops zum Einsatz kommt, käme in Würfelform auf eine Kantenlänge von 53,3 Metern. Er wäre damit etwa so hoch wie das Dach der Allianz-Arena, wo der FC Bayern seine Heimspiele austrägt, und wöge 250 000 Tonnen, fünfmal so viel wie die Titanic. Handelte es sich um einen Bleisäure-Akku wie beim Auto, wären die Ausmaße noch größer. Eine würfelförmige Batterie käme auf 93,3 Meter Kantenlänge. Das entspricht fast der Höhe der beiden Türme der Münchner Frauenkirche. Das Gewicht läge bei 1,5 Millionen Tonnen, fast 15-mal so schwer wie der größte Flugzeugträger. München wäre um ein imposantes Wahrzeichen reicher.

Die Bundesregierung setzt große Hoffnungen auf dezentrale Speichermöglichkeiten durch die Elektromobilität. Wenn viel Strom aus Sonne und Wind zur Verfügung steht, könnten die Elektroautos aufgeladen werden, so der Plan. Ist der Strom knapp, geben sie einen Teil des gespeicherten Stroms ins Netz zurück. Die Fahrzeugbatterien würden zum Puffer, um sonnen-arme und windstille Zeiten zu überbrücken. Umweltminister Röttgen spricht davon, Autofahrer, Netzbetreiber und Strom-erzeuger über »intelligente Stromnetze«, sogenannte »Smart Grids«, miteinander zu verkuppeln.

Doch bis es so weit ist, wird Röttgen sicher längst in Rente sein. Die Deutsche Physikalische Gesellschaft schätzt, dass die Speicherkapazität von einer Million Elektroautos gerade aus-reichen würde, um die heutige Windenergieleistung für 20 Minuten zu puffern. Sven Bode und Helmuth Groscurth vom Arrhenius-Institut in Hamburg haben ausgerechnet, wie viele Elektro-Smarts nötig wären, um genug Strom für eine Woche speichern zu können. Das Ergebnis ihrer Berechnung fiel wenig hoffnungsvoll aus. Um das Land zu versorgen, bräuchte man etwa 250 Millionen Fahrzeuge, also etwa drei pro Einwohner.

Gerd Peyke und Stephan Bosch, zwei Geowissenschaftler an der Universität Augsburg, haben untersucht, wie sich der Aus-bau bei den erneuerbaren Energien auf die Landschaft auswirkt. Der ländliche Raum, so ihre Prognose, wird in den nächsten Jahren zur Großbaustelle. Anders sei die von der Regierung verordnete Energiewende gar nicht zu schaffen. Doch bislang geht der Ausbau schleppend voran. Die Begeisterung über neue Windräder, Solarparks und Stromleitungen hält sich bei den Anwohnern in überschaubaren Grenzen, selbst wenn es der gute Ökostrom ist, der da mit Hochspannung durch die Gegend saust.

Der Plan der Bundesregierung sieht vor, dass bis zum Jahr 2030 fast 5000 Offshore-Windkraftanlagen ans Netz gehen. Doch wie das klappen soll, weiß keiner. Viele technische Probleme sind ungelöst. Selbst bei gutem Wetter und ruhiger See ist es gefährlich, die etwa 100 Meter hohen Türme im Meeresboden zu verankern. Das Salzwasser greift das Metall und die elektronischen Bauteile an. Es fehlt auch an Schiffen, weshalb RWE jetzt für je 100 Millionen Euro bei einer koreanischen Werft den Bau von zwei Spezialbooten in Auftrag gegeben hat.

Ein weiteres Problem ist der Gewöhnliche Schweinswal, lateinisch Phocoena phocoena, ein Tier von sensiblem Gemüt. Gerne hält er sich in ruhigen Gewässern nahe der Küste auf. Er schätzt das Alleinsein; alle Versuche, ihn in Aqua-Zoos auszustellen, sind gescheitert. In Gefangenschaft geht er in kurzer Zeit ein. Besonders empfindsam ist des Schweinswals Gehör, und so kommt es, dass an Deutschlands Küsten ein heftiger Streit über den Umgang mit dem zarten Wesen entbrannt ist. Die einen wollen den Lebensraum der Tiere schützen. Die anderen möchten das Revier gerne nutzen, um Windräder in den Meeresboden zu rammen und im großen Stil Windstrom zu erzeugen. Tierliebe kollidiert hier mit Klimaschutz; es steht Natur-Öko gegen Energie-Öko, ein Kampf, der seit der Atomwende der Bundesregierung mit bemerkenswerter Schärfe geführt wird.

Aus Sicht der Energie-Ökos geht es mit dem Ausbau der Windenergie an der deutschen Nord- und Ostseeküste bislang viel zu schleppend voran. Mal ist das Wattenmeer im Weg, mal eine Vogelbrutstätte und mal ein Touristenstrand. Dreistellige Millionenbeträge wollen große Energieversorger wie RWE und E.on in Windparks investieren, doch die Natur-Ökos blockieren die Projekte. Der Lärm, den das Einrammen der Windräder in den Meeresboden verursacht, dürfe den Tieren nicht so einfach zugemutet werden, davon ist das Bundesamt für Naturschutz überzeugt. Es sei keine Ökoromantik, diese Tiere zu schützen, sondern unsere gesetzliche Aufgabe, heißt es dort.

Vor der britischen Küste hat man sich für eine Kompromisslösung entschieden, die beiden Seiten gerecht wird, den Tieren und den Windkrafterzeugern. Die Schweinswale werden in der Bauphase vorübergehend mit sogenannten Pingern vergrämt. Dabei handelt es sich um Bojen, die ein für die Tiere unangenehmes, aber nicht gefährliches Geräusch aussenden. Nach einer Weile kommen die Wale dann zurück. In Deutschland jedoch geht das nicht so einfach. Das Bundesamt für Naturschutz besteht darauf, dass es in der Zeit von Mai bis August »Schallausschlusszeiten« geben müsse, und zwar da, wo die Schweinswale ihre Jungtiere aufziehen. Die Energieversorger kontern, dann könne man die Sache auch gleich lassen. Im Winter seien wegen der heftigen Winde und der rauen See keine Arbeiten am Windpark möglich.

Auch auf dem Festland hat der Ausbau der erneuerbaren Energien seine schärfsten Gegner ausgerechnet im Ökolager. Bei der Windkraft ist es vor allem der Rotmilan, ein Greifvogel, um den sich Naturfreunde Sorgen machen. Wie viele Tiere jedes Jahr von Windrädern in Stücke gehackt werden, ist unbekannt. Genaue Zahlen ließen sich »nur sehr schwer erfassen, da Füchse und andere Räuber die Opfer wegtragen«, heißt es in einer Studie des Naturschutzbundes. Spaziergänger stoßen in der Nähe von Windkraftanlagen immer wieder auf tote Vögel, darunter überdurchschnittlich viele Rotmilane. Warum es ausrechnet sie erwischt? Keiner weiß es so genau. Offenbar nehmen die Tiere die Rotoren, die an der Spitze mit einer Geschwindigkeit von 200 Stundenkilometern durch die Luft schneiden, nicht als Bedrohung wahr.

Ein einziges Windrad benötigt etwa sechs bis sieben Hektar Platz; das entspricht zehn Fußballfeldern. Schon heute geht es vielen Leuten auf die Nerven, wie die Windräder jeden Kirchturm und jeden Baum überragen, jedes Vogelgezwitscher mit ihrem Rauschen überlagern und bei Nacht ihr rotes Warnlicht in die Dunkelheit blinken. Und auch die riesigen Solarparks möchte niemand gerne in seiner Nähe haben. Um ein großes

Kohlekraftwerk wie den blockierten Neubau in Datteln mit Photovoltaik zu ersetzen, bräuchte es – theoretisch – eine Fläche von fast 90 Quadratkilometern. Datteln selbst fiele damit schon mal aus. Die Stadt ist insgesamt nur rund 67 Quadratkilometer groß.

Besonders erbittert wird derzeit um ein Pumpspeicherkraftwerk im Schwarzwald nahe der Schweizer Grenze gerungen. Die Idee ist, überschüssigen Strom aus Wind- und Solarkraftanlagen zu nutzen, um Wasser aus dem Tal in ein höher gelegenes Becken zu pumpen. Auf diese Weise würde es möglich, Wind- und Solarkraft auch dann nutzbar zu machen, wenn Flaute ist und keine Sonne scheint.

Doch die Anwohner wehren sich mit allen zur Verfügung stehenden Mitteln. Der Bau des Kraftwerks mache die Natur kaputt. Die schöne Aussicht leide. Man erinnert an den 18. Oktober 1356, als ein Erdbeben der Stufe 7 die nahe Stadt Basel erschütterte und das Basler Münster zum Einsturz brachte. Was, wenn sich ein solches Beben wiederholt? Dass auf der schweizerischen Seite der Grenze drei Atomkraftwerke stehen, die im Falle eines Erdbebens wohl das größere Problem darstellen, lassen die Kritiker nicht gelten. Die Grünen im Landkreis sind erbitterte Gegner des Projekts, die Grünen in der Landesregierung hingegen sind eher dafür, eine spannungsreiche Konstellation.

Blackout

Die Experten der Dena, der halbstaatlichen Deutschen Energie-Agentur, wissen ziemlich genau, wie viel Strom wir brauchen, damit das Leben seinen gewohnten Gang gehen kann. Zwischen 8 Uhr früh und 12 Uhr mittags ist der Bedarf besonders groß, ebenso zwischen 18 und 20 Uhr. An Werktagen wird mehr Strom gebraucht als an Wochenenden, im Winter mehr als im Sommer. Kohle-, Gas- und Atomkraftwerke mögen viele Nachteile haben, aber man kann sich darauf verlassen, dass sie da sind, wenn man sie braucht. Was die Versorgungssicherheit betrifft, ergänzen sie sich perfekt. Der billige Strom aus der Kohle deckt die Grundlast. In den Verbrauchsspitzenzeiten werden die flexiblen Gaskraftwerke hochgefahren.

Bei Wind und Solar hingegen muss man immer damit rechnen, dass sie einen im Stich lassen. An einem sonnigen Mittag mit steifer Brise kommt es vor, dass plötzlich mehr Naturstrom zur Verfügung steht, als früher alle Atomkraftwerke zusammen erzeugten. Millionen Hausfrauen und Hausmänner kochen das Mittagessen für ihre Familien mit hundertprozentigem Ökostrom, und niemand hat Grund zur Klage. Wir bemerken nicht den geringsten Unterschied. Doch am Abend sieht die Sache plötzlich anders aus. Wenn am Horizont die Sonne versinkt und die Blumen ihre Blüten schließen, stellen auch Deutschlands Photovoltaikanlagen die Arbeit ein. Und wehe, jetzt flaut auch noch der Wind ab. Dann bleibt die Küche kalt und der Fernseher aus und wir müssen unsere Kinder mit der Taschenlampe ins Bett bringen.

Eine Stunde Blackout bedeuteten allein in Deutschland rund 500 Millionen Euro Schaden, so hat es EU-Energiekommissar Oettinger ausgerechnet. Unsere Nachbarstaaten wären ebenfalls betroffen, wenn bei uns der Strom ausfällt. Eine Kettenreaktion wäre die Folge, denn für das europäische Stromnetz, das von Nordschweden bis Marokko reicht, ist Deutschland ein Knotenpunkt.

Am 4. November 2006, einem Samstag, ist es schon einmal passiert. Abends kurz nach zehn Uhr, halb Deutschland saß vor dem Fernseher und guckte »Wetten, dass..?«, da schaltete E.on eine Höchstspannungsleitung ab, die nahe Papenburg über die Ems führt. Die »Norwegian Pearl«, ein in der

Meyer-Werft gebautes Kreuzfahrtschiff, wurde in die Nordsee gebracht, eigentlich ein Routinevorgang, wie er an der Meyer-Werft immer wieder vorkommt. Der Strom wird dann einfach über weiter südlich gelegene Kabel umgeleitet.

Doch diesmal hielt das Netz die Belastung nicht aus. An einer Kuppelstelle zwischen dem E.on-Netz und dem RWE-Netz gab es Probleme, die Schutzautomatik schaltete die Leitung ab; dann ging es Schlag auf Schlag. Erst fiel der Strom zwischen Bielefeld und Gütersloh aus, dann in Nordrhein-Westfalen, dann im ganzen Südwesten Deutschlands. Sogar Teile von Österreich, Kroatien und Ungarn waren betroffen. Mehr als zehn Millionen Menschen saßen im Dunkeln. Erst gegen Mitternacht war das Problem behoben.

Wird es zu einem Blackout kommen? »Ja, die Gefahr besteht«, heißt es bei der Dena. Vor allem an kalten, dunklen Wintertagen, wenn wenig Strom erzeugt, aber viel Strom verbraucht wird, könnte es knapp werden. In besonders kritischen Regionen würde den Menschen dann stundenweise der Strom abgeschaltet; eine Erfahrung, die man zumindest in Westdeutschland seit gut 60 Jahren nicht mehr gemacht hat. Im – vergleichsweise milden – Winter 2011/2012 waren die Netze bereits mehrmals am Limit. Es kam deutlich häufiger zu Störungen als in früheren Jahren. Anfang Dezember 2011 musste der Netzbetreiber Tennet erstmals um Hilfe aus der sogenannten Kaltreserve im Nachbarland Österreich nachsuchen. Um die Versorgung im Südwesten Deutschlands stabil zu halten, fuhren die Österreicher ein altes, mit schwerem Heizöl betriebenes Kraftwerk in Graz wieder hoch.

Wilhelm Riesner, emeritierter Professor der Hochschule Zittau und einst Vizepräsident des DDR-Komitees im Weltenergierat, bereitet uns schon mal auf Zustände wie damals im Osten vor. »Nicht zu jedem Zeitpunkt des Jahres wird künftig genügend Erzeugungsleistung zur Verfügung stehen, um den momentanen Bedarf der Verbraucher zu decken«, warnt er uns in der »Frankfurter Allgemeinen Zeitung«. »Damit entsteht eine für die Bundesrepublik neuartige Versorgungssituation, die in der DDR während der gesamten Zeit ihres Bestehens vorhanden war.«

Aus ökologischer Sicht wäre die Rückkehr zur Zwangsrationierung allerdings ein Vorteil. Man muss sich ja nur mal Satellitenaufnahmen der Erde bei Nacht ansehen: überall Lichtverschwendung. Nur in Nordkorea herrscht vorbildliche Dunkelheit.

WAS TUN?

1. Öko, aber logisch

Umweltpolitiker, Umweltschutzfunktionäre und Ökoaktivisten wissen überraschend genau, was wir zu tun und zu lassen haben, damit die Welt gerettet werden kann. Jedenfalls tun sie so, als ob sie es wüssten. Dafür, dass es sich um komplexe Sachverhalte handelt, die weit in die Zukunft reichen, legen sie eine erstaunliche Selbstsicherheit an den Tag. Das hat viel damit zu tun, dass sie sich moralisch im Recht fühlen. Das Herz und der Bauch sagen ihnen: Ja, die Richtung stimmt. Da kommt es nicht auf alle Details an.

Es wäre gut, würden wir unsere Gewissheiten ab und zu einem Realitäts-Check unterziehen. Jeder von uns sollte die Möglichkeit in Betracht ziehen, dass die beste aller Lösungen noch nicht gefunden ist. Und falls sich herausstellt, dass wir uns geirrt haben, spricht nichts dagegen, einen Schritt zurückzugehen und es anders zu versuchen.

Eine Ökosteuer, die ausgerechnet den ökologisch schädlichen Diesel bevorzugt, muss überarbeitet werden. Ein Dosenpfand, das ausgerechnet die umweltfreundlichen Mehrwegflaschen aus dem Handel drängt, gehört grundlegend reformiert, ebenso die Subventionen für den Landschaftskiller Biosprit, die energiefressende Sommerzeit, die eine oder andere Dämmvorschrift und der Mülltonnenparcours vor unserer Haustür. Niemand sollte gezwungen werden, sich giftige Quecksilberleuchten ins Haus zu holen. Es ist unvernünftig, Atomkraftwerke abzuschalten, wenn wir dadurch von Atomstromimporten aus Tschechien und Frankreich abhängig werden. Und solange eine einmal verwendete Papiertüte eine schlechtere Ökobilanz aufweist als eine Plastiktüte, sollten grüne Sittenpolizisten noch einmal darüber nachdenken, ob es wirklich der Plastebeutel ist, den sie verbieten wollen.

Wer im Bioladen einkauft, sich vegetarisch ernährt oder ein Elektroauto fährt, kann das gerne tun. Daraus die Berechtigung abzuleiten, man dürfe anderen Leute eine Lektion in ökologisch korrekter Lebensführung erteilen, ist aber nicht angebracht. Die Dinge sind komplizierter, als sie auf den ersten Blick zu sein scheinen. Ein Importapfel aus Neuseeland hat unter Umständen eine bessere Ökobilanz als ein Bioapfel aus der Region. Die von der Biokundschaft geschmähten Konservierungsstoffe haben die Gesundheit von Menschen in Ländern mit fragwürdiger Hygiene enorm verbessert und tragen auch bei uns dazu bei, dass weniger Lebensmittel im Müll landen. Die grüne Gentechnik in der Landwirtschaft bringt womöglich hohe Erträge auf kleinerer Fläche und ist, wenn der Menschheit ein Rest an unberührter Natur erhalten bleiben soll, ökologisch vielleicht sogar im Vorteil. Und wo soll eigentlich der ganze Mist für den Ökolandbau herkommen, wenn alle Menschen Vegetarier sind und dementsprechend weniger Nutztiere gezüchtet werden?

Zurück zur Natur? Ohne mich. Dass unsere Vorfahren kerniger ausgesehen haben als wir, lag daran, dass die Plattfüßigen und Kurzsichtigen, also Menschen wie ich, auf der Strecke blieben, noch bevor sie ins geschlechtsreife Alter kamen. Wenn im Einklang mit der Natur zu leben bedeutet, dass wir wieder in Höhlen hausen, Felle tragen und mit Keulen aufeinander einschlagen müssen, möchte ich für meinen Teil gerne darauf verzichten. Und wenn die Öko-Esoteriker mal wieder von der guten alten Zeit schwärmen, wüsste ich wirklich gerne, welche Epoche sie eigentlich genau meinen: das finstere Mittelalter? Die kleine Eiszeit? Weltkrieg Eins und Zwo?

2. Wachstum ist gut

Wer wissen will, welche großartigen Fortschritte die Menschheit seit Anfang der Industrialisierung gemacht hat, sollte Friedrich Engels' Report über die Lage der arbeitenden Klasse in England aus dem Jahr 1845 zur Hand nehmen. Der Fabrikantensohn und angehende Weltrevolutionär schildert die erbärmlichen Lebensumstände der, wie er sie nennt, »erstgeborenen Söhne der modernen Industrie« in den englischen und schottischen Fabrikstädten. »Jeder Arbeiter, auch der beste, ist stets der Brotlosigkeit, das heißt dem Hungertode ausgesetzt, und viele erliegen ihm«, schreibt Engels. Und über die Zustände in Manchester heißt es: »In der Tiefe fließt oder vielmehr stagniert der Irk, ein schmaler, pechschwarzer, stinkender Fluss, voll Unrat und Abfall, den er ans rechte, flachere Ufer anspült; bei trocknem Wetter bleibt an diesem Ufer eine lange Reihe der ekelhaftesten schwarzgrünen Schlammpfützen stehen, aus deren Tiefe fortwährend Blasen miasmatischer Gase aufsteigen und einen Geruch entwickeln, der selbst oben auf der Brücke, vierzig oder fünfzig Fuß über dem Wasserspiegel, noch unerträglich ist.«

Für Engels' Zeitgenossen war der Bericht eine Anklageschrift gegen die Bourgeoisie und ihren menschenverachtenden Umgang mit der Arbeiterklasse; Karl Marx verarbeitete sie in »Das Kapital«. Doch Engels und Marx haben sich fundamental geirrt: Langfristig ist die Arbeiterklasse im Kapitalismus nicht ausgebeutet worden, sondern zu beträchtlichem Wohlstand gelangt. Der Lebensstandard einer Normalfamilie von heute übersteigt den materiellen und kulturellen Reichtum des Großbürgertums von damals. Es brauchte jeweils nur wenige Jahre, bis Luxusgüter wie Kanalisation, elektrischer Strom, Autos, Farbfernseher, Pflegeversicherung und Mobiltelefone zu Alltäglichkeiten für die breite Bevölkerung wurden. Der

Irk fließt noch immer durch Manchester, aber Pestilenz und Unrat sind verschwunden. Statt der Elendsquartiere säumen jetzt Grünanlagen und gepflegte Reihenhäuser das Ufer.

In den Megacitys der Schwellen- und Entwicklungsstaaten herrschen heute vergleichbare Zustände wie in Manchester zu Zeiten von Friedrich Engels. Die Menschen sind arm, ihre Lebensbedingungen, jedenfalls nach westlichen Maßstäben, schlecht. Ein Tagelöhner im chinesischen Lanzhou oder im nigerianischen Lagos kämpft ähnlich ums Überleben wie ein Fabrikarbeiter im frühkapitalistischen Liverpool. Doch die Schwellenländer werden in den nächsten Jahrzehnten eine ähnliche Entwicklung wie die westlichen Industriestaaten durchlaufen. In China, Brasilien und Indien hat die Aufholjagd begonnen. Die Wirtschaft und der Wohlstand der Durchschnittsbevölkerung wachsen. Das Tempo ist so hoch, dass es keine 150 Jahre dauern wird, um zu den Europäern und Nordamerikanern aufzuschließen. Die amerikanische Energy Information Administration (EIA) schätzt, dass die Chinesen im Jahr 2030 einen Lebensstandard erreichen werden, der mit dem der Westdeutschen der frühen siebziger Jahre zu vergleichen ist. Und die Aufholjagd wäre damit noch lange nicht zu Ende. »Es gibt keinen Anhaltspunkt dafür, dass Gott die USA auserwählt hat, für immer ein höheres Pro-Kopf-Einkommen als der Rest der Welt zu haben«, sagt der Wirtschaftsnobelpreisträger Robert Solow.

Umweltschützer sehen die ungestüme Entwicklung in den Schwellenländern kritisch, weil dort der Ressourcenverbrauch steigt, die Müllberge wachsen und die Emissionen zunehmen. Es heißt, das westliche Modell dürfe nicht auf die Schwellen- und Entwicklungsstaaten übertragen werden, weil sonst die Erde kollabiere. Einigen Ökologen wäre es lieber, die Dritte Welt bliebe rückständig. So deutlich spricht es zwar niemand aus. Aber der unter Klimaschutzfunktionären populäre Plan, den Schwellenländern ein CO_2-Kontingent zuzuteilen, um es ihnen dann abkaufen zu können, liefe auf eine solche Still-legung hinaus. Die armen Länder sollen die Welt mit Treib-hausgasen verschonen; von den reichen Ländern würden sie dann fürs Nichtstun bezahlt. Auch der Vorschlag, einen Klimazoll auf Importgüter zu erheben, wenn diese unseren Vorstellungen von einer nachhaltigen Produktionsweise nicht genügen, ginge zu Lasten der Schwellen- und Entwicklungs-länder und wäre nichts anderes als eine »neue Form von Öko-Imperialismus«, wie der frühere Umweltstaatssekretär Matthias Machnig (SPD) bekannte.

Es ist nicht nur realitätsfremd, den Wachstumsdrang der Schwellen- und Entwicklungsländer dämpfen zu wollen, son-dern auch umweltfeindlich. Globaler Umwelt- und Klima-schutz wird nur funktionieren, wenn die Grundbedürfnisse der Menschen halbwegs befriedigt sind. Wer ums Überleben kämpft, hat andere Sorgen als den Erhalt von Flora und Fauna. »Sind nicht Armut und Not die größten Umweltverschmut-zer?«, fragte schon Indiens damalige Ministerpräsidentin Indira Gandhi, als die Vereinten Nationen 1972 in Stockholm ihre erste Umweltkonferenz abhielten. »Wir wollen die Umwelt keines-wegs weiter verschlechtern, doch wir können nicht für einen Moment die grausame Armut einer großen Zahl von Menschen vergessen. Die Umwelt kann unter den Bedingungen der Armut nicht verbessert werden.«

Es braucht ein Mindestmaß an materiellen Wohlstand, damit sich eine Gesellschaft für Ökologie interessiert. Empirische Studien kommen zu dem Ergebnis, dass in Schwellenstaa-ten die Umweltbelastungen zunächst steigen, bis das Brutto-inlandsprodukt (BIP) einen Pro-Kopf-Wert von etwa 8000 Dol-lar erreicht. An diesem Punkt setzt ein Bewusstseinswandel ein. Die Menschen haben ihre physiologischen Grundbedürfnisse wie Nahrung, Kleidung und Obdach so weit befriedigt, dass sie eine positive Einstellung zum Umweltschutz entwickeln. In

China, das Pro-Kopf-BIP liegt kaufkraftbereinigt dort jetzt bei etwa 8400 Dollar, lässt sich dieses Phänomen gut beobachten. Die Regierung treibt das Thema Umweltschutz voran. Die Luft in Peking und Schanghai wird klarer. Auf anrührende Weise sind die Menschen bemüht, die Natur in die Städte zurückzuholen. Die Randstreifen an den Straßen sind mit Blumen und Büschen bepflanzt; entlang der Stadtautobahnen stehen Blumenkästen. Dazu passt, was die Uno-Organisation für Landwirtschaft und Ernährung FAO über die Entwicklung der Wälder herausgefunden hat. »Wir beobachten, dass es mit dem Wald immer dann aufwärts geht, wenn Länder anfangen, sich zu industrialisieren und ihre Landwirtschaft zu intensivieren«, sagte der zuständige FAO-Direktor Eduardo Rojas-Briales kürzlich in einem SPIEGEL-ONLINE-Interview. »Das ist in Europa schon im 19. Jahrhundert passiert und wiederholt sich nun in Asien. Trotz einer wachsenden Bevölkerung nimmt die Waldfläche in Asien nun zu. China forstet massiv Millionen Hektar jährlich auf.«

Kritiker weisen darauf hin, dass eine relative Abkopplung des Energieverbrauchs vom Wirtschaftswachstum nicht bedeutet, dass auf der Welt auch absolut weniger Öl, Gas und Kohle verbrannt wird. Das stimmt. Selbst wenn China seine Fabriken und Kraftwerke in nächster Zeit radikal modernisiert, werden der Energieverbrauch und der CO_2-Ausstoß Chinas weiter steigen. Die Industrie in den Schwellenländern wächst so schnell, dass der Mengeneffekt den Effizienzgewinn überkompensiert. Sogar in den höchstentwickelten Ländern kommt es paradoxerweise vor, dass sparsamere Geräte den Energieverbrauch steigern. Ein Beispiel für einen solchen Bumerang-Effekt sind unsere Autos. Die Motoren werden immer effizienter, doch der Benzinverbrauch lässt trotzdem kaum nach, weil die Fahrzeuge nach unseren Wünschen immer größer, schneller und komfortabler ausgestattet werden.

Die dynamische Entwicklung vor allem in China und Indien wird das Klima belasten, solange es nicht gelingt, den CO_2-Ausstoß absolut vom Wirtschaftswachstum abzukoppeln. Das ist bedauerlich. Aber wir müssen den Tatsachen ins Auge sehen: Zum Wachstum gibt es keine Alternative. Kein Land der Welt wird sich freiwillig mit seiner Rückständigkeit abfinden; Menschen begehren, das liegt in unserer Natur.

Die Industriestaaten sollten alles tun, die Schwellenstaaten bei ihrer Entwicklung zu unterstützen, und es geht hier nicht um Almosen, sondern um Direktinvestitionen, technologische Zusammenarbeit sowie den Abbau von Zöllen und anderen Handelsbeschränkungen. Wenn afrikanische Landwirte ihre Baumwolle in die USA verkaufen könnten, ohne weiter von hochsubventionierten amerikanischen Farmern an die Wand gedrückt zu werden, wäre ihnen mehr geholfen als mit wohlfeilen Ratschlägen für eine ökologisch korrekte Lebensführung. Und wenn die Europäische Union aufhörte, ihre Überschussproduktion an Milchpulver und Fleisch mit Hilfe von Exportsubventionen auf dem Weltmarkt zu verramschen, rückte womöglich sogar ein afrikanisches Agrarwunder in greifbare Nähe.

Je schneller die Schwellen- und Entwicklungsländer aufholen, desto früher werden sie bereit sein, sich mit uns an einen Tisch zu setzen und über Klimaschutz zu verhandeln. Der technische Fortschritt spielt uns dabei in die Hände, zumal er sich mit dem Aufstieg Chinas und Indiens beschleunigen wird. »Allein schon wegen der Größe der Länder schlummert hier ein ungeheures Potenzial für Innovationen und intelligente Adaptionen«, sagt Karl-Heinz Paqué.

Wachstum ist gut für die Umwelt. Die Steinzeit ging nicht zu Ende, weil alle Steine aufgebraucht waren; die Ära der Pferdefuhrwerke war nicht vorbei, weil plötzlich die Gäule ausstarben. Auch die Ära der fossilen Energien wird nicht wegen zu wenig Öl, Gas und Kohle zu Ende gehen, sondern dadurch, dass der Menschheit etwas Neues, Besseres einfällt. Wer weiß: Vielleicht wird es ein Wissenschaftler in Peking oder Mumbai sein, dem es gelingt, eine marktfähige, saubere und sichere Alternative zu den fossilen Energien zu entwickeln.

3. Mehr Fortschritt wagen

Die Politik kann dazu beitragen, dass die Technik voran-kommt. Gerade 12,9 Milliarden Euro beträgt derzeit der Etat des Bundesministeriums für Bildung und Forschung. Das sind 1,5 Milliarden Euro mehr als letztes Jahr – aber weniger, als etwa in den unnützen Förder- und Marktanreizprogrammen für erneuerbare Energien versickert. Ein zusätzlicher Betrag von drei Milliarden Euro, also gerade ein Viertel der aktuellen Subventionen aus dem Erneuerbare-Energien-Gesetz, würde reichen, um das Forschungsbudget der Helmholtz-Gemein-schaft Deutscher Forscherzentren von heute auf morgen zu verdoppeln.

Doch es geht um mehr als Geld. Die Geschichte lehrt, dass sich offene Gesellschaften durch Innovationskraft auszeichnen, Planwirtschaften hingegen höchstens durch kreative Mangel-verwaltung. »Freiheit ist wesentlich, um Raum für das Unvor-hersehbare und Unvoraussagbare zu lassen«, schrieb Friedrich August von Hayek: »Weil jeder einzelne so wenig weiß und insbesondere, weil wir selten wissen, wer von uns etwas am besten weiß, vertrauen wir darauf, dass die unabhängigen und wettbewerblichen Bemühungen Vieler die Dinge hervorbrin-gen, die wir wünschen werden, wenn wir sie sehen.«

Nicht hilfreich für den Fortschritt ist es, wenn sich ange-hende Entdecker vorab für alle möglichen Risikofolgen ihres Tuns rechtfertigen müssen. Wenn Naturwissenschaftlern stän-dig unterstellt wird, sie schraubten am Deckel der Büchse der Pandora herum, wird sie das bei ihrer Arbeit nicht beflügeln.

Deutschland hat sich unter dem Einfluss der Ökobewegung zu einem forschungsskeptischen und teilweise technikfeindlichen Land entwickelt. Siehe die CCS-Technik. Im brandenburgischen Ketzin, etwa 40 Kilometer westlich von Berlin, haben Wissenschaftler des Geoforschungszentrums Potsdam im Untergrund eine geologische Formation ausgemacht, die für die Einlagerung von Treibhausgasen geeignet ist. Der Plan war, Kohlendioxid aus den Schornsteinen der Kohlekraftwerke abzuscheiden, zu verflüssigen und in unterirdischen Lagern zu deponieren. Falls das Verfahren funktioniert, könnten Kohle, Gas und Öl einstweilen weiter verfeuert werden, ohne das Klima mit weiteren Treibhausgasen zu belasten. In Kombination mit Biomassekraftwerken wäre es durch CCS sogar möglich, der aufgeheizten Atmosphäre überschüssiges Kohlendioxid zu entziehen.

Ketzin wäre die erste Anlage dieser Art auf der Welt, noch zu klein, um die Emissionen des nahe gelegenen Kraftwerks Jänschwalde zu neutralisieren, aber ein erster Schritt in eine vielversprechende Richtung. Die Finanzierung des Projekts wäre gesichert, die Menschen im Ort sind grundsätzlich einverstanden. Es könnte sofort losgehen, wäre es angeblichen Umweltschützern nicht gelungen, der CCS-Technik mit Halbwahrheiten und hysterischen Übertreibungen das Image eines Atomendlagers aufzudrücken. Der BUND warnt vor »Ausgasungen«. Greenpeace diffamiert das Projekt als »grünes Mäntelchen für die Kohleindustrie«. Die Grünen wackeln wieder mal bedenkenschwer mit den Köpfen. Dass sich die »taz« und das Potsdam-Institut für Klimafolgenforschung in diesem Fall mal ausdrücklich für die neue Technik aussprechen, ändert an der Blockadehaltung der Öko-Fundis nichts. Jetzt steht nicht nur die Versuchsanlage in Ketzin auf der Kippe, sondern in Deutschland die gesamte Technologie.

Oder das Beispiel Gentechnik. Gewaltbereite Aktivisten haben es in den letzten Jahren verstärkt auf gentechnische

Versuchsfelder und Chemielabore abgesehen. Die Außenstelle des Bundesforschungsinstituts für Kulturpflanzen in Dresden-Pillnitz und ein Schaugarten in Üplingen wurden mehrmals Ziel von Anschlägen. Mal wurden 200 junge Apfelbäume mit der Gartenschere durchgeknipst, mal Wachleute verprügelt und Pflanzen herausgerissen. Dass nicht die Gentechnik für das Bienensterben und die Monokulturen auf den Feldern verantwortlich ist, sondern sogenannte Biospritpflanzen, müssen die grünen Khmer irgendwie übersehen haben.

Ernst-Ludwig Winnacker, Biochemiker und Ex-Präsident der Deutschen Forschungsgemeinschaft, beklagt sich darüber, dass das Klima in der Gentechnikdebatte aggressiver geworden sei. »Bei den beteiligten Forschern und Unternehmen macht sich Resignation breit«, so Winnacker in einem Beitrag für die »Zeit«. Den Kritikern der Gentechnik wirft er vor, in jeder Veränderung ein Risiko zu sehen, vor dem sich die Gesellschaft schützen müsse. »Doch welches Risiko könnte das sein?«, fragt Winnacker: »Eine Art Superunkraut, das die Welt überwuchert? Eine Störung des natürlichen Gleichgewichts? Die Verbreitung von Genen zwischen Nutzpflanzen und anderen Pflanzen? Das Auftreten unbekannter Allergien? All das und vieles mehr ist in Hunderten von Umweltverträglichkeitsprüfungen intensiv untersucht worden, ohne dass es bisher einen einzigen ernst zu nehmenden Hinweis darauf gibt, von gentechnisch veränderten Pflanzen gingen besondere Risiken für Mensch und Umwelt aus.«

Es ist nötig, dass wir unsere technikfeindliche Grundeinstellung ändern. Nichts gegen Bio. Aber für Mensch und Umwelt hat der Chemiekonzern BASF mit der Patentierung des Haber-Bosch-Verfahrens beim Kunstdünger mehr geleistet als Rudolf Steiner mit der Erfindung des Demeter-Landbaus. Bevor militante Kohlrabi-Apostel also das nächste Mal ein gentechnisches Labor verwüsten, sollten sie die Möglichkeit in Betracht ziehen, dass sie dabei den Prototyp einer Pflanze zerstören, die mit weniger Wasser, Dünger und Schädlingsbekämpfungsmitteln auskommt und womöglich Millionen hungrige Menschen ernähren könnte.

4. Weg mit dem Umweltministerium

Nach seiner Wiederwahl im Herbst 2011 dachte Polens Ministerpräsident Donald Tusk darüber nach, das Umweltministerium aufzulösen. Er wolle nicht beim Umweltschutz sparen, erklärte Tusk. Vielmehr gehe es ihm darum, das Ökothema aus seiner Nische zu holen und in den relevanten Ressorts für Wirtschaft, Energie, Verkehr und Technologie zu verankern.

Man stelle sich vor, ein deutscher Spitzenpolitiker hätte einen solchen Vorschlag gemacht: Ein Sturm der Entrüstung wäre losgebrochen. Deutschland mag ein tolerantes Land sein. Man darf im politischen Betrieb vieles in Frage stellen, von der Marktwirtschaft bis zum Föderalismus. Aber es gibt Grenzen. Das Umweltministerium abschaffen zu wollen, ginge für einen Politiker eindeutig zu weit.

Aber warum eigentlich? Was würde der Umwelt fehlen, wenn es in den letzten zehn Jahren keinen Bundesumweltminister gegeben hätte? Das Dosenpfand? E10? Der gelbe Sack? Ein Minister, der seine vornehmste Aufgabe darin sieht, die Photovoltaik vor allzu schmerzhaften Subventionskürzungen zu bewahren, schadet der Umwelt. Dass es noch immer kein Endlager für radioaktive Abfälle gibt, ist maßgeblich auf die jahrelange Hinhalte- und Blockadetaktik des Umweltressorts zurückzuführen. Die Ökosteuer wurde von den Ökokraten so verhunzt, dass die ganze Idee in Misskredit geraten ist, obwohl es sich im Prinzip um eine vernünftige Sache handelt.

Ich bezweifle, dass das Umweltministerium der richtige Ort ist, um die Umweltpolitik vom Kopf auf die Füße zu stellen.

Der Vorschlag des polnischen Ministerpräsidenten Tusk geht in die richtige Richtung. Insbesondere der Kampf gegen den Klimawandel ist zu wichtig, um ihn dem Umweltminister zu überantworten. Am besten wäre ein eigener Energieminister, der mit kühlem Kopf den Umstieg auf die erneuerbaren Energien organisiert. Um Abfallbeseitigung und Wasserwirtschaft könnte sich das Wirtschaftsministerium kümmern. Hier wäre der Umwelt mit marktwirtschaftlichen Instrumenten mehr gedient als mit dem Ordnungsrecht. Die Themen Atom, Chemikalien, Luft- und Lärmschutz sollten einem erweiterten Ministerium für Forschung und Technologie zugeschlagen werden. Und bei den internationalen Verhandlungen zum Klimaschutz ist die Bundeskanzlerin persönlich gefragt.

5. Weniger Solar, mehr Klima

Der Emissionszertifikatehandel ist ein scharfes Schwert, um den Ausstoß klimaschädlicher Gase zu kappen, jedenfalls in der Theorie. Die Politik kann auf die Tonne genau festlegen, welche Gesamtmenge CO_2 die Industrie in die Atmosphäre blasen darf. Ein Unternehmen, das Kohlendioxid ausstößt, muss die entsprechenden Verschmutzungsrechte beibringen. Wer mehr Zertifikate besitzt, als er selbst verbraucht, kann diese verkaufen. Wer zu wenige hat, kauft welche hinzu. Der Ausstoß von CO_2 ohne Verschmutzungsrechte ist verboten. Es drohen Geldstrafen; fehlende Zertifikate müssen nachgeliefert werden. Der Kontrollaufwand des Staates hält sich dabei in überschaubaren Grenzen, denn wie viel CO_2-Zertifikate eine Fabrikanlage einsetzen muss, lässt sich anhand ihres Verbrauchs an Öl, Gas oder Kohle genau bestimmen.

Für die Unternehmen hat das System den Vorteil, dass sie entscheiden, auf welche Weise sie das Emissionsziel erfüllen. Es ist nicht nötig, dass die Politik ihnen weitere Vorschriften erteilt, denn die Unternehmen wissen selbst am besten, wo es sich lohnt, CO_2 einzusparen, statt Zertifikate einzusetzen. Stellen Sie sich vor, wir sollten unsere Heizkosten drücken und spazierten nun durch unsere Häuser und Wohnungen. Sicher würde jeder von uns an einer andere Stelle ansetzen. Beim einen wäre es vernünftig, die Fenster abzudichten, beim anderen würde das Dach gedämmt. Bei uns würde es schon helfen, wenn sich die Kinder endlich angewöhnten, die Haustür hinter sich zuzumachen, wenn sie nach draußen rennen, wenigstens im Winter.

Der Emissionshandel führt dazu, dass die Verschmutzungsrechte optimal eingesetzt werden. Wenn es sich für ein Unternehmen lohnt, in den Klimaschutz zu investieren, wird es das auch tun. Jeder Euro spart die größtmögliche Menge CO_2 ein. Das von der Politik vorgegebene CO_2-Ziel wird also auf die effizienteste Weise erreicht.

Umso enttäuschender ist, dass das Zertifikatesystem in der Europäischen Union nicht richtig funktioniert. Die Schuld daran trägt die Politik. Anstatt den Handel mit Emissionsrechten wirken zu lassen, verfällt sie in Aktionismus und denkt sich ständig weitere Maßnahmen aus, die das System und seine Anreizwirkung aushebeln, so etwa die Subventionen für die erneuerbaren Energien. Die von der Bundesregierung willkürlich festgelegte Solarförderung führt dazu, dass wir besonders viel Geld für besonders wenig Ökostrom und eine extrakleine Portion Klimaschutz verpulvern.

Die EU verfolgt ehrgeizige Klimaziele; dagegen ist nichts zu sagen. Aber sie sollte es den Unternehmen und Energiekonzernen überlassen, wie das Ziel erreicht wird. Das Erneuerbare-Energien-Gesetz (EEG) ist überflüssig. Die Stromerzeuger in der Europäischen Union sind praktisch lückenlos in das Zertifikatesystem eingebunden. Mit dem Erneuerbare-Energien-Gesetz hat die Politik ein zweites, redundantes Fördersystem geschaffen, das fast 14 Milliarden Euro im Jahr kostet und dafür nicht ein einziges Gramm zusätzliches CO_2 einspart.

Ein Wegfall des Erneuerbare-Energien-Gesetzes würde nicht bedeuten, dass es keine Windräder oder Solaranlagen mehr gibt. Doch anders als heute würden sie da gebaut, wo Aufwand und Ertrag in einem vernünftigen Verhältnis stehen. Dort, wo es sich für die Energiekonzerne lohnt, werden sie selbst in CO_2-arme Kraftwerke und Anlagen investieren. Das Geschäftsmodell der ganzen Branche würde wieder vom Kopf auf die Füße gestellt: Anstatt möglichst viele Subventionen zu kassieren, ginge es darum, möglichst viel Ökostrom zu erzeugen.

Einige Umweltpolitiker behaupten, es brauche beide Instrumente, um den Umstieg auf die erneuerbaren Energien zu bewältigen: den Emissionshandel und das Fördersystem EEG. Die Subventionen seien notwendig, um neue Techniken zur Stromerzeugung aus Sonne, Wind oder Pflanzen konkurrenzfähig zu machen. Außerdem könne die Politik die Emissions-Obergrenze für den Zertifikatehandel umso schneller herabsetzen, je flotter der Ausbau bei den Erneuerbaren vorangeht. Beide Argumente sind falsch. Die Systeme ergänzen sich nicht, sondern stehen sich im Weg. Das Erneuerbare-Energien-Gesetz verlangsamt den technischen Fortschritt. Es verdeckt die wahren Kosten der Klimazerstörung und verzerrt die Preise im Emissionshandelssystem.

Die Subventionen hebeln den Anreiz aus, möglichst viel CO_2 zu möglichst geringen Kosten einsparen zu wollen. Um eine Tonne CO_2 zu vermeiden, kann man fünf Euro für die Dämmung eines alten Gebäudedachs ausgeben, 20 Euro in ein neues Gaskraftwerk stecken, 100 Euro in ein Windrad oder 500 Euro in eine Photovoltaikanlage investieren. Der Nutzen für das Klima ist in allen Fällen gleich. Wir sollten unser Geld dort ausgeben, wo es sich am meisten lohnt. Der Klimawandel ist ein zu drängendes Problem, als dass wir unser Geld verplempern dürften. Die Solarförderung ist kein Beitrag zur Lösung des Klimaproblems, also: Weg damit.

Politiker werden nun einwenden, dass das nicht geht. Man könne ein milliardenschweres Fördersystem wie das EEG nicht einfach abschaffen. Allzu viele Unternehmen und Handwerksbetriebe seien inzwischen vom Ökostrom-Business abhängig, als dass man nun sagen könne: Sorry, war nur so eine Idee von uns.

Doch dann sollte die Politik wenigstens versuchen, die Subventionen für die erneuerbaren Energien so zu gestalten, dass ihr Schaden möglichst gering ist. Einen Vorschlag machte im vergangenen Jahr der Vorsitzende der Monopolkommission, Justus Haucap. Sein Plan sieht vor, den Energieversorgern eine Ökostromquote vorzuschreiben. Ein bestimmter Anteil des von ihnen verkauften Stroms müsste demnach aus erneuerbaren Energien stammen. Am Anfang läge diese Quote vielleicht bei 20 Prozent und würde anschließend von Jahr zu Jahr erhöht. Der Ausbau der erneuerbaren Energien ginge gemäß den politischen Vorgaben voran. Aber es bliebe den Energieversorgern überlassen, auf welche Weise sie die Quote erfüllen. Der Wettbewerb um die effizienteste Technik käme in Gang; das Geld würde so investiert, dass es möglichst viel CO_2 einspart. Das wäre eine klare Verbesserung im Vergleich zum derzeitigen System.

Allein die bereits installierten Photovoltaikanlagen werden die Stromkunden bis zum Ende ihrer garantierten Laufzeit mit real etwa 100 Milliarden Euro zusätzlich belasten. So hoch sind die Differenzkosten, also die Kosten der EEG-Umlage über den normalen Strompreis hinaus; und das für eine Technologie, die gerade einmal drei Prozent zur Stromerzeugung beiträgt. Der Spielraum für weitere Belastungen ist begrenzt, dabei hat die Energiewende nicht mal richtig angefangen. Noch höhere Strompreise infolge schlechter Politik werden sich die Wähler nicht bieten lassen – zu Recht.

6. Schluss mit den Klimatricks

Treibhausgase verteilen sich gleichmäßig in der Atmosphäre. Es ist egal, an welchem Ort der Welt sie in die Luft geblasen werden. Ob wir selbst eine Tonne Kohlendioxid einsparen oder ob wir anderen Ländern beim Sparen einer Tonne CO_2 helfen, macht keinen Unterschied. Fürs Klima ist beides gleich gut. Aus ökonomischer Sicht spricht einiges dafür, die Schwellen- und Entwicklungsländer beim Sparen zu unterstützen, weil sich dort mit vergleichsweise wenig Geld viel CO_2 einsparen lässt.

Trotzdem ist unsere Form der Klimaentwicklungshilfe, der »Clean Development Mechanism«, falsch. Die europäische Industrie entledigt sich einer realen Einsparverpflichtung, indem sie virtuelle Einsparungen in China oder Indien finanziert. Ob dadurch wirklich auch nur ein Gramm CO_2 weniger in die Atmosphäre gelangt, kann niemand sagen. Ich halte es für unwahrscheinlich. Das Beispiel des Kühlmittelgases HFC-23 zeigt, wie betrugsanfällig ein System ist, in dem alle Beteiligten ein Interesse daran haben, den hypothetischen Segen eines gemeinsamen Projektes möglichst groß aussehen zu lassen.

Die fragwürdigen Ablassgeschäfte machen letztlich den europäischen Zertifikatehandel kaputt. Anstatt Emissionsrechte entweder einzusparen oder hinzuzukaufen, machen sich die Unternehmen einfach selber welche. Es kommt zu einer Art Inflation. Der Marktpreis der Zertifikate fällt. Der Anreiz, in CO_2-sparende Technik zu investieren, schwindet.

Wenn nicht sichergestellt ist, dass ein Klimaschutzprojekt außerhalb Europas zu einer echten CO_2-Einsparung führt, darf es dafür keine Zertifikate geben. Projekte sollten mindestens den Anforderungen des »CDM Gold Standard« entsprechen, einem bislang freiwilligen Gütesiegel, das besonders strenge Prüfungen vorsieht. Außerdem muss die Liste der Staaten, die für Klimaentwicklungshilfe in Frage kommen, überarbeitet

werden. Relativ fortgeschrittene Länder wie China oder Brasilien haben auf der Liste nichts verloren. Die gesetzlichen
Umweltstandards, die dort gelten, sind bereits so streng, dass
Klimaentwicklungshilfe keinen Zusatznutzen stiftet, sondern
nur zu Mitnahmeeffekten führt.

7. Ein neues Klimaziel

Der Klimawandel kann nur gebremst werden, wenn möglichst
die ganze Welt daran mitarbeitet. Das ist derzeit nicht der
Fall. Während die EU ihre Emissionen seit 1990 um mehr als
zehn Prozent gesenkt hat, ist der Ausstoß in den USA um
mehr als 13 Prozent gestiegen und in China sogar um mehr als
100 Prozent. Der weltweite Energieverbrauch wächst rasant.
Die Scheichs müssen sich vorerst keine große Sorgen um ihre
Geschäfte machen. Für jedes Fass Öl, das Europa einspart,
findet sich anderswo auf der Welt ein dankbarer Abnehmer.
Ein Super-Kyoto-Abkommen wird es auf absehbare Zeit nicht
geben. China, Indien und auch die USA zeigen keine Bereit-
schaft, sich einem System zu unterwerfen, das ihr Wachstum
begrenzt, und wir können sie nicht dazu zwingen.

Ein globaler Emissionsrechtehandel setzte voraus, dass
sich kein Land übervorteilt fühlt. Die Aufteilung der Kosten
müsste von allen Beteiligten als gerecht empfunden werden;
andernfalls wird es kein Abkommen geben. Doch schon die
Vorstellungen, was gerecht ist, gehen weit auseinander. Der
Vorschlag von Bundeskanzlerin Angela Merkel lautet, jedem
Erdbewohner dasselbe Kontingent an CO_2-Emissionen zuzuteilen. Das klingt zunächst fair, hieße aber, dass die USA ihren
Ausstoß schnell um etwa 90 Prozent verringern müssten. Es
ist nicht zu erwarten, dass die Amerikaner einem solchen Verfahren zustimmen werden. Benachteiligt wären auch alle Menschen in kalten Ländern, die die Heizung aufdrehen müssen,

wenn es anderswo noch angenehm warm ist. Schließlich wäre zu bedenken, dass etwa ein Land mit viel Stahlindustrie mehr CO_2 pro Einwohner ausstößt als ein Land, das vor allem vom Tourismus lebt. Kein vernünftiger Mensch käme auf die Idee, eine Eisengießerei aus dem Ruhrgebiet nach Mallorca zu verlegen, nur weil dort ein paar Stahlträger für Hotelneubauten gebraucht werden.

Ein anderer Vorschlag lautet, sich an der Wirtschaftskraft eines Landes zu orientieren. Ländern mit hohem Bruttoinlandsprodukt würden mehr Verschmutzungsrechte zugebilligt als Ländern mit geringer Wirtschaftskraft. Einem solchen Modell jedoch werden die Schwellen- und Entwicklungsländer nicht zustimmen. Sie sehen die reichen Länder eher in der Verpflichtung, Buße zu tun, weil sie die Atmosphäre bereits übermäßig mit CO_2 belastet haben.

Die internationale Klimapolitik steckt deshalb in einer Sackgasse. Weltklimakonferenzen bringen uns keinen Schritt mehr voran, wie sich zuletzt wieder im südafrikanischen Durban gezeigt hat. Etwa 20 000 Teilnehmer aus 194 Ländern palaverten vor sich hin, ohne den geringsten messbaren Fortschritt zu erzielen. Hochbezahlte Fachleute stritten nächtelang ergebnislos über die Frage, ob der Verhandlungsprozess nun »rechtlich«, »rechtlich verbindlich« oder »mit Rechtskraft« genannt werden solle. Aber keiner der Beteiligten war bereit, Verantwortung zu übernehmen. Die Europäer zeigten mit dem Finger auf die Amerikaner, die Amerikaner auf die Chinesen und die Chinesen auf die Europäer. Drumherum der übliche Öko- und Ethnokitsch: aufblasbare Erdkugeln, Folkloretanzgruppen, Kinder mit Eine-Welt-Plakaten. Und nur einen Tag, nachdem die Delegierten unverrichteter Dinge abgereist waren, trat der kanadische Umweltminister vor die Presse und verkündete, dass sein Land eh aus allen bestehenden Klimaschutzverträgen aussteigen werde.

Wir sollten es mit einer anderen Strategie versuchen. Das Paradigma der Klimapolitik, wonach der Temperaturanstieg auf zwei Grad Celsius zu begrenzen ist, muss aufgegeben werden. Es bringt nichts, an einem Plan festzuhalten, der nicht funktioniert. Das Zwei-Grad-Ziel ist eine »nette Utopie«, sagt Fatih Birol, Chefvolkswirt der Internationalen Energie-Agentur. Anstatt, wie erhofft, die Staaten zu motivieren, erzeugt es Fatalismus. »Ohne einen Paradigmenwechsel führt der Weg der Klimadiplomatie geradewegs in die selbstverschuldete Irrelevanz, zum Ende der Klimapolitik«, sagt Oliver Geden von der Stiftung Wissenschaft und Politik.

Einige Klimaforscher haben bei uns den Eindruck erweckt, das Zwei-Grad-Ziel sei nicht verhandelbar, sondern naturgesetzlich festgelegt. Ein Temperaturanstieg um zwei Grad Celsius sei gerade noch beherrschbar, ein Anstieg um drei Grad Celsius sei es nicht. Doch in Wahrheit steht das Zwei-Grad-Ziel auf dünnem wissenschaftlichen Fundament. Es gibt keine magische Grenze. Das Klima ist viel zu komplex, als dass es möglich wäre, eine globale Durchschnittstemperatur auszurechnen, von der sich behaupten ließe, sie gehe so gerade noch in Ordnung. Der Weltklimarat IPCC hat sich deshalb aus gutem Grund zurückgehalten, ein Grad-Ziel auszugeben. Es war der »Wissenschaftliche Beirat der Bundesregierung Globale Umweltveränderungen« unter dem Vorsitz von Hans Joachim Schellnhuber, dem Hui Buh unter den Klimaforschern, der das Zwei-Grad-Ziel erfunden hat, als leichtverständliche und möglichst griffige Botschaft an die Politik.

Deutschland und die Europäische Union haben in der Klimapolitik eine Vorreiterrolle übernommen. Damit uns die anderen folgen, sollten wir jetzt auch ein gutes Vorbild abgeben. Unser Ziel sollte sein, der Welt zu beweisen, dass es möglich ist, weniger CO_2 auszustoßen, ohne dabei die Wirtschaft zu ruinieren und den Wohlstand der Bürger zu gefährden. Wer glaubt, Deutschland habe bereits das Maximum an Effizienz erreicht, unterschätzt den technischen Fortschritt und überschätzt den Modernisierungsgrad unserer Volkswirtschaft. Man muss sich nur mal ansehen, in welchem Zustand die Stromnetze und viele Kohlekraftwerke sind. Diese Effizienzreserven gilt es zu heben. Der Emissionshandel ist dafür ein geeignetes Mittel – sobald die Politik aufhört, ihn mit planwirtschaftlichen Methoden auszuhebeln.

8. Begleichen Sie Ihre Klimaschulden

Wer persönlich etwas gegen den Klimawandel tun möchte, stößt schnell an seine Grenzen. Zwar herrscht kein Mangel an Büchern und Zeitungskolumnen, die uns ermuntern, Energiesparbirnen zu verwenden und immer brav alle Stand-by-Knöpfe auszuschalten. Aber viele Tipps sind unbrauchbar, weil im Zertifikatesystem nicht die Stromkunden mit ihren Sparlampen und Stand-by-Schaltern darüber entscheiden, wie viel CO_2 in die Luft geblasen wird, sondern die Europäische Union.

Seit einem Jahr bin ich Ökostromkunde, und, zur Erinnerung: Früher belieferte uns das Braunkohlekraftwerk im brandenburgischen Jänschwalde, Nummer 8 auf der Rangliste der weltweit schlimmsten CO_2-Erzeuger. Jetzt stammt unser Strom aus skandinavischen Wasserkraftwerken mit einem CO_2-Ausstoß von Null. Theoretisch macht das in unserem Fall eine CO_2-Ersparnis von fast vier Tonnen im Jahr, doch, wie sich gezeigt hat, haben wir durch unseren Wechsel nicht ein einziges Gramm eingespart. Seit mir ein Händler an der Leipziger Energiebörse erzählte, wie er gerade mit zwei Mausklicks eine beträchtliche Anzahl Emissionszertifikate nach Polen verkauft habe, erscheint vor meinem geistigen Auge jetzt immer das Braunkohlekraftwerk Belchatow, die Nummer 2 auf der Weltrangliste der größten CO_2-Schleudern. Und wenn ich daran denke, wie stark der Preis für CO_2-Zertifikate in den letzten Monaten gefallen ist, fühle ich mich gleich doppelt schuldig.

Als Stromverbraucher habe ich tatsächlich nur eine Möglichkeit, den Ausstoß von Treibhausgasen zu verringern. Der Trick ist, den Handel mit Verschmutzungsrechten zu meinem Verbündeten zu machen. Das geht so: Ich kaufe dem Braunkohlekraftwerk die Verschmutzungsrechte, die es benötigt, um den Betrieb am Laufen zu halten, einfach vor der Nase weg; dann werden die Zertifikate gelöscht. Auf diese Weise verringert sich das Angebot an Verschmutzungsrechten auf dem Markt. Den Energieversorgern stehen effektiv weniger Verschmutzungsrechte zur Verfügung. Zudem steigt der Börsenpreis der Zertifikate. Dadurch verstärkt sich der Anreiz für die Unternehmen, Emissionen zu vermeiden.

Wer Zertifikate kaufen will, braucht ein Konto bei der Deutschen Emissionshandelsstelle in Berlin-Wilmersdorf. Eigentlich ist es nicht vorgesehen, dass Privatleute hier ein Konto eröffnen. Es gibt keinen Bankschalter, keinen Tresor und nicht mal einen Kontoauszugsdrucker. Doch Ende 2006 taten sich eine Handvoll Wissenschaftler des Potsdam-Instituts für Klimafolgenforschung zu einem Verein zusammen und meldeten sich bei der Emissionshandelsstelle an. Sie nennen sich »The Compensators«. Ihr Konto hat die Nummer DE-121-2092-0.

Der Zweck des Vereins ist, Verschmutzungszertifikate zu kaufen, um sie zu löschen. Pro Tonne CO_2 kostet das etwas mehr als den Börsenpreis, Mehrwertsteuer und Gebühren inklusive. Vereinsmitglieder zahlen in der Regel einen monatlichen Betrag, der ungefähr ausreicht, um die eigene Klimabilanz auszugleichen. Spender sind willkommen. Wer mag, bekommt nicht nur eine Quittung fürs Finanzamt, sondern auch eine Bescheinigung mit den Nummern jener Zertifikate, die dank seiner Spende gelöscht wurden.

Etwa 2500 Verschmutzungsrechte haben »The Compensators« in den letzten Jahren vom Markt verschwinden lassen. Bei 154 Millionen Zertifikaten, die allein 2010 an der Leipziger Börse gehandelt wurden, fällt das nicht ins Gewicht. Auch das öffentliche Interesse an den Aktivitäten des Vereins hält sich noch in überschaubaren Grenzen, selbst in der Ökobewegung. Bei Greenpeace hält man offenbar nicht viel von einer Kampagne, bei der man sich nirgendwo abseilen oder anketten darf.

Doch was würde passieren, wenn sich die Idee herumspricht? 17 Prozent des in Deutschland verbrauchten Stroms stammen inzwischen aus erneuerbaren Energien, sind also CO_2-frei. Angenommen, 17 Prozent der deutschen Stromverbraucher, das sind 6,8 Millionen Haushalte, würden sich spontan entscheiden, die ihrem Stromverbrauch entsprechenden Verschmutzungsrechte zu kaufen und zu löschen: Mehr als zwölf Millionen Zertifikate wären auf einen Schlag vom Markt verschwunden. Das entspricht etwa der Menge an Zertifikaten, die das Kraftwerk Jänschwalde derzeit jährlich hinzukaufen muss. Rein rechnerisch wäre es mit einer solchen Aktion also möglich, eine der größten CO_2-Schleudern der Welt für fast ein halbes Jahr zwangsweise stillzulegen.

In der Realität würde die Aktion natürlich nicht konzentriert Jänschwalde treffen, sondern alle Fabriken und Kraftwerke, die auf Zertifikate angewiesen sind. Der Börsenpreis für Verschmutzungsrechte würde tendenziell steigen. Die Suche der europäischen Kraftwerksbetreiber nach Einsparpotentialen bekäme womöglich neuen Schwung. Es wäre auch interessant zu sehen, welche politischen Debatten über den Emissionshandel eine solche Aktion auslösen würde.

Ein spannendes Experiment, oder? Ich bin dabei!

9. Apfelbäumchen pflanzen!

1985 veröffentlichte der Fernsehjournalist Hoimar von Ditfurth ein Buch, das bald in keinem aufgeklärten Haushalt fehlen durfte: »So lasst uns denn ein Apfelbäumchen pflanzen.« Es handelte von Atomkriegen, Nervengasen und allerlei Umweltkatastrophen; »ein erschreckendes Buch, ein Memento«, wie Walter Jens in seiner Rezension für den SPIEGEL damals lobte. Natürlich durfte auch die Gruselstory von der Bevölkerungsbombe nicht fehlen. Der Titel des Buchs spielt auf ein Zitat von Martin Luther an, es lautet: »Auch wenn ich wüsste, dass morgen die Welt zugrunde geht, würde ich heute noch einen Apfelbaum pflanzen.« Just diesen Vorabend der Apokalypse sah Ditfurth gekommen. »Es ist soweit«, lautete der Untertitel des Buchs.

Wie wir heute wissen, haben es sich die apokalyptischen Reiter dann doch noch mal anders überlegt. Ditfurths Sorgen waren unbegründet, die Bevölkerungsbombe ist nicht hochgegangen, sein »Abschied vom Wald«, so der Titel eines besonders dramatischen Kapitels, war etwas voreilig. Auch der Atomkrieg ist ausgeblieben. Dass nur vier Jahre nach Erscheinen des Buchs der ganze Ostblock kraftlos in sich zusammensacken würde, hätte sich der Autor nie träumen lassen.

In einer Hinsicht hat von Ditfurth aber Recht gehabt: Apfelbäumchen kann es nicht genug geben. Nichts ist besser geeignet, um klimaschädliches CO_2 aus der Atmosphäre zu holen, als ein Baum. Umso bedauerlicher ist es, dass ihre Zahl in vielen Ländern der Welt zurückgeht. Die Uno-Organisation für Landwirtschaft und Ernährung FAO schätzt, dass jedes Jahr netto etwa 5,2 Millionen Hektar Wald abgeholzt werden. Pro Tag geht demnach eine Fläche verloren, die fast hundertmal größer ist als der Hamburger Stadtpark. Am schlimmsten ist es in Brasilien, Indonesien und im Sudan, wo Wälder in Brand gesteckt werden, um Platz für Palmölplantagen, Zuckerrohr, Soja oder Rinderweiden zu schaffen. Die Versuchung, den Regenwald niederzubrennen, ist groß. Der weiche und mit Asche gedüngte Boden bringt zunächst reiche Ernte hervor. Doch schon nach wenigen Jahren ist der Boden ausgelaugt. Die Folgen für das Klima sind gravierend, von weiteren Problemen wie Erosion und Artensterben ganz zu schweigen.

Je mehr Bäume wir retten und pflanzen, desto besser. Nach Angaben der Stiftung Unternehmen Wald speichert eine einzige große Fichte etwa 0,7 Tonnen Kohlenstoff. Eine große Buche kommt auf 0,95 Tonnen Kohlenstoff. Jedes Jahr nehmen die deutschen Wälder etwa 22 Millionen Tonnen Kohlenstoff auf, das entspricht etwa 80 Millionen Tonnen CO_2. Wenn es uns gelänge, die weltweite Abholzung zu stoppen und die zuletzt verlorenen Waldflächen wieder aufzuforsten, hätte das einen spürbaren Effekt auf das Klima. Wer sich klarmacht, dass derzeit etwa 20 Prozent des gesamten Treibhauseffekts auf das Abholzen von Wäldern zurückgehen, versteht, dass es beim Bäumepflanzen nicht um Symbolpolitik geht.

Es gibt inzwischen zahlreiche Organisationen, die sich um die Aufforstung von Wäldern verdient machen. Man spendet ein paar Euro oder finanziert gleich einen ganzen Baum. Das Bundesumweltministerium und die Verbraucherzentralen haben zwanzig Anbieter von Aufforstungsprojekten und anderen privaten CO_2-Ausgleichsgeschäften untersucht. »Sehr gut« schnitt Atmosfair ab. Vier weitere, Myclimate, Go Climate, Greenmiles und CO_2OL, wurden mit »Gut« bewertet. Ich empfehle »Prima Klima – weltweit e.V.«, ein rühriger Verein mit Sitz in Düsseldorf. Wer einen Garten hat, kann natürlich auch selbst zur Tat schreiten. Also lasst uns ein paar Apfelbäumchen pflanzen, es können gerne auch Birnbäume oder Buchen sein!

10. Nur Mut

Am 31. Oktober 2011 wurde ein ganz besonderer Geburtstag gefeiert: Der siebenmilliardste Erdbewohner erblickte das Licht der Welt. Die Vereinten Nationen hatten das Datum symbolisch festgelegt. »Wir wünschen dem Baby Glück«, hieß es vorab in einer Erklärung. Trotz vieler Probleme auf der Welt handle es sich um ein fröhliches Ereignis.

Doch die Freude wurde nicht von allen geteilt, schon gar nicht in der Enquete-Kommission »Wachstum, Wohlstand, Lebensqualität« des Deutschen Bundestags. Seit Anfang 2011 arbeiten 17 Politiker und 17 Wissenschaftler daran, sich einen Überblick über die Gesamtlage der Menschheit zu verschaffen. Die ersten Eindrücke fallen ausgesprochen trist aus; die Stimmung vieler Teilnehmer tendiert Richtung Hoffnungslosigkeit. Man weiß nur noch nicht, was schlimmer ist: die bevorstehenden Hungerkatastrophen? Die Umweltzerstörung? Das Ende der Ressourcen?

Zum Thema Bevölkerungsentwicklung hatte die Enquete-Kommission einen Fachmann für besonders finstere Analysen hinzugebeten: Dennis Meadows, Ex-Direktor am Massachusetts Institute of Technology und Hauptautor von »Die Grenzen des Wachstums«, der populärsten Schauergeschichte seit der Johannes-Offenbarung und dem Maya-Kalender. Sieben Milliarden Erdbewohner sind für ihn kein Grund zum Feiern. Nach seinen Berechnungen hätte bei zwei, maximal drei Milliarden Menschen längst Schluss sein müssen. Jeder weitere Erdling sei zum Tode verurteilt, so wie es schon Meadows' Vorbild, der missgelaunte Pfarrer Malthus, vor 200 Jahren geweissagt hatte.

Dementsprechend düster fiel das Szenario aus, das Meadows den deutschen Abgeordneten präsentierte. Es droht, mal wieder, der Weltuntergang. Der Menschheit, so Meadows, steht eine Hungersnot biblischen Ausmaßes bevor. Das westliche Wirtschaftssystem werde demnächst kollabieren. Die Demokratie als Herrschaftsform, ohnehin ein »junges Phänomen«, sei aller Voraussicht nach zum Scheitern verurteilt. »In den nächsten 20 Jahren wird sich die Welt radikaler verändern als in den vergangenen 100 Jahren«, prophezeite Meadows den verstörten Abgeordneten und rief dazu auf, sich rechtzeitig auf die veränderte Lage einzustellen. Er selbst habe sich für zu Hause bereits ein Notstromaggregat samt 500-Liter-Reservetank zugelegt.

Nun haben sich Meadows' frühere Prognosen zum Glück als Unfug herausgestellt. Der Menschheit als solcher geht es trotz des rasanten Bevölkerungswachstums deutlich besser, als Meadows einst prognostiziert hat. Die Lebenserwartung auf der Erde ist seit Anfang der siebziger Jahre nicht gesunken, sondern um zehn Jahre gestiegen. Die Kindersterblichkeit ging um fast zwei Drittel zurück. Das Realeinkommen hat sich im Durchschnitt verdreifacht. Die Zahl der Menschen, die unter Übergewicht leiden (1,5 Milliarden), ist weltweit mittlerweile größer als die Zahl derer, die von chronischem Hunger geplagt werden (eine Milliarde).

Man könnte daher auf die Idee kommen, Meadows' Prognosefähigkeiten einmal kritisch zu hinterfragen. Doch so ticken die meisten Mitglieder der Enquete-Kommission nicht. Sie ließen wenig Zweifel an den Thesen des Altmeisters erkennen. Meadows war als Ratgeber gefragt. »Wie kommen wir da wieder raus?«, fragte die Enquete-Vorsitzende Daniela Kolbe von der SPD bang. Ihr Parteifreund Michael Müller, Ex-Staatssekretär im Umweltministerium, wollte wissen, ob die Zukunft der Welt womöglich in Asien liege. Meadows lobte Singapur: »Eine Diktatur, aber dafür mit smarten Leuten an der Macht.«

Im Sommer 2013, zum Ende dieser Legislaturperiode, will die Kommission ihren Abschlussbericht vorlegen. Man ahnt, wie der Report ausfallen wird. Den Bürgern steht eine triste Lektüre bevor. Dabei ist die Stimmung doch jetzt schon schlecht. Materiell geht es uns besser als jemals zuvor, aber von Zuversicht keine Spur. Der Besorgnisgrundsatz beherrscht den Alltag, die Zukunftsverdrossenheit hat uns fest im Griff. Wenn uns der Feinstaub nicht umbringt, dann gewiss die Gentechnik, die Atomkraft oder der Spermienmangel wegen zu viel Östrogen im Essen. Jedes Hochwasser und jede Trockenperiode wird umgehend dem Klimawandel in die Schuhe geschoben. Irgendwas ist immer: zu heiß, zu kalt, zu trocken, zu feucht. Fünf-vor-Zwölf-Rhetorik beherrscht die Debatte.

Einige Umweltschützer vertreten die Ansicht, Alarmismus sei nötig, um die Wähler und die Politiker aufzurütteln. Dass es heute noch Bäume gibt, sei den dramatischen Warnungen vor einem Waldsterben zu verdanken, erst dann seien viele Fabriken und Kraftwerke mit Entschwefelungsanlagen ausgestattet worden. Die Prognose vom Waldsterben war demnach eine »self-destroying prophecy«, eine sich selbst zerstörende Prophezeiung.

Gegen die Weckruf-Theorie spricht, dass die Veränderungsbereitschaft von Bürgern und Politik rapide schwindet, wenn sich die Leute ein paar Mal zu oft getäuscht fühlen. Katastrophismus läuft Gefahr, sich abzunutzen. Den Warnern geht es dann wie dem Clown, der beim Zirkusbrand durchs Dorf rennt und um Hilfe schreit, ohne dass ihm jemand glaubt. Mit jedem frostigen Wintertag stehen die Menschen den Prognosen von der fortschreitenden Erderwärmung skeptischer gegenüber. Die Fachleute weisen zu Recht darauf hin, dass ein kalter Winter noch lange keine Entwarnung bedeutet. Doch man traut ihnen nicht mehr. Dass einige Wissenschaftler der Versuchung nicht widerstanden haben, ganz normale Hitzewellen zum Klimawandel hochzureden, wird ihnen nun zum Verhängnis. Wer mit seinen Prognosen so gründlich danebenlag, darf sich nicht wundern, wenn auch das geneigte Publikum misstrauisch wird.

Es gibt weder Grund, hysterisch zu sein, noch sollten wir eine Ökodiktatur einführen, wie es die Vorschläge einiger Regierungsberater nahelegen. Von den Angstmachern wird unterschätzt, zu welchen Leistungen die Menschen in der Lage sind. Sie übersehen unsere Kreativität und Anpassungsfähigkeit. Statt an Malthus sollten wir uns lieber an dessen aufgeklärten Zeitgenossen, den Philosophen David Hume halten. »Bleib' nüchtern«, so lautete sein Rat.

Unsere Kinder haben gute Chancen, das 22. Jahrhundert noch zu erleben, so eine Studie der Universität Köln. Ein Mädchen, das letztes Jahr auf die Welt kam, hat demnach eine durchschnittliche Lebenserwartung von 93 Jahren. Bei einem Jungen sind es 87 Jahre. Statistisch betrachtet wird etwa jedes fünfte Kind sogar älter als 100 Jahre werden. Das sind fabelhafte Aussichten. Wenn wir es richtig anstellen, besteht die berechtigte Hoffnung, dass es mit der Menschheit weiter bergauf geht.

»Die Zukunft ist weit offen«, schrieb Karl Popper. In diesem Sinne: Herzlichen Glückwunsch zum Geburtstag, lieber siebenmilliardster Erdbewohner!

DANK

Viele Menschen haben mir bei diesem Buch geholfen. Ich bin ihnen allen sehr dankbar, an erster Stelle meiner Frau und kritischen Erstleserin Janine Barbier-Neubacher. Meine Chefs und Kollegen beim SPIEGEL haben mich auf vielfältige Weise unterstützt: Georg Mascolo, Klaus Brinkbäumer und Martin Doerry, Armin Mahler, Thomas Tuma und Michael Sauga, Jan Fleischhauer und Guido Kleinhubbert, Klaus Falkenberg und Rainer Lübbert, Angelika Mette. Für Anregungen, Hinweise, inspirierende Gespräche und Widerspruch danke ich Friederike Balzereit, Silvia Bender, Guido Bohsem, Georg Erdmann, Suzan Fiack, Manuel Frondel, Oliver Geden, Laura Gitschier, Jürgen Grieving, Tina Hildebrandt, Andreas Jung, Markus Kaim, Klaus Neubacher, Florian Oel, Karl-Heinz Paqué, Florian Schlögl, Gerd Scholl, Uli Selbach, Hans-Werner Sinn und Joachim Weimann. Danke an Karen Guddas und ihre Kollegen bei DVA.

LITERATUR

Anderson, Terry L.; Leal, Donald R.: *Free Market Environmentalism*, New York and Basingstoke 2001.

Bardt, Hubertus u.a.: »Zur Diskussion gestellt: Emissionsvermeidung oder Anpassung an den Klimawandel. Welche Zukunft hat die Klimapolitik?«, in: *ifo-Schnelldienst*, Vol. 5 (2011), S. 3–29.

Baumol, William J.; Oates, Wallace E.: *The Theory of Environmental Policy*, Cambridge 1988.

Beckerman, Wilfred: *Small is Stupid. Blowing the Whistle on the Greens*, London 1995.

Bilharz, Michael: »Ökologisches Wissen zwischen unendlicher Komplexität und faktischer Irrelevanz: Ein strategischer Lösungsansatz«, in: *Natur und Kultur*, 2 (2004), S. 71–87.

Bode, Sven; Groscurth, Helmuth: »Photovoltaik in Deutschland: Zu viel des Guten«, in: *Energiewirtschaftliche Tagesfragen*, Vol. 8 (2010), S. 20–23.

Bosch, Stephan; Peyke, Gerd: »Gegenwind für die Erneuerbaren. Räumliche Neuorientierung der Wind-, Solar- und Bioenergie vor dem Hintergrund einer verringerten Akzeptanz sowie zunehmender Flächennutzungskonflikte im ländlichen Raum«, in: *Raumforschung und Raumordnung*, Vol. 69/2 (2010), S. 105–118.

Böhringer, Christoph; Rosendahl, Knut Einar: *Green Serves the Dirtiest. On the Interaction between Black and Green Quotas*, Statistics Norway, Research Department, Discussion Papers No. 581, 2009, http://www.ssb.no/publikasjoner/pdf/dp581.pdf.

Brämer, Rainer: *Natur obskur. Wie Jugendliche heute Natur erfahren*, München 2006.

BUND/Misereor (Hg.): *Zukunftsfähiges Deutschland. Ein Beitrag zu einer global nachhaltigen Entwicklung*, Studie des Wuppertal Instituts für Klima, Umwelt, Energie, Basel 1996

Bundesministerium für Umwelt, Naturschutz und Reaktorsicherheit; Umweltbundesamt (Hrsg.): *Umweltbewusstsein in Deutschland 2010. Ergebnisse einer repräsentativen Bevölkerungsumfrage*, Berlin 2010, http://www.umweltdaten.de/publikationen/fpdf-l/4045.pdf.

Bundesministerium für Bildung und Forschung (Hrsg.): *Wettbewerbsfähiger durch Leitmarktstrategie?*, BMBF-Workshop vom 7. April 2011, Berlin 2011, http://www.inno.tu-berlin.de/fileadmin/a38335100/PDF_Dateien/Dokumentation_BMBF_Workshop_Leitmarktstrategie.pdf.

Bundesministerium für Wirtschaft und Technologie (Hrsg.): *Umbau der Energieversorgung in Deutschland. Wichtige nächste Schritte*, Berlin 2011, http://www.bmwi.de/Dateien/BMWi/PDF/umbau-der-energieversorgung-in-deutschland,property=pdf,bereich=bmwi,sprache=de,rwb=true. pdf.

Carson, Rachel: *Der stumme Frühling*, München 1968 (englische Originalausgabe: *Silent Spring*, Boston 1962).

Coase, Ronald H.: »The Problem of Social Cost«, in: *Journal of Law and Economics*, Vol. 3 (1960), S. 1–44.

Collier, Paul: *Der hungrige Planet. Wie können wir Wohlstand mehren, ohne die Erde auszuplündern*, München 2011.

Dasgupta, Partha: *Comments on the Stern Review's Economics of Climate Change*, 2006, http://www.econ.cam.ac.uk/faculty/dasgupta/STERN.pdf.

Dasgupta, Susmita; Laplante, Benoit; Wang, Hua; Wheeler, David: »Confronting the Environmental Kuznets Curve«, in: *The Journal of Economic Perspectives*, Vol. 16/1 (2002), S. 147–168.

Deutsche Physikalische Gesellschaft (Hrsg.): *Elektrizität: Schlüssel zu einem nachhaltigen und klimaverträglichen Energiesystem*, Bad Honnef 2010, http://www.dpg-physik.de/veroeffentlichung/broschueren/studien/energie_2010.pdf.

Ditfurth, Hoimar von: *So laßt uns denn ein Apfelbäumchen pflanzen. Es ist soweit*, Hamburg 1985.

Dorn, Thea; Wagner, Richard: *Die deutsche Seele*, München 2011.

Duve, Karen: *Anständig essen. Ein Selbstversuch*, Berlin 2010.

Edenhofer, Ottmar; Flachsland, Christian; Brunner, Steffen: »Wer besitzt die Atmosphäre? Zur Politischen Ökonomie des Klimawandels«, in: *Leviathan*, Vol. 39/2 (2011), S. 201–221, http://www.pik-potsdam.de/members/edenh/media/Edenhoferetal_WerbesitztdieAtmosphre_2011.pdf.

Ehrlich, Paul R.: *Die Bevölkerungsbombe*, München 1971.

Enzensberger, Hans Magnus: »Zur Kritik der poltischen Ökologie«, in: *Kursbuch 33, Ökologie und Politik oder die Die Zukunft der Industrialisierung*, Oktober 1973.

Friis-Christensen, Egil; Svensmark, Hendrik: »Reply to Lockwood and Fröhlich – The Persistent Role of the Sun in Climate Forcing«, in: *Scientific Report* 3 (2007), Danish National Space Center, Kopenhagen.

Frondel, Manuel; Schmidt, Christoph M.: »Von der baldigen Erschöpfung der Rohstoffe und anderen Märchen«, in: *RWI Positionen*, Nr. 19 (2007).

Frondel, Manuel, Schmidt, Christoph M.; aus dem Moore, Nils: »Eine unbequeme Wahrheit. Die frappierend hohen Kosten der Förderung von Solarstrom durch das Erneuerbare-Energien-Gesetz«, in: *RWI Positionen*, Nr. 40 (2010).

Frondel, Manuel; Ritter, Nolan; Schmidt, Christoph M.: »Die Kosten des Klimaschutzes am Beispiel der Strompreise«, in: *RWI Positionen*, Nr. 45 (2011).

Ganteför, Gerd: *Klima. Der Weltuntergang findet nicht statt*, Weinheim 2010.

Gassebner, Martin; Lamla, Michael; Sturm, Jan-Egbert: *Economic, Demografic and Political Determinants of Pollution Reassessed. A Sensitivity Analysis*, CESifo Working Paper No. 1699, April 2006, http://www.ifo.de/portal/pls/portal/docs/1/1188230.pdf.

Geden, Oliver: »Abschied vom Zwei-Grad-Ziel«, in: *Internationale Politik* (2010), S. 108–113.

Goklany, Indur: *Wealth and Safety. The Amazing Decline in Deaths from Extreme Weather in an Era of Global Warming 1900–2010*, Reason Foundation Policy Study 393, September 2011, http://reason.org/files/deaths_from_extreme_weather_1900_2010.pdf.

Gore, Al: *Eine unbequeme Wahrheit. Die drohende Klimakatastrophe und was wir dagegen tun können*, München 2006.

Grefe, Christiane; Jerger-Bachmann, Ilona: »*Das blöde Ozonloch« – Kinder und Umweltängste*, München 1992.

Hansjürgens, Bernd; Lübbe-Wolff, Gertrude (Hg.): *Symbolische Umweltpolitik*, Frankfurt am Main 2000.

Hardin, Garrett: »The Tragedy of the Commons«, in: *Science* 162 (1968), S. 1243–1248.

Hasinger, Günther: *Der Energiemix im 21. Jahrhundert.* Vortrag bei den 10. Münchner Wissenschaftstagen am 23. Oktober 2010, http://www.muenchner-wissenschaftstage.de/2010/upload/download/Hasinger_Energiemix_im_21Jahrhundert.pdf.

Hayek, Friedrich August von: »Die Anmaßung von Wissen«, in: *Ordo* 26 (1975), S. 12–21.

Hentrich, Steffen (Hrsg.): *Eigentum und Umweltschutz*, Berlin 2011.

Hermand, Jost: *Grüne Utopien in Deutschland. Zur Geschichte des ökologischen Bewußtseins*, Frankfurt am Main 1991.

Holzberger, Rudi: *Das sogenannte Waldsterben. Zur Karriere eines Klischees: Das Thema Wald im journalistischen Diskurs*, Bergatreute 1995.

Hoffmann, Christiane; Bessard, Pierre (Hg.): *Natürliche Verbündete. Marktwirtschaft und Umweltschutz*, Zürich 2009.

Hüther, Michael; Wiggering, Hubert: »Wider den umweltpolitischen Imperialismus. Ökologie kann marktwirtschaftlich sein«, in: *Frankfurter Allgemeine Zeitung*, 17. Juli 1999.

Intergovernmental Panel on Climate Change (IPCC): *Climate Change 2007: Synthesis Report*, Genf 2007, http://www.ipcc.ch/pdf/assessment-report/ar4/syr/ar4_syr.pdf.

Klaus, Václav: *Blauer Planet in grünen Fesseln. Was ist bedroht: Klima oder Freiheit?*, Wien 2007.

Krämer, Walter; Mackenthun, Gerald: *Die Panik-Macher*, München 2001.

Krämer, Walter: *Die Angst der Woche. Warum wir uns vor den falschen Dingen fürchten*, München 2011.

Krause, Uwe: »Die eigene Sonne«, in: *Verändert Euch! Das Manifest zur Energiewende*, Berlin 2011, S. 213–222.

Küster, Hansjörg: *Schöne Aussichten. Kleine Geschichte der Landschaft*, München 2009.

Leggewie, Claus; Welzer, Harald: *Das Ende der Welt, wie wir sie kannten. Klima, Zukunft und die Chancen der Demokratie*, Frankfurt 2011.

Lehmkuhl, Markus: »Ideologie und Klimawandel oder: Wie man Journalisten mundtot macht«, in: *WPK-Quarterly*, Vol. II (2011).

Lindzen, Richard S.: »Climate of Fear«, in: *The Wall Street Journal*, 12. April 2006.

Lomborg, Bjørn: *Apocalypse No! Wie sich die menschlichen Lebensgrundlagen wirklich entwickeln*, Lüneburg 2002.

Lomborg, Bjørn: *Cool it! Warum wir trotz Klimawandels einen kühlen Kopf bewahren sollten*, München 2008.

Lovelock, James: *Gaias Rache. Warum die Erde sich wehrt*, München 2007.

Luhmann, Niklas: *Ökologische Kommunikation. Kann die moderne Gesellschaft sich auf ökologische Gefahren einstellen?*, 5. Auflage, Wiesbaden 2008.

Malthus, Thomas R.: *An Essay on the Principles of Population*, London 1798.

Markl, Hubert: »Die Natürlichkeit der Chemie«, in : *Die Zeit*, 6. Dezember 1994.

Maxeiner, Dirk; Miersch, Michael: *Biokost & Ökokult. Welches Essen wirklich gut für uns und unsere Umwelt ist*, München 2008.

Maxeiner, Dirk; Miersch, Michael: *Öko-Optimismus*, Düsseldorf 1996.

Maxeiner, Dirk: *Hurra, wir retten die Welt! Wie Politik und Medien mit der Klimaforschung umspringen*, Berlin 2010.

Mazar, Nina; Zhong, Chen-Bo: »Do Green Products Make Us Better People?«, in: *Psychological Science*, Vol. 21/4 (2010), S. 494-498.

Meadows, Dennis u.a.: *Die Grenzen des Wachstums. Bericht des Club of Rome zur Lage der Menschheit*, Stuttgart 1972.

Meadows, Donella; Meadows, Dennis, Randers, H.: *Die neuen Grenzen des Wachstums*, Stuttgart 1992.

Mises, Ludwig von: *Liberalismus*, Jena 1927.

Monopolkommission: *Energie 2011: Wettbewerbsentwicklung mit Licht und Schatten*, Sondergutachten 59, Bonn 2011.

Moran, Emilio; Ostrom, Elinor: *Seeing the Forest and the Trees: Human Environment Interactions in Forest Ecosystems,* Cambridge 2005.

Müller, Edda: *Innenwelt der Umweltpolitik*, 2. Auflage, Opladen 1995.

Noelle-Neumann, Elisabeth: *Die Schweigespirale. Öffentliche Meinung – unsere soziale Haut*, 6. Auflage, München 2001.

Nordhaus, William D.: *Managing the Global Commons: The Economics of Climate Change*, Cambridge 1994.

Nordhaus, William D.: *The Challenge of Global Warming. Economic Models and Environmental Policy*, New Haven 2007.

Öko-Institut (Hrsg.): *Kostenlose CO$_2$-Zertifikate und CDM/JI im EU-Emissionshandel. Analyse von ausgewählten Branchen und Unternehmen in Deutschland*, Berlin 2010, http://www.oeko.de/oekodoc/1102/2010-145-de.pdf.

Ostrom, Elinor: *Die Verfassung der Allmende. Jenseits von Staat und Markt*, Tübingen 1999.

Paqué, Karl-Heinz: *Wachstum! Die Zukunft des globalen Kapitalismus*, München 2010.

Pielke, Roger A. Jr.: »Misdefining ‚Climate Change‘: Consequences for Science and Action«, in: *Environmental Science & Policy*, Vol. 8 (2005), S. 548–561.

Popper, Karl R.: *The Open Society and its Enemies, Volume 1: The Spell of Plato*, Princeton 1971.

Pötter, Bernhard: *Ausweg Ökodiktatur? Wie unsere Demokratie an der Umweltkrise scheitert*, München 2010.

Prins, Gwyn u.a.: *The Hartwell Paper: A New Direction for Climate Policy after the Crash of 2009*, London 2010, http://eprints.lse.ac.uk/27939/1/HartwellPaper_English_version.pdf.

Radkau, Joachim: *Natur und Macht. Eine Weltgeschichte der Umwelt*, München 2002.

Radkau, Joachim: *Die Ära der Ökologie. Eine Weltgeschichte*, München 2011.

Rahmstorf, Stefan; Schellnhuber, Hans Joachim: *Der Klimawandel. Diagnose, Prognose, Therapie*, München 2006.

Reichholf, Josef H.: *Die falschen Propheten. Unsere Lust an Katastrophen*, Berlin 2002.

Reichholf, Josef H.: *Der Tanz um das goldene Kalb. Der Ökokolonialismus Europas*, Berlin 2011.

Reichmuth, Alex: *Verdreht und hochgespielt. Wie Umwelt- und Gesundheitsgefahren instrumentalisiert werden*, Zürich 2008.

Ridley, Matt: *Wenn Ideen Sex haben. Wie Fortschritt entsteht und Wohlstand vermehrt wird*, München 2011.

Safranski, Rüdiger: *Romantik. Eine deutsche Affäre*, München und Wien 2007.

Sandbag Climate Campaign (Hrsg.): *Der Klimagoldesel: Wer sind die Gewinner des EU-Emissionshandels?*, London 2011, http://www.sandbag.org.uk/site_media/pdfs/reports/Der_Klimagoldesel_German_addendum.pdf.

Scheer, Hermann: *Solare Weltwirtschaft. Strategie für die ökologische Moderne*, München 2005.

Sentker, Andreas; Winnacker, Ernst-Ludwig:»Verwirrspiel auf dem Acker«, in: Die Zeit, 10. November 2011.

Schily, Otto: Flora, Fauna und Finanzen. Über die Wechselbeziehung von Natur und Geld, Hamburg 1994.

Simon, Julian L.: *The Ultimate Resource 2*, Princeton 1996.

Sinn, Hans-Werner: *Das grüne Paradoxon. Plädoyer für eine illusionsfreie Klimapolitik*, Berlin 2008.

Smith, Laurence C.: *Die Welt im Jahr 2050. Die Zukunft unserer Zivilisation*, München 2011.

Staud, Toralf: *Grün, grün, grün ist alles, was wir kaufen. Lügen, bis das Image stimmt*, Köln 2009.

Stehr, Nico; von Storch, Hans: *Klima, Wetter, Mensch*, Opladen und Farmington Hills 2010.

Stern, Nicholas: *The Economics of Climate Change: The Stern Review*, Cambridge u.a. 2007, http://www.hm-treasury.gov.uk/stern_review_report. htm.

Tol, Richard S. J.: »The Stern Review of the Economics of Climate Change: A Comment«, in: *Energy and Environment*, Vol. 17 (2006), S. 977–981.

Tol, Richard S. J.: »Europe's long-term Climate Target: A Critical Evaluation«, in: *Energy Policy*, Vol. 35 (2007), S. 424–432.

Uekötter, Frank; Hohensee, Jens (Hg.): *Wird Kassandra heiser? Die Geschichte falscher Ökoalarme*, Stuttgart 2004.

Uekötter, Frank: *Am Ende der Gewissheiten. Die ökologische Frage im 21. Jahrhundert*, Frankfurt am Main 2011.

Umweltbundesamt (Hrsg.): *Bewertung der Verpackungsverordnung. Evaluierung der Pfandpflicht*, Dessau 2010, http://www.umweltdaten.de/publikationen/fpdf-l/3932.pdf.

Weingart, Peter; Engels, Anita; Pansegrau, Petra: *Von der Hypothese zur Katastrophe. Der anthropogene Klimawandel im Diskurs zwischen Wissenschaft, Politik und Massenmedien*, Opladen und Farmington Hills 2008.

Weimann, Joachim: *Die Klimapolitik-Katastrophe. Deutschland im Dunkel der Energiesparlampe*, Marburg 2008.

Weimann, Joachim u.a. (Hg.): *Jahrbuch Ökologische Ökonomik 6: Diskurs Klimapolitik*, Marburg 2010.

Weizsäcker, Carl Christian von: »Die Große Transformation: ein Luftballon«, in: *Frankfurter Allgemeine Zeitung*, 30. September 2011.

Weizsäcker, Carl Christian von: »Rationale Klimapolitik«, in: *Frankfurter Allgemeine Zeitung*, 2. Januar 2009.

Wissenschaftlicher Beirat beim Bundesministerium der Finanzen: *Klimapolitik zwischen Emissionsvermeidung und Anpassung*, Berlin 2010.

LITERATUR 267

PERSONENREGISTER

Aigner, Ilse 100
Al-Baschir, Omar 161
Alt, Franz 112
Altvater, Elmar 144
Amery, Carl 113
Amin, Idi 140
Anderson, Gillian 165
Angres, Volker 98
Anzengruber, Wolfgang 220
Armstrong, Franny 165
Arrhenius, Svante 209
Asbeck, Frank 172–175, 184
Assisi, Franz von 113

Baake, Rainer 126
Bachler, Nikolaus 101
Bahro, Rudolf 139
Ban, Ki Moon 133
Bangemann, Martin 12
Beckenbauer, Franz 170
Beckerman, Wilfred 147, 210
Becquerel, Alexandre Edmond 180
Bednarz, Klaus 98
Benedikt XVI., Papst 111, 172
Bilharz, Michael 70
Birol, Fatih 251
Blanke, Michael 74f.
Bode, Sven 226
Bohr, Niels 136
Böhringer, Christoph 117, 196f.

Börner, Holger 129
Bosch, Stephan 226
Brämer, Rainer 109
Brandt, Willy 115
Brüderle, Rainer 196

Carlowitz, Hans Carl von 105
Carson, Rachel 83–85, 87
Castro, Fidel 28, 207
Charles, Prince of Wales 60, 69f.
Chavez, Hugo 207
Coase, Ronald 151
Colbert, Jean Baptiste 136
Collier, Paul 82, 148, 205, 208
Cook, Edward 164
Correa, Rafael 205–208
Crichton, Michael 113
Crutzen, Paul 215f.
Curtis, Richard 165

Dahm, Daniel 67
Dales, John Harkness 191
Diaz, Cameron 59
DiCaprio, Leonardo 59
Ditfurth, Hoimar von 255
Dorn, Thea 104
Drewermann, Eugen 113
Dudenhöffer, Ferdinand 39

Ehrlich, Paul 138, 140–142
Emmerich, Roland 160
Engels, Friedrich 235f.
Eppler, Erhard 96
Erdmann, Georg 224
Erhard, Ludwig 149

Fahl, Ulrich 178
Falani, Tofiga 111
Fiack, Suzan 102, 261
Flasbarth, Jochen 30
Franklin, Benjamin 60f.
Friedrich, Caspar David 105
Frielinghaus, Monika 47
Friis-Christensen, Egil 158
Fromm, Erich 96, 139
Frondel, Manuel 175, 261
Fücks, Ralf 149

Gabriel, Sigmar 11, 93, 162, 185
Gandhi, Indira 237
Gates, Bill 215
Geden, Oliver 251, 261
Genscher, Hans-Dietrich 92, 114f.
Georgens, Otto 51
Glos, Michael 12
Goklany, Indur 212
Gore, Al 160
Grebe, Rainald 68